巴麦尊传

[英] 约翰·坎贝尔
(John Campbell)
[比] 泰奥多尔·朱斯特
(Théodore Juste)
[英] 巴麦尊
(Lord Palmerston)
著

黄少婷
费群蝶
刘睿
译

上海社会科学院出版社
SHANGHAI ACADEMY OF SOCIAL SCIENCES PRESS

目录

巴麦尊传/[英]约翰·坎贝尔 / 1

比利时君主制度的创始人——巴麦尊子爵/[比]泰奥多尔·朱斯特 / 187

巴麦尊评《华盛顿条约》/[英]巴麦尊 / 247

出版前言

提起巴麦尊(Lord Palmerston)，我们可能会想到发生在1840年的鸦片战争。当时的英国外交大臣正是巴麦尊勋爵。巴麦尊即第三代帕麦斯顿子爵亨利·约翰·坦普尔，他曾两度担任首相，三度出任外交大臣，在外交领域纵横捭阖，周旋于法国、奥地利、俄国等国家间，支持比利时独立、参与克里米亚战争、涉足美国的南北战争……终其政治生涯，逃不脱那句名言："没有永远的朋友，也没有永远的敌人，只有永远的利益。"

对巴麦尊政治生涯的追溯和回顾是本书集结的初衷，因此，书中所包含的三部分均以反映巴麦尊的政治观点为主旨。其中，约翰·坎贝尔所写的《巴麦尊传》按照时间顺序介绍了巴麦尊勋爵的一生。坎贝尔与巴麦尊是同时代人，他的行文中不乏溢美之词，但是他引用了大量巴麦尊个人的书信及言论，还有其朋友、下属甚至是敌人的评论，从而客观地将巴麦尊的言行举止摆在了众人面前，可由我们自行判断个中是非。比利时作者泰奥多尔·朱斯特的《比利时君主制度的创始人：巴麦尊子爵》介绍了巴麦尊对比利时政治的影响。应该说，承认比利时独立是巴麦尊政治生涯中的重要事件。1830年刚刚担任外交大臣的巴麦尊就遇到了比利时革命，他迅速表明了政治态度——支持比利时独立，并且积极推举比利时新国王人选。强硬而果决的外交政策让巴麦尊声名鹊起，所以比利时问题是巴麦尊政治生涯中绕不开的注脚，最能反映其外交政策的成形。最后一部分《巴麦尊评〈华盛顿条约〉》摘录了巴麦尊在报纸上发表的文章，主要是针对英美签订的《华盛顿条约》，这些文章言辞犀利，丝毫不避讳对英方代表阿什伯顿勋爵的嘲讽，从中亦可窥见巴麦尊对英美关系的论断，这也是其政治观点的重要组成组分。

　　这三部分内容各自独立，同时又都有同一个主题——巴麦尊及其政治生涯，由此而形成了某种联系，多角度、多方面地展现了巴麦尊其人，给了读者更多的参考内容。而且书中引用了大量书信、谈话等一手资料，有着直观而真实的史料参考价值。不过，此书的三部分均成书于19世纪，史料有限以及写作手法不同，因此不免存在不足之处，希望借由三部分的互相对照，填补其中的缺漏，不足之处，望请指教。

上海社会科学院出版社历史编辑室
2018年5月

巴麦尊传
Lord Palmerston

[英]约翰·坎贝尔 著
黄少婷 译

目 录

前　　言 / 5
第 一 章　早年生活和教育经历 / 9
第 二 章　初涉政坛 / 15
第 三 章　出任战争大臣,1809—1818 / 22
第 四 章　入阁和在野,1827—1830 / 38
第 五 章　首次出任外交大臣,1830—1841 / 62
第 六 章　在野时期以及二入外交部,1841—1851 / 74
第 七 章　巴麦尊的外交政策,1848—1850 / 90
第 八 章　最终离开外交部 / 111
第 九 章　陷入战争 / 123
第 十 章　初任首相 / 136
第十一章　再度担任首相 / 153
第十二章　巴麦尊勋爵的个人特点 / 170

前言

巴麦尊勋爵一生80余载,担任公职60多年,他这一生漫长而充实。他留下了卷帙浩繁的公私书信和可观的手稿材料,这些可以解释他的行为和观点。考虑到这一点,在筹备这本简短的传记时,我的计划是在条件允许时让他自己开口,用他自己的方式讲述他职业生涯中的关键时刻以及影响他的目标和动机。与此同时,我们需要谨记,他的时代距离成书时太近,因此大部分材料尚无缘出版。关于巴麦尊勋爵的生平,达令勋爵①和伊夫林·阿什利②已经充分述说,本来无需就同一问题进行赘述,然而行文中难免偶尔"故地重游"。由于作者有幸查阅大量未出版的材料,本书中的许多引言应该可以引

---

① 达令勋爵(Lord Dalling, 1801—1872),即亨利·布尔沃(H. Bulwer, 1801—1872):英国政治家、外交家、作家。于1807年创作了《巴麦尊勋爵的一生:他的日记和信件选编》一书。(如无特别说明,此部分的脚注皆为编者注)
② 伊夫林·阿什利(Evelyn Ashley, 1836—1907):英国律师、政治家,他也是巴麦尊勋爵的私人秘书,发表了关于巴麦尊的传记。

起诸君兴趣。本书中引用的书信以及源自巴麦尊勋爵笔端的关于公共事件的评论及批评,几乎都是首度公开的素材。

为了展示巴麦尊勋爵如何完成自己的职责,他如何看待自己的职责,以及他选择人生路线的理由,这也可能是他本人最为喜欢的一种传记方式,笔者竭尽所能想要做到这些。巴麦尊勋爵从来对虚名与谄媚不屑一顾,他也不想被塑造成圣徒或半神。他是个"高贵正直"的政治斗士,他从来无惧于为权力奋斗,然而总是取之有道,从不欺于暗室。他有着直截了当、实事求是的性格,用谄媚的言辞粉饰只会模糊焦点,并且格调低下——这些令誉形式上荒谬,思想上更是愚昧。

对于因为年长和从政资历而歌颂他的人,他或许会以他同僚惠灵顿(Wellington)的方式应对。曾经有一位崇拜者目睹这位老公爵(惠灵顿)孤身一人穿过人潮汹涌的大街,从格林公园(Green Park)前往阿普斯利大宅(Apsley House),其恳求公爵允许自己相伴而行。崇拜者与公爵并肩走到公爵家附近的人行道上,这位绅士摘下帽子向陆军元帅致意,并深深鞠躬,以表达自己有幸送他回家的感激之情。这位老公爵站在人行道上,用鹰钩鼻和蓝眼睛对着他,只说了句:"别当个该死的傻瓜,先生!"

感伤,除非是有理性支持的感伤,对这些人来说毫无吸引力。他们冷静自持,对于许多政客运用自如的哗众取宠手段不屑一顾。巴麦尊勋爵总是兼顾问题的两面,并不仅仅因为自诩"公正""正义"或"自由"而急于支持事情的某一面。因此,关于爱尔兰,他曾说过:"'佃户的正确'常常是'地主的谬误'。"他总是在大而无当的"情感波涛"中淘出真相的金沙。常言道,天才来自刻苦,然而这句老话的价值令人怀疑。巴麦尊勋爵非常刻苦,但是他并非天才,他的事务或许庞杂繁多,但是他的事业并非一帆风顺。天才更适合为其他人制造麻烦,而不是自尝苦果。巴麦尊拥有敏锐的头脑和天才罕有的健康体魄,他一往无前,实事求是,把前车之鉴当作后事之师。他不断地复写自己,既包括行动,也包括言辞——这是个非常不像天才的特征。他是个朴实的英国人,性格中包含了许多优柔的特征,同时也具有最为刚毅的特点,他亦步亦趋,最终实现了一位英国政治家至高无上的理想——担任尊荣但并不总是可羡的英国首相一职。

从某种意义上来说,巴麦尊在其生活和工作中是幸运的。在19世纪的最后10年中,他可能会感到无所适从。但是凭借精明和睿智,他知道如何应对洪流,即便无法跻身英国最伟大的首相之列,他在职业生涯中业已发挥出自己的才能,同时让我们能够评判他所属时代的人物和政治力量。

第一章 早年生活和教育经历

亨利·约翰·坦普尔(Henry John Temple)，即后来的巴麦尊勋爵，于 1784 年 10 月 20 日出生于汉普郡郡望布罗德兰斯(Broadlands)。他生于一个古老家族，对自己的传统深以为傲。他是威廉三世的朋友威廉·坦普尔爵士(Sir William Temple)弟弟的嫡系子孙，坦普尔爵士的弟弟是爱尔兰下议院议长，其子亨利于 1722 年成为爱尔兰贵族。他的孙子娶了一位来自格洛斯特郡的米(Mee)小姐，因为这次婚姻，她成为未来首相的母亲。

1795 年，11 岁的小亨利·坦普尔被送往哈罗公学，两年后，根据一位同窗旧友的叙述，他赢得了全校脾气最好和英勇果决的名声。

从学生时代写给母亲的书信中可以看出，他是个充满活力和趣味的男孩，他在一封信中提到某次去位于巴斯(Bath)的凯瑟琳宅邸之旅：

"整个旅途非常愉快，"但是在一家律师学院中，马匹出了点儿问题，"史丹利先生很激动，开始咒骂那个人，顺带一提，起因是他知道所有马都跟着律师们出去了,因为正好碰上季审法庭①。"这位史丹利先生一定很胖,因为小亨利·坦普尔在另一封信中写道:"史丹利先生在学校里挺好,但是和他一起出行时很令人苦恼——他一个人要占 10 英尺②的地方。"在哈罗公学求学期间,他写了一封意大利语和法语的书信,以显示自己的能耐:"希望弟弟和妹妹们都能够鼓起勇气试着骑马,像我离开您之前那样,那匹黑色的小马驹还从没给别人骑过。"在提到学校中的一个老人时,他写道:"迪奇·马丁(Dicky Martin)以说谎著称,他拄着拐杖蹒跚行走,不断发掘新的欺骗手段。"他曾在假期中前往伦敦观剧,并详细描述剧中的许多细节。"我希望您能给我寄一副新的板球柱和一块好拍子。我们接受了来自伊顿公学学生的挑战,他们要求我们与他们比赛,不是用加农炮和炮弹,而是用球拍和球,18 人对 18 人。""我们今天要去城里看国王和王后,还有《不可思议》(Fortune's Fool);我不知道这出剧怎么样。我想要顶新帽子,还有新的外套和马裤。""我有点儿感冒了,应该是来的那天晚上半夜起床,坐在床脚才感冒的。""我看到了国王、王后和 5 位王子,但是因为他们在守丧,衣着并不是很华丽;王后看起来像个女仆,不过国王是个英俊的男子。"而多年后竟然常常有人评价,巴麦尊勋爵对王室总是毕恭毕敬!"您有没有听过一个笑话,我们的加农炮让'三位一体'更神圣?我想你应该知道约翰·查维斯爵士(Sir John Jervis)正在追击一支带着两三百万美元的船队。"

亨利·坦普尔曾经大力支持一次罢课行动。学生们期望半天假

---

① 季审法庭(Quarter Sessions):从 1388 年起,在英国,每年 4 次,由地方法院组织开设的法庭。
② 1 英尺约等于 0.30 米。

期而不可得,"因此我们都决定晚饭后不去学校,校长听说后威胁我们假如不去上学就把高年级生全部开除。最后,我们开会决定表明立场,然后回去上课。""那个因为偷窃四先令被我们包着毯子扔来扔去的男孩付出了惨痛的代价,他不但把钱归还原主,还给他家里送来了一只野兔和一只野鸡作为补偿。阿尔索普勋爵(Lord Althorp)回来的时候得了重感冒,头痛得厉害,是他乘船去霍伍(Hove)的时候不幸患上的,因为他在大风天整夜待在甲板上。""今天有个人带着一窝装在篮子里的刺猬来。如果有地方放,我一定会买一只给范妮(Fanny)的豚鼠作伴,它肯定非常孤独。""我们身体都很好,虽然破了相,威利(Willy)的嘴唇被球撞了一下,肿起来了,我的一双蓝眼睛因为打架变成了黑色。"信中提到的"威利"是巴麦尊勋爵的兄弟,后来他们通信。

比之现在,当时普遍的做法是把年轻人送到预备学校接受教育,然后再送他们前往英国的大学学习。布鲁厄姆(Brougham)、罗素(Russell)和巴麦尊被送往苏格兰。他在苏格兰不像其他学生一样寄宿,而是和格拉斯哥大学或爱丁堡大学的教授一起住。学者杜格尔德·斯图尔特(Dugald Stewart)声誉斐然,1800年,年轻的巴麦尊就被送到了他身边。斯图亚特声名显赫,亨利·坦普尔那时总是一丝不苟地在听教授的讲座时做笔记。"在这三年中,"他很久以后写道,"我为自己一生中所有有用的知识和思维习惯打下了基础。"杜格尔德·斯图尔特教授在1801年4月27日的一封书信中表达了对他的这位学生的看法:"提到坦普尔先生,我只消说他完全没有辜负我对他的好印象,他勤奋刻苦,将自己的才能充分发挥了出来。无论是性情还是行为,他都是一位理想的友人。事实上,在他同时代,我从未见过如此无瑕或是拥有如此可亲性情的人物。"

对母亲，他总是充满爱和尊敬，全然回报她付出的母爱。1802年4月17日，他的父亲去世，这位当时18岁的年轻人继承了家族爵位。他的母亲写了一封冷静的长信给他，为他的将来打算，建议他留在爱丁堡，直到杜格尔德·斯图尔特教授的课程结束，然后进入剑桥大学。他母亲一丝不苟地遵从丈夫关于儿子教育的期待。由于双亲的睿智和远见，他得以为自己的人生奠定良好的基础。他拥有地位和财富，但是这些常常意味着诱惑而非优势。幸运的是，他早早开始从政，发挥了自己的优势——一个世纪以前比现在容易得多，这对他的青年时代施加了独特的影响。让他尽快参观爱尔兰庄园的也是他的母亲。她的长期目标是让儿子们变得诚实勇敢、精敏辨己、勤奋好学。

1803年，巴麦尊从爱丁堡来到剑桥圣约翰，他一直在那里生活，直到1806年受邀参加竞选。进入大学两年后，他失去了母亲，这让他哀痛不已。此处和下文中都将引用他自己的书信和段落，因为要体现一个人真正的特质，最好的方法莫过于让他自己说话。各种事件造就了他的一生，没有批评家或叙述者的润饰和解读能够像这些书信片段那样清晰地描绘出他在各个人生阶段中的感觉。当时写给他的妹妹——"我亲爱的范妮"的家书，让我们得以一窥巴麦尊勋爵在剑桥期间的习惯、思想和性格：

"你的文笔实在太差了，拼写乱七八糟"……在描述了一匹马和一场化妆舞会后，他继续写道："听说国王渐渐康复，我感到很高兴，希望他能尽快恢复健康，我敢说你一定全心同意我的看法，既因为你的忠诚也因为你急于享受生活的乐趣……你现在有了一些打碎外壳的希望，而这是一种难以实现的希望，为你提供了那么多嗅盐却毫无用处，实在是很遗憾……我听说封锁布伦港（Boulogne Harbour）的计划只有一种反对声音,即这个计划完全不切实际。"他写了很多音乐方面的内容,他热爱音乐,书信中经常提及音乐会和当时传唱的歌曲。接着是一些政治方面的内容。"首相卸任,我和其他人一样由衷地感到高兴。后面的两个星期阿什伯顿(Ashburton)得多高兴啊!我很嫉妒他的伙伴……毫无疑问 B. 勋爵的婚姻将非常幸福,因为我从未见过与自己相处得如此融洽的年轻女性,而他将成为她的丈夫,或许她可以把自己的自信分一些给他……我昨天晚上开始写这封信,但是因为太困没写完,事实上,我已经把 1 点前上床睡觉变成了一种规矩,因为我通常 7 点起床……几天前我有个朋友和福克斯①的至交好友在一起,福克斯的好友坚持认为皮特②和福克斯的想法很相似,无论他们对于具体问题有怎样的分歧,他们总是对有关政府的主要原则持相同意见。既然他的朋友这么说,我认为福克斯做什么打算已经很明显了。"他在信中还讨论了和一位朋友的旅行:"我认为最多花 5 个星期,我们就能走遍威尔士南部,所以如果 6 月出发,我们在 8 月初就能到布罗德兰斯了。"

但是他的思绪总是飘回公众事务:"内阁名单上的头衔实在太多了!我认为坎宁③很有希望,"这位少年老成的大学生写道,"不是争论他的面包黄油。那从来不是答案。我听说波拿巴提出了有利的和谈条件,只要我们承认他的统治……毫无疑问你到现在应该明白了

---

① 福克斯(Fox):指的是查尔斯·福克斯(1749—1806),是英国辉格党的资深政治家,曾任下议院议员长达 38 年之久,是小威廉·皮特担任首相期间的主要对手。
② 皮特(Pitt):指的是小威廉·皮特(1759—1806),是英国托利党政治家,两度出任首相一职。
③ 坎宁(Canning):指的是乔治·坎宁(1770—1827),是英国的政治家、外交家。他于 1827 年出任英国首相,一百天后在任上去世。

我们经过唐卡斯特时困扰你的原因。设菲尔德(Sheffield)和罗瑟勒姆(Rotherham)志愿军今天早晨收到急令立即向唐卡斯特进发。我们到的时候骑兵刚进来,一封快件送到城里。军事法庭立即解散,官员们跑到一座教堂尖塔顶上眺望兰德斯托恩烽火台(Rendlestone Beacon)的滚滚浓烟。没人知道警报的原因,所有人都猜测是法国人登陆了,但是没人知道到底是在利物浦、斯卡伯勒(Scarboro)还是哈罗盖特(Harrowgate)。在邮车伙伴中,我们算是很幸运了。我们遇到了一位布朗上校,他曾在美国战争中服役,指挥过许多印第安人、乔克托人(Choctaws)、切罗基人(Cherokees)等。我猜你应该听说过英国人被法国人囚禁并关押在凡尔登(Verdun)的事情。他们似乎并没有那么不幸,尽管他们所受的待遇肯定很大程度上取决于他们被关押的原因。我希望使用糟糕的双关语不算罪名。如果那样的话我很同情被关押在那里的人。"

第二章 初涉政坛

1806年,巴麦尊勋爵参加剑桥大学的议会代表的竞选,在此期间展现出坚韧不拔的意志力,这一特点在他后来的人生中时时展现。在自传中,他给出了几个促使他选择这条道路的原因,这些叙述让我们得以一窥当时的大学生活。"我在剑桥的私人导师乌特勒姆博士(Dr. Outram)不止一次提醒我,因为我在大学各项考试中一直名列前茅,并且因为循规蹈矩而备受赞扬,那么在适当的场合考虑代表大学不算是错误的。我的父亲于1802年4月去世,1805年1月,我又失去了母亲。后一次不幸将我获得文学硕士学位的日期推迟了数月,当时的贵族将这一学位视作一项荣誉,在入学整整两年后即可获得,无需考试。1806年1月,皮特先生去世,学校不得不选出一名新成员,国王也需要一名新的大臣。我当时年龄已到,但是还没取得学位,尽管如此,我在圣约翰学院的朋友们还是建议我站出来。"

这些理由现在看来虽不如当时人眼中那样充分,但是仍然促使巴麦尊竞选该位。他仔细研究每个人,尽管与对手佩蒂(Petty)、阿尔索普(Althorp)以及后来的兰斯唐(Lansdowne)勋爵和斯宾塞(Spencer)勋爵相比籍籍无名,但是他仍然积极斗争,不过最后在投票中屈居末位。

布鲁厄姆勋爵曾经表达了对巴麦尊的有趣评价,1806年,当得知年轻的巴麦尊下定决心要代表剑桥时,布鲁厄姆给麦考利勋爵(Macaulay)写了一封信,表示支持巴麦尊勋爵的对手H.佩蒂勋爵。巴麦尊当时初出茅庐,所以布鲁厄姆对当时还没有成为大人物的巴麦尊有所误判也情有可原:

"政府候选人是巴麦尊勋爵,一个月前刚刚从大学毕业的年轻人,他缺乏胜任这一职位所需的一切素质。我清楚地记得曾在爱丁堡见过他,当时他上了几年大学,我对他的家庭和他自身的了解更令我百倍期望佩蒂能获得成功。这个家族极端反对废除主义,几乎无人能敌。我认为,"富有先见之明的布鲁厄姆道,"他实在太自我了。对他来说最重要的一点是,在所有充满野心的目标中,廷臣的生活是最辉煌的。你难道不觉得朋友们有着更多理由来竭尽全力支持佩蒂吗?"这位未来的财相在揣测自己这位爱丁堡同窗的性格时犯了巨大的错误——他正是未来的首相。

布鲁厄姆勋爵的书信足以证明当时巴麦尊多么不为人所知,即使是在同代人中间亦是如此,但是他抓住每一个机会让自己扬名立万,在第一次议会战斗、1806年竞选失败之后,他于1807年再次代表剑桥并失败;这次差距只有4票。"我当时显然没有想到会有这么多人投票给我,"他说道,"也没想到不久的未来能获得更大成功。"他并没有等待很久,23岁时,他已经跻身怀特岛郡纽敦的下议院,这是由莱奥纳德·霍尔姆斯(Leonard Holmes)爵士控制的选区。他当时留下了谨慎的日记,后来许多年,他时不时会写日记,日记中提到了由莱奥纳德爵士提名的条件。"其中一个条件是,我永远不能涉足此地,哪怕是为了竞选——这位保护人的嫉妒心非常强烈,害怕我会试图在这个地区分一杯羹。"

他在日记中还描述了当时在欧洲发生的事件,没有什么更清晰和言简意赅的了,达令勋爵已经在书中公开了大部分,他截取了巴麦尊对拿破仑的评价,认为这段文字体现出高度的智慧。"波拿巴的政治手段中有一种特别卓越的做法,他不企图掩藏自己的计划,而是在行动前公开自己最残暴的计划,各国得到警告,不是准备抵抗,而是预测征服和变化,慢慢适应和妥协,最后几乎是毫无怨言地屈服于这位独裁者的统治。"他在福克斯去世时写道:"他是有史以来作为个人最受人们爱戴的政治家,而作为政治家,他却是最不能给人信心的一个。"他简要地剖析了一番,一针见血地指出政治的潮流,并简单扼要地陈述自己的观点,作为一个如此年轻的人,他的思想之成熟令人惊叹。

1807年,巴麦尊被当时的首相波特兰公爵任命为海军部职员,此时距他首次在下议院占据一席之地还有几个月。因此他对于外交事务的兴趣很早就为朋友们所知,同年,假如巴戈特(Bagot)先生没有接受副部长一职,巴麦尊也会被这一职位所拒,不过坎宁先生得知巴麦尊的意图之前就把这一职位授予了巴戈特。之后经历了差不多整整一代人的时间,巴麦尊才获了外交部中的职位。

直到1808年,巴麦尊勋爵才发表他的处女演说。在写给妹妹的书信中,他表达了自己对于这次演说的印象,照例与听众的印象大相径庭:

海军部,1808年2月4日

我亲爱的伊丽莎白——你会在今天的报纸上读到，昨夜我如何鬼使神差地愚弄自己，逗乐下议院诸君；然而，我认为这是个破冰的好机会，尽管我应该挣扎一下，因为关于这么好的话题不可能说出太过惊人的蠢话。坎宁的演说是我所听过最出色、最雄辩的；这场演说持续了近三个小时。在此期间他让整个下议院紧跟他的思路，我从未听过那样响亮而频繁的喝彩。

而其他人对这场演说的观点，则可以从这封写给他兄弟的书信中看出端倪。辩论的主题是英国政府在哥本哈根远征中的行动：

海军部，1808 年 2 月 6 日

非常感谢您的祝贺。整件事情结束了，我当然感到很高兴，尽管我开始害怕我暴露了自己；但是我的朋友们非常亲切，说我并没有说废话，而且几个小时之后，我开始向命运妥协了。报纸不能自由报道我的发言，不过梗概大体如下。首先，从某种程度上来说，下议院以这场演说作出了承诺，表达了自己对这次远征的赞许；但是这一消息不适合由报纸报道，因为这会公开我们的情报来源。这是不必要的，因为即使没有报道，远征也有正当性。西兰岛和丹麦舰队是法国的目标；丹麦的中立地位不能成为屏障，因为波拿巴从来不尊重中立，这次似乎也不会改变策略，当诱惑最强大时，他的手腕也最灵活；事实上，他显然想拦截舰队。丹麦无力反抗；丹麦曾经有自己的途径，只是不愿意使用，因为从各方面情况来看，丹麦已经决定了站在法兰西一边。

我已经平静下来，大约有半个小时；现在我已经不像原本以为的那样紧张了。

最爱你的兄弟，
巴麦尊

巴麦尊当时和后来的演说不能说有多么出众，但是毫无疑问他所说的正是他所想表达的。他常常停顿，搜肠刮肚地寻找合适的词语，他的演说技巧从来算不上高超。他的话掷地有声，并能对听众产生长期的影响，是因为言辞来自于一个伟大的人物，而非韵音辞令多么优美。

巴麦尊总是忙里偷闲，在工作中挤出时间与至亲和朋友们保持频繁的通信，下列这些书信片段显示出他虽然忙于公务，但是仍充分享受工作和社交的乐趣。因此，在海军部供职期间，他在给妹妹的书信中写道："我没办法回布罗德兰斯，因为我们这里只有三个人，不能再少了。我们昨晚的舞会很不错。我们跳了两次'四对舞'①，整体而言跳得还不错。其中两个女士跳得非常好，另外两位有点儿无所谓。"他曾短暂地回过家，家中的细节引起了他的注意。"客厅的窗帘将用来修补椅子和沙发，这些东西都太破旧了，要装上新的薄绸窗帘，从窗户旁边垂挂下来，现代样式。沙龙和书房要换上暗绿色的窗帘，地毯换上比原来耐脏的。餐厅窗帘保持原状；这么一来整栋房子都会焕然一新，变得时髦。"假期之后，他写道："我发现同僚们很高兴我能回去帮忙。"接着他对浅淡的墨迹表达了厌恶："人们买的普通墨水实在太淡了，你的是深黑色的，很不错。"

---

① 四对舞（quadrilles）：历史上一种著名的舞蹈，由四对舞者站成矩形方阵的形式进行表演，是方块舞的前身。

"葡萄牙起义的新闻没人相信,因为看起来根本不可能,消息来自于美军军官。"他对海洋权很感兴趣,让人称奇的一点是,他在给女性亲属写信时,总是从最轻松的话题一下子跳到国家大事,与她们分享自己的观点,就像给同事写信一样。"我们一直坚持认为,中立底线并不总能带来中立益处,这是个伟大的原则,应该明确地承认,这种观点深深植根于我们上一次武装中立之后与俄国、丹麦签订的最新协议中。因此,不得不承认,我们得抛却之前的自命不凡,退后一步,并至少放弃一半权利,这是不言自明的。所谓每个国家都有权不顾条约自行其是毫无说服力,在新的战争开始时,中立国可以奉行抵制原则,而他们现在承认了这一原则。两者的情况大相径庭,令人震惊。假如在新的战争开始时,由条约承认这一原则,如果中立国拒绝,他们就成了国际规则的破坏者。假如默许这种情况,我们此后强制执行,他们又会提出异议,如此一来我们必须竭力建立一种海事法,但他们可能辩称这种规则无权约束他们,因为他们从未表示过同意。不仅如此,假如波拿巴和他的卫星国把条约的义务看得这样轻,他们对于满足我们的要求应该没那么反感。"

"我希望你别期待会发现一个欢乐的大都会。这个城市无聊得很,整天雾气弥漫,东风吹拂。你认识的两个人里就有一个身患麻疹和结膜炎。财相打算关闭歌剧院。一个星期都没有一次宴会。哪怕宴会上也没什么可看,只有对着彼此打呵欠的女人。人们只说两句话'你喜欢菱格纹图案吗?你读过《玛密恩》(Marmion)①吗?'"当你表示前者很糟,后者不如短诗之后,你将被十几个人用同样的问题轮番轰炸。"

---

① 文中出现的《玛密恩》是英国著名的历史小说家和诗人沃尔特·司各特的长诗。

1808年,他前往爱尔兰,并对基拉尼(Killarney)附近的道路进行了一番凄凉的描述。他被湖泊之美震撼,但是达尔林普(Dalrymple)将军在葡萄牙的惨败影响了他的心情;他以极具特色的率直宣称:"假如我是内阁,我就让达尔林普吃枪子。"

同年秋天,他前往视察他的斯莱戈(Sligo)庄园,在下一封信中,我们看到这位年轻人身为地主的有趣一面:

"星期四我和钱伯斯(Chambers)一起在斯莱戈镇上散步、骑马,星期五我们骑马踏遍庄园与海岸相接的那一边。我发现有很多事要做,简直可以说是百废待兴,明年夏天我有必要再来一次,或许每年都得来,持续一段时间。这是一片大约2英里①宽、6英里长的田野,一面靠海,另一边是沼泽和陡峭的山脉。这地方完全未经开垦;但是几乎所有荒地和沼泽都能够种植作物,而且所有耕地经过打理都能把价值提升至目前的三倍,为了实现这一目的,有很多事情要做。现在首要的任务是修缮教区教堂,以便能够发挥其功用;接着是建立学校、修建道路,某些情况下尽可能跳过中间人。在那之后,若是条件允许,我希望能找个苏格兰农民教人们如何改良土地;在庄园中心建立一个小小的制造业小镇,那边有充足的水和石料资源;接着造一个码头,在延伸至多尼戈尔湾(Donegal)的小镇马拉莫尔(Mullaghmore)附近建立个小港口。"

巴麦尊勋爵并不是个会逃避土地所有者职责的人,他也不会全神贯注于政治或社交,以至于忽略了祖传庄园中佃农们的利益。

---

① 1英里约等于1.6千米。

第三章 出任战争大臣，1809—1818

1809年，巴麦尊勋爵收到一个令人喜出望外的邀约。帕西瓦尔（Perceval）出任首相；在布罗德兰斯，巴麦尊勋爵收到他写来的信，"希望我立即回城，他要为我提供一个他认为非常不错的职位。我前去见他，他请我当他的财相。这令我十分震惊，我请求他容我考虑一段时间，并咨询一下我的朋友们；帕西瓦尔说，假如我拒绝出任财相，他或许可以给我战争部的职务。"

他如此年轻，面对任凭他选择的高官厚禄，却并没有被财相一职和内阁席位弄得目眩神迷，而是表现出充分的理智。他选择了战争部，并没有对此进一步说明，这一决定影响了他的整个政治家生涯。在1809年10月16日写给挚友马姆斯伯里（Malmesbury）勋爵的书信中，他如此权衡利弊：

"虚荣和野心当然会让人倾向于接受前一个煊赫的职位；但是这不啻孤注一掷，所得虽然多，然而所失亦不少。我一直认为，对一个人，尤其是年轻人来说，超出自己力所能及、分所应当的位置是不幸的,正所谓高者常堕。目前我毫无金融知识,也从未在议会中发过言。这个新职务对我来说无比困难。帕西瓦尔说,由于战争,我国如今的财政状况非常窘迫;从最近发生的公共事件来看,从反对者的数目来看,从我们同伴中少数对这一问题持不同意见的人来看,下议院的战争问题对我们来说十分严峻。我不知道这两点中哪一点该让我更为警觉。或许通过不懈的努力和帮助,我能胜任这一工作,但是恐怕永远无法在议会中扮演好我的角色。

"我本人强烈倾向出任战争大臣。从人们对内阁的了解来说,这个职务似乎最适合新手,而且我可能可以胜任,因为只有当一个人从事他所该从事的工作,并且全力以赴时,才有可能取得卓越的成就。

"还有一个不能完全忽略的考量,错误一旦铸成,我们很可能就没有挽回的余地了;战争部已经很够我施展才能了。我们的派别在次级官员方面确实人才匮乏,但是假如帕西瓦尔都找不到与我相当的人出任财相,那么显然我们虚弱得站都站不住了。"

马姆斯伯里在回信中敦促他接受战争大臣一职,加上内阁席位。对于这一点,巴麦尊回答道:

"帕西瓦尔慷慨地给了我内阁席位加战争大臣(假如我愿意的话)的选择,不过总体而言我认为最好拒绝;而且我相信,你虽然一开始持不同意见,但是大致不会认为我是错的。战争大臣一职通常不与内阁席位捆绑。内阁席位于我而言并非装点门面的工具;由于太年轻,我进内阁一定会让人诧异,人们不会认为这是因为战争大臣一职的缘故,而会揣测我何德何能得以进入内阁。财相入阁是必要的,但是战争大臣显然并非如此;而且我认为战争部的工作已经足够占用我的时间,更别提出席内阁会议了。进入内阁无疑会非常有趣;但是出于各种实务和抗辩的考虑,帕西瓦尔当然会把所有信息告知我,要考虑所有的愿望,至少一开始是如此。"

  海军部,1809 年 10 月 27 日
  昨天我决定出任战争大臣,今天早晨我便走马上任。办公室里似乎已经人满为患,但是并不会让人觉得紧张,我认为自己会很喜欢这份工作。

  这位年仅 25 岁的年轻人的职责与今日战争大臣肩负的职责大相径庭。当时有专门负责政策和战场行动的战争大臣,还有一位监督纪律,负责征兵和拔擢的总司令。巴麦尊当时掌控,或者说试图掌控的机关负责领导和监督军事远征,并作必要的记录。他对这个职位为他提供的工作机会跃跃欲试,他在信中称:
  "有很多工作要做;但是假如囿于案牍之前,做些实务是一种满足:假如他们给我们足够时间留在此地,我相信我能够重新布置办公室的室内装饰细节。我们的职责是监督指导军队、民兵和志愿兵的所有账目;由于过去几年大幅扩充军事基地,我们积欠了大量未经审核的账目,并且每天都在增加。这让人疲惫不堪,我猜今年大概没什么假期了。不过总要做事的,只要能发挥自己的作用,不得不屈从于一定程度的不便和辛劳。"
  1809 年,城市和乡村到处在为彩灯秀做准备,人们四处分发食物,帮助穷人参加即将到来的乔治三世继位五十周年庆①;巴麦尊勋

---

① 乔治三世(George Ⅲ, 1738—1820)于 1760 年登基,成为大不列颠国王及爱尔兰国王,至 1801 年因大不列颠及爱尔兰组成联合王国而成为联合王国的国王。

爵关于他希望布罗德兰斯举办哪些庆祝活动给出了极为细致的指导。

同一封信中,他还戏谑地提到不幸的瓦尔赫伦(Walcheren)远征①:"说到这次远征未来的目标,假如我拒绝投入其中,请你一定要原谅我。我目前能够透露的唯一信息是,查塔姆(Chatham)勋爵和罗伯特·斯特罗恩(Robert Strachan)勋爵(英国海军和陆军指挥官)将很快成为瓦尔赫伦公爵和隆伯特男爵(Baron Rompert)。据称,艾尔·古特(Eyre Coote)爵士有望获得一大片维尔顿肯兰(Verdonkenland)土地的许可权。这些协议不日将生效,以免某些不可预见的事件导致我们撤离斯凯尔特(Scheldt)。而阿瑟·韦尔斯利(Arthur Wellesley)爵士特别令人恼火,他竟然错失了消灭维克托(Victor)的机会。他在塔拉韦拉(Talavera)与之交锋,22日袭击了他的前哨,然后把他们赶了回去。他想在23日发动全面攻击,但是与他一起的那位西班牙将军提出了反对意见,并坚持让韦尔斯利把进攻日期推迟到24日。在此期间,清楚自己弱点的维克托拔寨撤向马德里。这很奇怪,因为古埃斯塔(Cuesta)除了战斗一无是处,而且他又那么好斗。他一生中从来没有赢得过一场战役,往后也赢不了,但是他总是冲锋陷阵,他几乎不曾发号施令,仅有的几次也很糟糕。然而,西班牙事务现在并非首要考虑。事实已经很清楚了,西班牙人既没有精力也没有手段保卫自己,因此他们得步上奥地利的后尘。他们在战争中从来找不到一个能够指挥整个旅的将领。自从奥地利战争开始,他们什么都没做过;而现在,在暂缓了四个月之后,他们连足

---

① 瓦尔赫伦远征:1809年,英国军队远征到尼德兰,试图为第五次反法同盟开辟一条新的战线,结果以失败告终。英国军队损失惨重。

以防御的军队都没有了。他们能够做的,将会做的,只不过是无条理的、各自为政的努力,但是大规模战争实在超出了他们的能力。"

他那时废寝忘食地投身于工作中,在接下去几年内,半岛战争①将成为他全神贯注的问题。但是他是个理性的人,不允许自己暂时停下来消遣片刻,1810年,他写道:"我星期一去了科尼尔斯(Conyers),星期二回来。那天风雨交加,刮着名副其实的飓风,因此我只打到一对野鸡。兰姆(墨尔本勋爵)②比较幸运,他开枪时风总是小一点,因此他猎到了四对……我像往常一样附上了给罗姆西镇(Romscy)上人的字条。告诉威廉,他可以随时去皮切(Pitch)打猎,他肯定会很愉快的。"

在进入下议院后发表的第一场演说中,他提出了战争预算,并发表了如下宣言,这次演说很有他后来的"罗马公民"(civis Romanus sum)风格,并且展现了他真实的性格——一位国家权力和国防力量的热心拥护者。"这个国家的武装力量从未如此引人注目,在历史上任何一个时期,这个国家从未如此骄傲、如此辉煌。我们与一个实力与日俱增的强敌抗争了15年之后,仍然能够维持战争并持续不断地加强力量,而我们的人民,在外患的压力之下众志成城,组成战无不克的军队。我们的武装力量不断增强,得以应对危机,这已变得更为重要,即便我们没有抵御欧洲大陆侵略者的无数堡垒,我们依然体现出更加难以攻克的力量,这力量来自我们坚韧不拔且热情洋溢的爱国民众。"虽然年轻,但是这场演说依旧令人振奋,这种力量来自健康

---

① 半岛战争(Peninsula War):1808—1814年发生在伊利比亚半岛的一场战役,交战双方分别是西班牙、葡萄牙、英国和拿破仑统治下的法国。
② 墨尔本勋爵(Lord Melbourne, 1779—1848),即威廉·兰姆(William Lamb):英国辉格党政治家,曾在1834—1841年任首相,早年曾任女王维多利亚的老师。

体魄中的健康头脑,这使他成为人们眼中英国男子气概和勇气的象征。

巴麦尊专注于自己的部门,几乎不参加一般辩论。他和总司令大卫·邓达斯(David Dundas)之间发生过一场典型的交锋,后者认为战争大臣不过是次要之职,纯粹是为了执行总司令命令而创立的职位。巴麦尊则固执地拒绝以这种观点看待自己的职位。他认为自己"是军事指挥官和公民权利之间的屏障,而除非议会干预,这种定位不会改变"。他反对邓达斯,后来也反对约克公爵,巴麦尊坚持要求自己部门的权威得到确认,并要求直接面见国王,商讨与他职责相关的一切重要事务的权利。

1812年5月11日,帕西瓦尔在下议院投票厅中遇刺,在利物浦勋爵(Lord Liverpool)组成的新一届政府中,巴麦尊仍然担任战争大臣。从这时开始,他采取为天主教大开方便之门的路线,并且将一直坚持到最后,下面这段重要引文来自于1813年他就这一问题发表的演说:

"这么说是否明智:出身高贵、有权有势并且腰缠万贯的人深切关心大众福祉,有幸生活在一个拥有自由宪法的国度中,任何人只要诚实正直地在政治生活中发挥聪明才智并努力,就能得到国人的钦佩敬仰,为国作出贡献,而他们却是例外;只有他们永远无法进入这一领域;他们或许可以忙于私人生活中较卑微的领域,在那里发挥才能,但却永远无法在公共领域中提供服务,他们永远不能得到政治荣誉。我们无法知道,延续这一机制会让我们错失什么;但是完全能够想象废除这一机制会发生什么。假如因为出生和教育的缘故,某位尼尔森(Nelson),某位惠灵顿,某位伯克(Burke),某位福克斯,某位皮特不幸属于这个阶层,那么英国历史的这一页将失去多少荣誉和辉煌的篇章？而这个国家又将遭受多少不幸和悲剧？问题不在于我们的人口中是否应该有那么多天主教徒。他们就在那儿，我们必须竭尽全力去应对。企图用人力阻止泉水从大地中涌出来是毫无用处的。但是我们可以选择：是迫使它暗流汹涌，冲毁我们的篱笆，在我们的土地上泛滥；还是将它变成一条光明正大，充溢着崇高宪法理想的浩浩大河，把它变成国家繁荣和公共财富的源泉。"

1816年，年轻气盛的巴麦尊勋爵将遇到一位对他口诛笔伐的人——布鲁厄姆勋爵。"这位可敬而学富五车的官员对我进行了指责，我当然无法反驳这位值得尊敬的绅士本人，因为他很少用自己的观点来干扰下议院的工作；并且在所有事件中谨言慎行，不愿与人争辩，也不对宪法发表长篇大论，我决定让自己专心于手头的事务，专心于今年的军队预算。"

1818年，有个疯狂的人试图暗杀他，但是他幸运地逃过一劫，只受了点儿轻伤。

巴麦尊继续孜孜不倦地提高军队的效率，在人生的这一阶段，他形成了一种观点，认为英国政治家有责任将英国变成一个名副其实的伟大国家，方法是维持陆军和海军的强大实力。只有在更高的职位上，他才能实现理想并且切实地推行这一政策。他敏捷的辩才使他成为政治辩论中令人害怕的对手。在回应苛刻的经济学家休姆（Hume）先生的诘问时，他宣称曾"听一位古代先哲说过，不朽的神祇只对两件事无能为力，即过去的事和数学的事。然而，这位可敬的绅士似乎能操纵两者"。

在拿破仑滑铁卢大败，英法两国缔结和平条约之后，巴麦尊勋爵与他的许多同胞一样，享受了一次前往巴黎的旅行——这对当时大部分英国人来说已经成了一种纪念。由于职位的缘故，他与导致波拿巴战败的行动关系匪浅，也自然对那次大败的结果非常感兴趣。

他时不时前往法国，总是随手记录发生的时事。1815 年，他在巴黎参加了一场阅兵："外国军队的步伐比我们小，而且笨拙。我们军队昂然的步伐让俄国沙皇大受震动，他立即下令自己的军队采用这种步伐。两天之后他在玛尔斯广场(Champ de Mars)拥有了一支这样的军队。不难预料，那些人在习以为常的步伐和沙皇命令的新步伐之间颇感混乱迷茫，结果完全乱了阵脚。沙皇大为恼火，立即把三个军团的上校逮捕起来，关进我们的一间禁卫室里。他的副官认为他们已经很幸运了，至少他没有命令他们在 24 小时内学会像韦斯特里斯①一样跳舞，不然就发配到西伯利亚去。"他还描述了俄罗斯军队的阅兵式："那些军队的行动快而精确，他们从纵队迅速散开的样子让惠灵顿公爵②很高兴。他很满意我们以横队而非纵队方式行军的优势，这是我们总是能打败法国人的理由之一。假如队伍固若金汤，列队整齐，那么横队肯定比纵队有利，因为开火的阵线长得多；而且通过迅速攻击纵队可以防止他们解散，这是在近攻中无法完成的行动。纵队的目的是渗入敌军位置，突袭后方；假如能成功，结果就是毋庸置疑的了。在半岛战争中，法军两次对我们的阵地发起纵队攻击，分别是在博萨克(Busaco)和阿尔布埃拉(Albuera)，但那两次他们都被新部队抵挡并打败。在博萨克，惠灵顿公爵让一个葡萄牙民兵团去修路；然而在他们抵达之前工作就完成了，公爵打算把他们送回去。他们说战争即将发生，请求留下来；公爵同意了，希望他们留在

---

① 韦斯特里斯(Gaétan Vestris, 1729—1808)：法国著名的芭蕾舞演员。
② 惠灵顿公爵，即上文提到的阿瑟·韦尔斯利，(1769—1852)：他是第一代惠灵顿公爵，19 世纪最具影响力的军事、政治领导人物之一。曾参与半岛战争、滑铁卢战役。

原地。这成为这次行动中的一个重要节点,法国人竭尽全力想要控制住这个地方。民兵们很快发现他们打错了算盘,并且立即开始争辩谁该先去。然而,公爵立即派出两个英国军团,法国纵队还没来得及在占领的土地上展开部署,就已经被打散了。公爵说他在滑铁卢只有1.6万—1.8万的英国步兵;他一开始领的兵不堪一击;但是半岛的四五个军团为整个军队奠定了基调。公爵麾下的其他几支军队的表现也非常优秀。纳塞(Naussaus)地区的军队逃跑了,并且在他骑马重整军队的时候朝他开火。

"普鲁士军队的人数一开始是公爵所带军队的两倍,但是在他到达巴黎时,他的实力已经足以和他们匹敌,尽管他没有增援部队,对方在战斗中也没有发生重大减员。但是这些军队的纪律非常松散,在行军过程中大幅减员。他带了6万人到巴黎,对方剩下的兵马不比他多。个人掠夺成了腐蚀法国军队的重要原因,也将破坏普鲁士军队。当军官们能够自行征兵时,他们就把军队变成了自己的私兵,今天要粮草的人明天就会得寸进尺地要钱。于是战争就变了味。行军打仗成了唯利是图的投机事业,于是军官们的关注点从赢得荣誉变成了聚敛财富。公爵治军严明,不允许军官擅自征兵,而是必须向军需处提出自己的需求,他们就所需的文书向法国政府的官僚提出申请;而供给是通过民众所知的透明渠道配发下去的,由他们承认的权力机关操作,这种负担不像敌军直接施加压力或者军官朝令夕改那样具有压迫感。结果是,虽然普鲁士军队和我们同样消耗这个国家的财力,但是民众唾弃前者而爱戴后者。在普鲁士军队到来时,背井离乡逃亡的人们一旦恢复了信心,供给当然也恢复了。在法国征敛的难度非常大,没有大笔钱款。财产经过了细分。贵族当然已经毁了,而那些家财万贯的新贵们被波拿巴勒令毁家纾难,供给和装备他的军队。波拿巴下令一个人负责粮草,另一个负责鞋子,还有一个人负责裤子,把他们当成水蛭,允许他们吸饱血,然后再逼迫他们吐出来。

"公爵认为英国军队在战场上所向披靡、无可匹敌。军官的荣誉感远比别国军队强。当他派兵驻守某个阵地时,总是信心十足,相信他们会坚守到最后一刻,除非倒下。我们在阅兵中或许不如某些军队那么花哨漂亮,确实,他认为我们对于服装和外表倾注的关注太少;而从军事角度而言,士兵的服饰外表是很重要的,因为注重外表的整洁,他们会更加井然有序、循规蹈矩。他似乎认为胸甲是好东西;他们的重骑兵或许应该采用这种装备。"

在巴黎逗留期间,巴麦尊勋爵曾与卡斯尔雷勋爵[1]共进晚餐,现在的金奈尔德勋爵(Lord Kinnaird)以及年迈的女阴谋家佛德蒙特男爵夫人(Baroness de Vaudemont)也在场。她开始攻击卡斯尔雷勋爵,要求英国归还几幅法国人从欧洲各国掠夺来的画作,这些画作当时被送离了卢浮宫。她说我们是一群海盗。"但是夫人,"他(卡斯尔雷勋爵)以一种特有的平静说道,"你们法国人认为我们对你们友好,所以应该对你们表现出各种感情,尽管我们对女性充满感情,但是对你们国家的男性却毫无感情。"

"(惠灵顿)公爵在来巴黎之前让军队去野外演习。他认为自己的目标是占领蒙马特尔(Montmartre)前的一片高地,最好能占领山顶。他派出两支分队,从右翼前往圣丹尼(St. Denis),从侧翼包抄假

---

[1] 卡斯尔雷勋爵(Lord Castlereagh),即罗伯特·斯图尔特(Robert Stewart, 1769—1822),英国政治家。作为英国的外交大臣,从1812年起,他就是组建反法同盟的关键人物,是出席维也纳会议的主要英国代表。

想的敌军，自己则从正面进攻。他带领军队在乡间行进了数英里，在蒙马特尔周围绕了大约四分之一个圈，步兵纵队行进的方式、骑兵和刺刀时不时的进攻都和真正的交战无异，只是没有真的开火。最后，在那些明白他意图的人最出乎意料的时候，他突然把军队分散成两排，指令干脆利落，漂亮得超乎想象。接着是行军礼。君主们刚好在场，见证了这一幕，整支军队雄赳赳气昂昂地从他们面前经过，持续大约一个半小时。这次演习的精准、稳定和迅捷举世无双。全程没有任何困惑。士兵们以惊人的速度穿过这个区域；接着，当最后展开部署时，队伍就像列队行进时一样整齐精确。那些曾经观看过普鲁士阅兵的外国人震惊地发现我们完全没有任何准备，而且惠灵顿公爵指挥6万人就像在棋盘上移动几枚棋子一样轻而易举，要知道，普鲁士军队事先刻苦排练了整整两天，而且在整个平原上插满了顶上绑着稻草束的标杆，为每个分队标示出应该占领的位置。他们花了很长时间才相信我们没有命令也没有事先计划，而莫里斯·利希滕斯坦亲王（Prince Maurice Lichtenstein）似乎仍然难以置信，直到几乎所有将军都向他保证，他才最终信了。骑兵团和近卫骑兵顺利跨越两条又深又宽的沟渠也让他们大为惊讶，这两条沟渠分别位于一条道路的两边，他们接到命令越过去，然后几乎毫发无伤地安全渡过，只有三四个失足的个例。我们最薄弱的环节就是行军了。军队因为轻盈整齐和细致的指挥风格备受赞誉。苏格兰士兵和骑炮兵尤为引人瞩目，尽管卢浮宫画廊发生的事情（把他们从其他国家抢来的画作带走）让我们与巴黎人交恶，但是仍然不乏法国观众，无数马车中坐满了淑女，这是普鲁士阅兵中从未曾见到过的情景。"

"那天我和布列松（Bresson）先生等人共进晚餐，布列松先生曾是波拿巴统治时的警察局长。他对我们讲了很多关于波拿巴家族的轶事。他说拿破仑很容易受到家人的影响,尤其是他的姐妹们,她们都是聪明而野心勃勃的女人,常常能让他改变自己非常固执坚持的决定。他说他的兄弟们大部分孱弱而愚蠢,而且他们在被派往被征服的国家出任长官时,都妄想自己是独立君主,要纠正他们的错误常常很困难。杰罗姆①占领威斯特伐利亚王国(Kingdom of Westphalia)时,他正在卡塞尔(Cassel),据说这个矮个子男人昂首阔步,向左右发号施令,仿佛他将永远坐在这个位子上,当内尔文斯(Nervins)向他暗示皇帝的事情,他以一种令人钦佩的威严回答道:'你知道我是皇帝的家人。'然而,内尔文斯的特殊任务就是看着他,防止他乱来,于是劝谏道,假如他太趾高气扬,皇帝或许会派一个将军占领他的国家;而杰罗姆似乎花了很久才领会这逆耳忠言的说服力。

"某次午后接见会上,一个信使送来波拿巴的急件。曾抱怨杰罗姆的内尔文斯向波拿巴建言训斥他一通,因此乐见其成。他促狭地让这个小君主告诉他们皇帝说了什么。杰罗姆打开信封,全然冷静而自持地向官员及在场的其他人员朗读了书信。根据他朗读的内容,波拿巴听闻事情进展顺利,感到非常高兴;他赞扬杰罗姆的统治慎重,而且深受人民爱戴,他的财政状况如此良好,军队如此整饬,每一天都有新的事实证明他当时选择委任杰罗姆管理这个国家是多么明智。最后杰罗姆总结道,皇帝对他的喜爱与关怀与日俱增。内尔文斯对此一笑置之,他看到杰罗姆朗读书信时有个身材高大的轻骑兵军官站在他身后,利用身高优势,伸长脖子窥视信的内容。出了

---

① 杰罗姆·波拿巴(Jerome Bonaparte, 1784—1860):他是拿破仑·波拿巴的弟弟,威斯特伐利亚国王(1807—1813)。

门,他问那个军官对这封信有什么想法。"想法?"军官回答道,"我这辈子没这么震惊过。为什么,你知道吗? 我越过他的肩头看到了信的内容,每个字都和他毫不犹豫地读给我们听的恰恰相反。"

作为战争大臣,巴麦尊急于汲取对自己有用的知识,为了视察法国土地上最后的盟军,他于1818年访问巴黎。在康布雷(Cambray)的一场晚宴上,他和半岛战争中英军的盟友、西班牙将军阿拉瓦(Alava)会面。"那天晚上,阿拉瓦强烈证明了西班牙人对葡萄牙人的鄙夷之情,他以一种嗤之以鼻的方式告诉我们:'某个外国军官想让一个胖乎乎的葡萄牙人走快点儿:他想说的是 vivo,即快走,但是却说成了表达赞美的 viva,这个胖葡萄牙人停下脚步,脱下帽子,深深地朝他鞠躬。'"

巴麦尊勋爵出席了大阅兵,并且完整地记述了经过,现摘录如下:

"我们于10点前抵达阅兵场地,发现军队已经开始集结并准备迎接君主们——他们右侧紧邻从康布雷到魁斯诺伊(Quesnoy)的道路,左侧则是通往瓦朗谢讷(Valenciennes)的旧路。他们排成整齐的纵队——丹麦人在最左边,接着是英军,接着是汉诺威人,然后是撒克逊人和普鲁士人。当天行动的目标是占领法马斯(Famars)高地,以便由该处勘察瓦朗谢讷镇,模拟布尚(Bouchain)被敌军占领的情况。敌军由一些哥萨克人充当,还有炮兵、骑兵的后勤兵以及步兵部队。假设他们的部队驻扎在埃斯凯隆(Escaillon)后方,骑兵占领河流和塞拉(Selle)之间开阔的原野,后者就在我们的阵地前方。因此敌军被两条河隔开,而两条河之间的空间也在敌军控制之下。当天行动的计划是由惠灵顿公爵和 G. 穆雷爵士(Sir G. Murray)制定的,公爵告诉我他难以抑制地感觉自己在写一出滑稽戏。

"我们沿着路线骑到半途,开始时我们的军队在左翼,骑兵开始奔袭时,一群匆忙慌乱的哥萨克人超过了我们。这时我们位于队伍中间,不得不左闪右避,免得被骑兵冲撞,地势坡度令他们非常容易到达河边。我们和炮兵一起穿过塞拉,英国骑兵的动作很漂亮。接着我们来到右侧,观察普鲁士人的行进,他们将绕过敌军侧翼,在贝赫梅林(Bermerin)附近和他们一起穿过埃斯凯隆。他们的行军中规中矩,但是速度很慢。他们已经练习过怎么在这片场地上行动,所以非常熟悉这里的地形。和我们并辔前行的贝雷斯福德勋爵(Lord Beresford)称:'对面的那座山顶上到处都是整齐的纵队,看起来是否像绅士的庄园和种植园?'他们的军官似乎比我们少。他们的动作显然很慢,而且似乎很难把他们从深陷的困境中解救出来。我们一直跟随着普鲁士人,直到他们和撒克逊人到达魁雷奈恩(Querenain),接着我们继续骑马前行,直到遇到排成三排前进并正面迎击敌人的英国士兵,这次交锋后,当天的短暂行动到此结束。我们忍不住欢呼:'太漂亮了!'这并非出于国家偏见。我们军队在积极性和行动熟练度方面得到了一致的认可。

"在冲向第一个高地的途中,军官下令冲刺,听到'冲啊'之声如雷响彻,我们的英国心灵忍不住随之激烈震动,我们的军队径直往前冲,短短几分钟之内就爬上了山顶。

"在骑兵最后一次冲刺之后,大军经过之前,公爵带着亚历山大(Alexander)下山看一座新的浮桥。公爵利用这个场合表达了自己对他和他军队的看法,赞美得体而到位,颇有成效。我和公爵聊了很多。他认为普鲁士人向我们展示了现代战争中的三种纵队。普鲁士人运用了单营纵队、双营纵队和三营纵队,而法国人则运用了大方阵,由三排组成,一组接着一组,每一排包含三个排成纵队的营,彼此并排。

"'看吧,'他(公爵)指着其中一个方阵道,'那看起来多可怕;然而我鄙视法国人'(他拍着手)'想想整场战争中这种阵型哪次给我们留下哪怕最轻微的印象了。'他对付他们的方法通常是这样:让自己的军队躲在能找到的地势较高的掩体后面,静待敌方队伍靠近。接着,当他们近在咫尺时,他常常命令士兵们站起来前进,并且向方阵开火。在长长的火线面前,五六千人仿佛挤在一起的羊群,必然受到重创。另一方面,所有方向都只有最外圈的人才能开枪射击。然而,尽管如此,我们常常发现他们忍不住一起开火。'接着,'他道,'这些紧凑的纵队开始波动;这足以证明人性是多么奇怪的东西,无可避免地,阵营最后离危险最远的士兵往往是最早逃跑的。当法国纵队从后部开始逃跑的时候,你常常能看到人们挤在一起左冲右撞,他们仿佛把逃兵同伴的身体当成了盾牌,就这么点儿距离他们都跑得步履蹒跚,如同鸭子一般。在滑铁卢,有一个法军纵队在路对面朝我们的军团开火。我们的人不能上前冲杀,因为他们会被命令穿过这条路。这是个紧张的时刻。两股力量交战了几分钟——很难说清楚究竟是哪两股力量。我看到74营大约有200人似乎受不了了。我亲自带他们离开法国阵营左翼20码①远,几分钟之后,法国纵队掉转了方向。'这件轶事叙述得简单扼要,只是顺带一提,没有任何夸耀的成分,却体现了他(公爵)在战斗中以身犯险、身先士卒的精神。"

1820年,一向不喜巴麦尊勋爵的乔治四世登基;拿破仑于1821年去世;卡斯尔雷于第二年去世,坎宁成为外交大臣,很快便荣升首相。1824年,巴麦尊勋爵就俄罗斯侵略土耳其以及大不列颠居中调

---

① 1码约等于0.91米。

停的建议作了如下评述:

"英国政策的首要目标是保障世界和平。为了达到这一目的,首先我们必须竭尽所能地避免新的争端;其次,在任何可能的情况下,我们需要用友好的斡旋来平息现有的冲突;再次,当别无希望时,我们必须尽可能缩小冲突规模;最后,当我们自己的利益或荣誉不受损害时,我们自己必须保持沉着冷静的中立立场。出于对调停本身的尊重,只要干涉是完全和睦友好的,我们几乎没必要说应该作何种程度的准备;但是我们在任何情况下都不应该加入战争双方的任何一方阵营,也不能提出我们根本无意执行的威胁。"

这些话证明,他在政治生涯初期已经为自己设定了一个英国积极促进和平的理想,这个理想一直贯穿他政治事业的始终,为了达到这一目的,他认为必须维持欧洲各国间的势力平衡。

第四章 入阁和在野，1827—1830

1824—1827年，巴麦尊有足够的闲暇时间去照看他的爱尔兰地产，在斯莱戈(Sligo)大兴土木，改善当地的生活。他花了不少时间，试图改善名下爱尔兰庄园和园中人们的劳动习惯。他试图改良贫瘠土地和沼泽土地，以便改善佃农们的生活状况。

以下摘录的书信片段表现了他如何以一贯的充沛精力和机敏承担土地所有者的使命：

1825年8月5日

我又去斯莱戈待了两周，视察港口的进度，并且和我雇来察看沼泽的工程师尼莫(Nimmo)先生确定下一步的改良方案。他建议铺设一条大约6英里的铁路，如此一来，我可以用这条路从海边运来掺杂贝壳的沙土填平沼泽，在回程的时候把从沼泽挖出来的泥煤运往港口，用作燃料；他认为这些泥煤是一笔可观的出口贸易，可以运到斯莱戈镇和更远的海岸。这将带来五六千英镑的年收入；但是我更倾向于另一种办法，先从爱尔兰委员那里提前拿钱，议会授权他们发行国库券以支持这类爱尔兰境内的改良公共事业，每年出一定比例的款项，这样可以增加利息。但是具体怎么操作我打算到时候再看。

下一封信更有趣，因为他对公共事件作了精彩的评论：

伦敦德里（Londonderry），1826年10月21日

我去了斯莱戈，在那儿待了18天，大部分时间在克利夫尼（Cliffony），和工程师尼莫一起监督改良工程的进度，同时制订未来的计划。我们的港口已经接近完工，将出色地完成我的目的：它占地大约一又四分之一英亩①，潮来时水深约14英尺——这个深度足够300吨的船只航行，而且港口前有片很不错的锚地，船只可以在那儿等待潮水进入港口。

我在一大片高吹沙地上成功地种植了梗草。我的海岸上有大约600英亩这样的土地，今年我种了140英亩梗草，只花了50英镑。梗草是从原来成簇生长的地方连根挖起后以14英尺的间隔一排排种植的；这些草几乎全部成活了，我觉得只需一年就能挡住高吹沙，毫无疑问，只要继续种植，我将成功用梗草覆盖更多的土地，它不仅能够阻沙，本身也是很好的牛草料。我在克利夫尼建了一个小小的亚麻市场，毫无疑问很兴旺。我有两所学校，但是我和我的牧师起了冲突，他禁止人们送自己的孩子来上学。假如能定居在那里的话，我知道自己立即就能打

---

① 1英亩约等于0.40公顷。

败他，但我希望即便身在异地也能将他打败。我打算让人根据我和尼莫制订的方案盖一些房子，证明佃农们和我关系不错。我发现一个很擅长盖房子的人，他在没有租约的土地上盖了栋两层带瓦屋顶的房子，花了150英镑。我建了个石灰窑。我去剑桥上学时聪明地发现了某个狂热的西缅信徒①，他会控制自己的过度热情，以免头脑一热跑到恒河去，在阿汉利什（Ahamlish）教区的竞选或许能满足他的耶路撒冷热情。

然而，天主教和反天主教的斗争越来越激烈，所有人都像一群没头没脑的猎犬一样，听风就是雨。当然，理性的政治家应该为海外干涉与内部忠诚之间的冲突而担忧，也应该冷眼旁观席卷爱尔兰全境的内战，这场战争吸引了所有人的关注和热情，让他们无法专心从事各自的工作，拖缓了国家繁荣的进程，而且可能在海外战争中造成可怕而令人尴尬的不利局面。我可以原谅财政大臣这样的"老妇人"，利物浦这样多愁善感的蠢货，威斯特摩兰（Westmorland）这样的无知者，巴瑟斯特（Bathurst）这样不名一文的托利党；但是像皮尔②这样一位开明、有见识、头脑清醒的人，怎么会放任自己与这些蠢人为伍呢？我想他内心深处一定很后悔年少无知时的武断和偏见，这些他看待公共事务的观点与后来全面而富有政治见地的见解大相径庭。但是这一天很快就到来了，在我看来似乎是这样，这件事必须尽快尘埃落定；虽然这里和阿马（Armagh）一片欢腾，乔治·希尔爵士（Sir

---

① 西缅信徒：信西缅支派，该支派是今日犹太人的祖先、《圣经》时代的以色列人的12支派之一。
② 皮尔：指罗伯特·皮尔(1788—1850)，他曾两度出任英国首相，被认为是现代英国保守派的创始人。皮尔在担任内政大臣期间，曾支持对天主教徒的歧视。

George Hill)和G. 贝雷斯福德勋爵富于雄辩,欢庆者向"普伦蒂斯男孩们"(Prentice Boys)的座右铭"永不妥协"起誓,但是我认为新教的好日子已经屈指可数了。很奇怪,在一个开明的时代和一个开明的国度,人们仍然在争论把四五百万人从敌人变成朋友是否明智,或者赋予爱尔兰和平是否安全。

1827年初,利物浦勋爵去世。他的党派分裂成两派,一派由埃尔登勋爵(Lord Eldon)领导,另一派则追随坎宁。在接下去的斗争中,后者取得了胜利。坎宁获得首相一职。巴麦尊之前将自己的赌注押在坎宁一边,收到以下这封书信时多半并不感到很意外:

外交部,1827年4月

我亲爱的爵士——我很希望能够与你聊几分钟,今天下午4点之后随时来找我。

此致,

乔治·坎宁

短笺背后有巴麦尊勋爵的笔迹:"坎宁说希望我担任内务大臣或者财政大臣,而国王明确称第一个职位要由反天主教人士担任,但是假如他找不到合适的人选,坎宁希望我能出任,这是很有可能的。否则的话,他希望我担任财政大臣。斯特奇斯·伯恩(Sturges Bourne)后来成为内政大臣,所以显而易见我该成为财政大臣,坎宁希望我马上上任,休假之后立即出调令。我希望能延缓至议期结束,因为约翰·科普利爵士①刚成为大臣,空出了席位,而班克斯(Bankes)、古尔本(Goulburn)和汀德尔(Tindal)将争夺他的位置,我觉得假如我这时候空出席位,就会加入他们的竞争中,即便没有更坏的后果,至少得确保不带来麻烦,因为三人都是反天主教人士,只有我支持天主教。由于这些原因,坎宁答应将这件事暂时搁置,一直到议期结束,不过立即将我召入内阁。与此同时,辉格党人加入了政府。作为掌玺大臣,威廉·奈顿爵士(Sir William Knighton)感到让坎宁继续担任第一财政大臣②兼财政大臣③是个极大的方便,而不是如坎宁所想的第一财政大臣兼外交大臣,同时让我担任财政大臣,国王也持同样的意见。财政部秘书赫里斯(Herries)是奈顿的老朋友。他也是罗斯柴尔德(Rothschild)的朋友。从这些方面考虑,尽管我并不完全确定,我真的认为坎宁作为首相应该领导财政部,继续担任第一财政大臣兼财政大臣。因此,在议期结束时,他以一种非常和蔼的方式告诉我计划有变,但是他似乎感到自己做的事不太厚道,所以说要是将来重新委任总司令导致我战争大臣一职的重要性有所减损,只要我愿意就能立即获得勋衔,并且作出其他令我满意的实际安排,但这毫无意义。事实上,正如我认为的那样,奈顿和其他人相信,假如坎宁担任财政大臣,同时担任下议院和政府的领袖,赫里斯作为财政秘书实际上承担了财政大臣的职能,因为坎宁身兼数职分身乏术,但是假

---

① 约翰·科普利(John Copley, 1772—1863):英国律师、政治家。他是第 1 任德赫斯特勋爵(Lord Lyndhurst)。1827 年,他成为英国司法大臣。
② 第一财政大臣(First Lord of the Treasury):17 世纪初,英国的财政事宜常交托给一个委员会处理,自 1714 年开始,该委员会正式成型。第一财政大臣即为该委员会的负责人,其常主持内阁。直到 1878 年,这一职位一直是"首相"一词的正式名称。
③ 财政大臣(Chancellor of the Exchequer):英国内阁中主管经济与金融事务之官员的职称。

如我成为财政大臣,而且没有其他职务,肯定会握住财政部的权柄,赫里斯就成了傀儡。我之所以持这种观点,是因为我知道第二年 8 月坎宁去世时,国王在奈顿的敦促下命赫里斯出任财政大臣,而不是我,尽管戈德里奇(Goderich)再次向国王推荐我。在上文中所述的那次会面中,坎宁告诉我,国王称有充分的理由相信我最希望步曼彻斯特公爵的后尘,当牙买加总督;而坎宁则表示他持非常不同的观点,但是假如国王陛下真的认为这样的职务对我来说不错,最好的办法是让他(坎宁)直接来问我。这想法让我忍俊不禁,我发现自己无意间让坎宁有点儿为难。他后来提出让我接任阿默斯特勋爵(Lord Amherst)的印度总督一职。我告诉他这样显赫的职位让我感到受宠若惊,这无疑是所有人的理想,但是曾经有两个人向我提出过同样的建议,一次是 1826 年夏天,皮尔在利物浦勋爵的建议下提出的,后一次是 11 月,印度控制委员会秘书在韦恩(Wynn)的建议下提出的,但是两次我都拒绝了,是因为气候和距离,尽管这个职位极为光荣,充满诱惑,但是我仍旧不得不婉拒了,我前两次的决定是经过深思熟虑的,同样的原因促使我今天同样予以拒绝。事实上,由于各种各样的原因,我不幸不得国王的青睐,以至于他不愿意让我担任一切能够与他直接接触的职务,希望用一种文明的方式把我赶走。1827 年 8 月,他对利芬夫人(Madame de Lieven)道:'你认识巴麦尊吗?''是的,我认识他很久了,但是直到最近我才了解他,我向您保证,我非常喜欢他。''好吧,'他道,'他身上有一点我不喜欢,他看起来太傲慢了。'对此,她说我是个'好男孩''优秀的小伙子'云云。"

在这个背景下,关于巴麦尊勋爵当时和成为首相之后的风度,我们或许应该引用同时代人的证词,他似乎获得了类似花花公子的名声。

"我记得我母亲曾告诉过我们她对巴麦尊勋爵的第一印象,那时她还是个十四五岁的女孩。她的父亲当时在海军部,而巴麦尊勋爵也在那儿,刚刚开始他的政治生涯。她父亲当时常常对这个模范年轻人的勤奋和美德赞不绝口,预言他将爬到金字塔顶端。但是那时候她和姐妹们认为他非常学究和浮夸,因此常常嘲笑他,在他们中间,他有个绰号叫'查尔斯·格兰迪森爵士'(Sir Charles Grandison),因为他极为自负和装模作样!她过去常常嘲笑这一点,说这和他后来的性格多么不符,但是成功一定是他决心的一部分。"

尽管坎宁在成为首相后只活了几个月,但是各个政治党派间的关系还是发生了深远的变化,各种改革运动逐渐累积,造就了伟大的《1832年改革法案》①。传统执政党——所谓的"新教徒",当然是最反动的派系,眼下他们已经开始式微,现代自由党开始崛起。被托利党抛弃后,坎宁转向辉格党。巴麦尊勋爵本人的总结最为明晰:

> 斯坦霍普(Stanhope)街,1827年5月4日
> 我亲爱的威廉,所有事情都已经安排好了,至少符合普遍原则。辉格党全体并入我们,他们很迫切,其中一些人立即走马上任。我进了内阁,但是继续担任战争大臣,直到这个议期结束,除了我本来的职责之外,还加上了总司令的职责。这是我工作的自然构成,由于没有总司令,军队的委任权移交给了战争大

---

① 《1832年改革法案》(Reform Bill):英国在1832年通过了关于扩大下议院选民基础的法案。该法案改变了下议院由保守派独占的状态,加入了中产阶级的势力,是英国议会史的一次重大改革。

臣。议期结束后我将成为财政大臣,接着,按我的想法,某个军人将成为军队指挥官。目前这种安排的好处是为惠灵顿公爵的回归留出了一扇门,如此一来到时候就不用再让别人腾出位子。从辩论中你可以看出,辉格党人加入我们时理直气壮而且很热切,勇敢地面对朝三暮四的指控,宣称他们知道天主教问题不可能成为内阁的考量,在加入我们时也没有这方面的期待,只是因为他们和皮尔一样,认为让坎宁担任政府首脑这一举措必定能在这个问题上取得优势;而且他们也认同他在其他重要国内外政策上的观点;此外,假如他们不支持他,那么由于同僚们的背叛,他将无法维持自己的职位。坎宁对他们上任的立足点再满意不过了;无论是议会改革还是其他问题上,他都不需要放弃任何观点,而且昨晚他在下议院作了明确表示。在意见相左的问题上,他们对他表达了敬意。首先是他建立了自己的政府,正常运作,他们是加入一个已经成型的政府,而不是构成这个政府的原料之一。

在坎宁和惠灵顿公爵执政期间,皮尔的地位不断上升。巴麦尊的职位则保持不变,仍然是战争大臣。1827年8月,坎宁去世,戈德里奇勋爵继任首相,很快会由惠灵顿公爵接任。他(戈德里奇)的统治只持续了4个月,但是这段时期成为19世纪英国进步的起点。接着是动荡的时代。戈德里奇勋爵的首相生涯只比坎宁长了8天,1828年1月25日,惠灵顿公爵成为首相。巴麦尊勋爵很快被公爵召去面谈,关于进入内阁的问题两人进行了磋商,留下了如下记录:

"在我向惠灵顿公爵作出最终答复之前,我希望就一两个问题作出明确解释。首先,我总结道,他的政府在天主教问题上保持与利物浦及坎宁相同的见解,即每个内阁成员都能在内阁或议会中根据自己的判断随心所欲地提出自己的建议。这一点他完全赞成。接着我又称希望得到他的承诺,政府在任何情况下,任何成员分配权力和施加影响力时,在与天主教相关的问题上必须保持严格的中立立场;尤其是在给予候选人支持时,不应该根据他对该问题所持的观点而加以区别对待;再次我希望双方达成共识,爱尔兰总督(Lord Lieutenant)和布政司(Chief Secretary)应该立即换成在天主教问题上立场不那么敌对的人选——我说我认为这个条件对于爱尔兰的和平安宁至关重要。他似乎是个更擅长提出条件而非接受约束的人,不太情愿作出具体承诺,而是对这个问题一笑置之,他只说第一个问题在于他是不是个诚实的人,第二个问题在于他是否是个疯子——他自己就曾治理过爱尔兰,深知派一个我描述中的人去会在爱尔兰掀起怎样的腥风血雨,他完全不想这么做。我说考虑第一点,我对他或皮尔没有什么疑虑;但是我看到巴瑟斯特身居高位,而古尔本在财政部,加上前几次亲眼目睹的事实,我没办法把这种共识视为不言自明。于是他答道:'那么好吧,我会提交你的名字。'我说我似乎比他更重视这些问题,必须花点儿时间深思熟虑,接着我们便分开了,他说他等我的答复……毫无疑问公爵会给我这样的保证,作为男人和男人之间坚实的承诺。"

坎宁派站在公爵一边,包括赫斯基森①、兰姆、达德利(Dudley)、巴麦尊等人。但是这些人并没有什么忠诚可言,他的统治从一开始就注定了失败。这届政府只持续了301天。巴麦尊用一句话总结了

---

① 赫斯基森:指威廉·赫斯基森(William Huskisson, 1770-1830),英国政治家,曾是多个选区的议员。

他在其中扮演的角色:"我们1月加入新政府,5月离开。我们作为一个党派加入;作为一个党派退出。"1828年6月,赫斯基森与惠灵顿之间发生了一场激烈的冲突,他们站在赫斯基森那边。巴麦尊的书信让我们得以一窥当时的情况。

在一封给他的兄弟的标注着"斯坦霍普街,1828年6月8日"的书信中,巴麦尊写道:

"我会把《议会之镜》(*Mirror of Parliament*)寄给你,里面有上周一关于内阁解释辩论的精确报告。皮尔宣布不会有任何措施或政策上的变化,或许是这样。只要他留在政府中,我认为不会发生什么实质性的变化,因为他在除了天主教问题以外的所有问题上都很开明并富有见地,在天主教问题上,我怀疑他只是被之前的承诺所约束了,这正如你所料。政府其他成员或许也更倾向于自由立场,因为现在人们相信他们选择的路线是自己的所作所为,而不是像从前那样先入为主地认为他们受到同僚们的影响,这并非没有可能。从我最近的见闻来看,这似乎是事实,也是理所当然的。在所有事件中,假如他们不追求自由方针,政府根本无法立足。议会和国家的意见毫无疑问是这样的:假如他们想逆流而上,他们必须打败下议院;假如他们要解散,也不会得到国家的支持。在当前的形势下,在一个反天主教政府的背景下,解散对于爱尔兰是一件太过严肃的事,不应轻忽对待,我认为今年不会发生。而且,这看上去似乎是摆脱财政委员会的一种手段。对于一个新生党派来说,自由党的力量在议会中可以说非常强大。新政府过于军事化,对国家来说并非幸事,但是它会存续下去,直到发生什么事情让它彻底分崩离析。能完全自由地支配时间已经是很多年前的事了,无拘无束、自由任性地度过一天于我而言有点儿好笑。我已经一个星期没去战争部了,尽管哈丁

(Hardinge)还未上任。我星期一的发言得到了众人的赞同。赫斯基森热忱地向我致谢。他的朋友们也很高兴,另一方面,托利党人也无法从我说的话中找出纰漏,只能反过来推崇我的发言,与赫斯基森的情况形成鲜明对比。然而,我得到的最高赞扬来自于坎伯兰(Cumberland)公爵不遗余力的赞誉,他宣称我已经变成了一个实质上的民主党。有一天,乔治王子对克拉伦斯(Clarence)公爵说道:'他们说你支持天主教;我希望这不是真的。''是的,我的小朋友,'克拉伦斯道,'我支持天主教,据我所知将一直支持下去,所以你尽管告诉你父亲。'两位公爵在两个场合上的鲜明对比让我大为震惊而深觉有趣。在雷特福德(Retford)进来之前举办的圣詹姆斯儿童舞会上,克拉伦斯对我像往常一样彬彬有礼,但是没有什么特别之处。坎伯兰则非常亲切,问了我很多关于你的问题,希望我能带去他的问候,他说你是个很好的年轻人,他们为失去你而感到难过,简而言之极为彬彬有礼。而在变化发生后的星期一,一场正式舞会上,坎伯兰几乎表现出不认识我的样子,只是略微示意,简单地寒暄几句:'今天晚上非常热。'克拉伦斯则正相反,他越过三个人向我伸出手,满怀诚意地与我握手,并道:'我很高兴见到你。'语气非常郑重。

"在葡萄牙,米格尔①似乎正飞速朝着自己注定的命运前进。他们说海茨伯里(Heytesbury)马上就会被派往总部,斯特拉福·坎宁(Stratford Canning)则会被派往科孚(Corfu)。奥地利政府宣布希腊完全独立的政策非常奇怪。不过我决定相信他们的话。我确定这是最好的安排。

---

① 米格尔(Miguel):指葡萄牙国王米格尔一世(1806—1866)。他主张复辟专制制度,而葡萄牙内部另有一股自由主义力量,双方矛盾日益加深,于1829年爆发内战。

"尽管我们都已经分道扬镳,但是我们好聚好散,分开时仍然是好朋友,尤其是皮尔和我。"

斯坦霍普街,1828年6月27日

此处风平浪静。每个人和每个党派都决定静观其变,看最初的宣言是否能保持到最后。在此期间,没有反对,这对政府来说是好事,毕竟现在下议院中内阁阁员席上只剩下皮尔一个人能够以首相的立场发言。仅有的两场辩论,一场是关于航运问题,另一场则是关于法国送到纳斯利宫的25万英镑赔款,如果没有赫斯基森和格兰特(Grant)的帮助,政府绝对没办法达成这么突出的数目。卡尔卡拉夫特(Calcraft)是个优秀、有用且敏捷的辩论者,但是如此突然并孤立地改变立场处于极大的劣势;并且他犀利的辩论风格在他目前的处境下并非好事,因为他只是为了自己辩护。菲茨杰拉德(Fitzgerald)在下议院很不受欢迎,尽管他是个聪明人,而且是个很有能力的演讲者——正如布克(Burke)所言,他并没有击中下议院的要害。穆雷(Murray)发表了一场准备充分的优雅演说,假以时日并加以训练他将成为有用的辩论者,但是若从现在开始磨练,他的年龄又太大了,大器晚成的希望并不很大。然而,这艘船还是能平稳航行的……

国王身体非常健康,他的脚力更胜从前,某天和一群人一起从爱斯科赛马场(Ascot)走到温莎城堡。坎伯雷公爵说他非常喜欢我们,他想在这里定居,把公爵夫人也接来。萨塞克斯(Sussex)公爵那天和我说起他;我说那个人来这里捣乱多讨厌啊,对待他的态度仿佛他是个吉柏林派(Ghibelline),而不是个圭尔夫派(Guelph)。① 然而,他和埃尔登等人对密谋的结果一定丝毫不满意,因为尽管他们满足了个人感情,但是政治期望却落空了;他们的政治地位比原先更低了。民意的风向完全盖过了他们的意愿,现在当他们想起唾手可得的一切时会发现,他们手中的一切正在被夺走。公爵在上议院中关于天主教问题的宣言极大地推动了这个问题的发展,假设他确实是这个意思——关于他究竟怎么想存在巨大分歧。这一宣言把所有关于原则的反对都抛诸脑后,让这个问题简单地立足于进行比较的基础上。如果首相宣布,无论怎样,他都不可能同意天主教徒进入议会,那么反天主教在这个国家就会有清晰的方针,并且知道该怎么做,采用哪种语言。然而目前首相说允许他们进入议会并没有什么不可战胜的阻力,并且他可以想出让这一举措无伤大雅的方法,所以队伍散了,每个人都考虑自己、自己的感情和见解,为自己的深思熟虑留出空间,决定不做最后一个固执的人。因此,我估计明年下议院中我们的同伴会增加许多。这对坎伯兰公爵来说可能不那么惬意。赶走埃尔登,接纳卡尔克拉夫特,对格雷勋爵(Lord Grey)暗送秋波——这一切对于那些因为太过反托利而反对新生党派的人来说,一定非常令人讨厌。我们的议期已经接近尾声了。

我们现在或许可以指望保持稳定的状态(从财政角度而言),因为政府已经下定决心废除1英镑纸币,因为当前的法律规定1829年4月以后禁止印这样的钞票,而这种纸币是导致我

---

① 吉柏林派是保皇派成员,在12—15世纪意大利的政治斗争中,他们支持神圣罗马帝国皇帝,而圭尔夫派则支持教皇。

们动荡不安的一大因素。如果这种钞票继续流通，那么我们国家就无法留住黄金；如果没有黄金，或者只剩下少量黄金，那么法律会要求纸币能够自由兑换。但是用什么来兑换呢？银行家们发行债券、公债、私人债券以及3%债券，当恐慌发生时，这些是无法兑换1磅金币的，因此没办法保值。只要我们保留纸币，就有发生恐慌的可能性，因为纸币总是有时不时超发的倾向，当发行者发现流通的纸币太多，开始回收时，价格就下降了。当价格下降时，卖家就会超过买家，因为所有人都会看跌，而卖家则急着抛售止损，买家则继续观望，等待低价。接着人们开始赔本出售，相继破产。接着人人自危，银行也难以为继，假如银行的1英磅纸币在穷人手中，他们负担不起信任和等待，但是银行又没有足够的黄金兑换纸币，于是围堵发生，接着是大范围的毁灭和不幸。到了这时政府已经在生死存亡的关头——民众与政府同命运。

关于葡萄牙——我不认为米格尔能坚持下来。他的行动实在太残暴了。他在里斯本关闭了两千人前往上游的通道。没有一个国家能容忍这样的事。连他的朋友都肯定会有所反应。帕尔马拉（Palmella）和萨尔丹哈（Saldanha）坐蒸汽船去波尔图（Oporto）的时候，尽管遇到封锁，不过很可能可以成功抵达，那些佩德罗派将拥有他们想要的头。不过我恐怕他们除了想要头之外，还想要心。

在日记中，巴麦尊指出了欧康尼尔（O'Connell）对克莱尔（Clare）回归的重要意义，以及在天主教解放问题上内阁中正在发生的变化：
"从今年夏天开始，爱尔兰问题愈演愈烈、每况愈下。克莱尔投票开启了一个全新的时代,在爱尔兰历史中也是一个新纪元。欧康尼尔一开始并不打算自己站出来,但是找不到合适的新教候选人;而所有地主几乎无一例外地支持菲茨杰拉德,除了欧康尼尔作为候选人的影响力外,恐怕没有什么能够表达这一点了。这一事件很富戏剧性,且从某种角度而言非常精彩。英国首相对天主教徒说,在上议院的讲话中,只要他们能安静上几年,不再重申他们的主张,让人们完全忘记这个问题,那么几年之后说不定能为他们做点儿什么事。在演说后几个星期,他们对此作出回应,全省的人万众一心,全然遵纪守法,通过严格合法和合宪的手段,把一个国王的阁僚拉下了马。在那个炎热的7月,有3万爱尔兰农民聚集在恩尼斯(Ennis)及周边,其中没有一个醉汉,或许有也只会有一个,而此人是个英格兰新教徒,那是欧康尼尔自己的车夫,欧康尼尔自己的证词证明他破坏了和平。每个爱尔兰人离家1英里以上都会带上手杖,而选举时没有人看见一根手杖。

"安格尔西勋爵(Lord Anglesey)请求我,若是回伦敦之后有办法弄清楚政府的意图,就给他传个话。这位爱尔兰总督私底下请求一个绅士告知他状况,前提是他自己能弄清楚,在一个深切影响到这个国家和平和福利的问题上,首相的态度非常奇怪,总督受命管理爱尔兰,在这个问题上他每个星期都会向政府报告自己的意见,政府却不给予他足够的信任,而这种信任对双方来说都是有益无害的。他说他和天主教徒进行了大量交流,也可以负责让他们暂时保持安静。他们满足于公平公正。而新教徒却恰恰相反,他们要求自己高人一等,并对天主教徒不公。尽管如此,部分新教徒领袖很高兴有个持反对意见的权威帮助他们解决这个问题;只要这个问题一天不解决,他们就不得不——更准确说是自认为不得不——通过主持会议保持在党派中的位置。"

巴麦尊勋爵对外交事务的兴趣越来越浓,1829年他再次访问巴黎。他如此评价法国和东方的形势:

> 1829年7月
>
> 波利尼亚克(Polignac)期待着被(法国)政府接纳,他说他不畏惧责任,唯一的办法是严谨而坚定,并且将对手摆倒。假如按照这个方针来行动,那么他不久就会把自己摆倒的。这种方针在法国不起作用,除非他能废除宪法,而像波利尼亚克这样的人完成这样的壮举实在晚了点儿,令人喜闻乐见。埃斯卡夫人之所以受其影响,很可能是想通过波利尼亚克及其政党与我们的国王建立联系,但是她没能成功,在伦敦只看到一个多小时的会面,而不是受邀前往温莎小住。她说:"原谅我口无遮拦,但是,说实在话,我真的喜欢惠灵顿公爵。"这话传到了国王的耳朵里,他当然没理由对她的崇拜之情感同身受,这话自然让他很不高兴。

关于俄罗斯对土耳其的战役,他在给兄弟威廉的书信中写道:
"迪比齐(Diebitch)对维奇尔(Vizier)的优势,比我一开始预料的还要大。土耳其在战役中溃败得越彻底,他们将越快答应合理的议和条件,只有快速取得和平,他们才能保住他们的多瑙河要塞,而这些要塞一旦被占领,他们就很难再夺回去,我敢肯定英国不会为这个花1先令。坎伯兰公爵留在了这里,还把公爵夫人和儿子也接来了。这会让惠灵顿公爵很恼火,因为坎伯兰公爵是下定决心要把他赶走,由于他常伴国王左右,有能力煽风点火,放大国王和政府之间每个微小的分歧。议会闭会前的周一，坎伯兰来到国王跟前，建议国王反对演讲中任何表示解决天主教问题是件好事的部分，如此一来，议会召开时，惠灵顿公爵向国王提交了演说草稿，国王删去了一整个关于天主教问题的段落，并且要求惠灵顿公爵回去重新写一段，这就是你现在看到的那个版本，只表达了一种希望，而没有观点。国王和坎伯兰认为这是他们对抗政府的胜利，而且这也证明国王占有优势，只要他反对，其他人就不得不放弃。然而这些人无论如何都不会放弃的。在此期间，国内的形势让政府再也无法无动于衷了。"

下面这封信写于格雷伯爵的政府形成前夕，巴麦尊向妹夫清楚地表达了他对国内政务的看法：

> 沙格伯勒（Shugborough），1829年10月7日
>
> 我亲爱的沙利文——我前天到达这里，利特尔顿（Littleton）把他的聚会改到了此地，因为这里有私人戏剧演出，安森勋爵（Lord Anson）和贝尔法斯特勋爵（Lord Belfast）及其夫人的表演很不错，而其他淑女和绅士们的表演技巧则有待提高。我今天去了安格尔西勋爵那儿，接着又去了利物浦，我将从那里搭乘蒸汽船前往都柏林。俄罗斯和土耳其终于签署了和平协议，依据俄罗斯自己提出的条件。我希望并相信，希腊现在有了合适的立足点，我们的政府将发现，他们的两个目标都失败了，他们既没有阻止希腊的建立，也没能保护苏丹不受俄罗斯的威胁。因此，我们将失去对自由和独裁政府的控制力。这是没能从一而终导致的命运，因为他们倾向于某条道路，而现实却引向另一条路，因而只能走斜线。
>
> 周六晚上，我在"旅行者"和来自康沃尔（Cornwall）的议会

成员理查德·维维安爵士(Sir Richard Vivian),进行了一场奇怪的谈话。上星期威廉·西斯科特爵士(Sir William Heathcote)来布罗德兰斯拜访我,并且告诉我他打算在赫斯利(Hursley)见维维安,如果他发现我不能去汉普郡会很难过。我发现维维安在俱乐部用晚餐,我坐在他身边,注意力立刻转移到政治和薄肉饼上,对话结束时,他提议让我担任曼斯菲尔德(Monsfield)、埃尔登、纽卡斯尔(Newcastle)和纳奇布尔(Knatchbull)政府的下议院领袖。我一开始说公爵似乎打算让托利党卷土重来、恢复实力,以便再次面对议会,却没有任何增援。维维安说这大错特错,托利党比以前还式微,他比谁都清楚他们的情况,惠灵顿公爵的步履真是越来越蹒跚了,或许不出两三个星期就有新政府组成;国王从8月某天开始就没见过他的首相,他只是在等待一个机会摆脱他;无论如何,皮尔不可能再担任下议院领袖了。

他接着问我自己有什么感觉,我对赫斯基森的忠诚到什么程度,假如没有赫斯基森,我能不能、会不会担任职务,我是不是愿意加入他提到的这样一个政府;他说赫斯基森吓坏了乡绅们;我只在外交政策上做出了承诺,对于贸易和货币持自由态度;我认为领导下议院没什么困难。我回答,对于赫斯基森和我自己,无论处于何种情况都会共同进退,我们的观点彼此统一,但是我们各自都是自由的;假如他独自接受某个职位,我没有理由埋怨,我相信反之亦然,我也是自由的;关于贸易和货币,当然目前为止我还没有合适的场合和机会详细地在议会中表达我的观点,但是我有自己的看法,而且是经过一番思考的看法,据我自己判断,这种观点不太可能改变,与赫斯基森支持的制度相吻合,这种制度很早,不是他首创,不过或许他是第一个大规模实施的人,正是因为这样,他才让自己遭受了如此不公平的责难;最后,我可能不会倾向于加入一个试图在这个问题上走回头路、抹杀议会进步的政府;关于是否加入该政府这个问题,我能说的只是,我并没有个人的抗拒感,但是没有人能抽象或者预先回答这个问题,我首先得知道那些人是谁,我的同僚会有些谁,他们追求的是何种政府体制。

他接着又以同样的方式继续滔滔不绝地讲下去,他说他已经把这个问题放在心里很久了,一直想问我是否反对他向国王提议让我担任殖民地事务大臣(Secretary of State for the Colonies)以及他提议的这个政府的下议院议长,他说我对他们来说是张好牌,而且国王若是知道已经有人愿意成为新政府的成员,那么他更可能同意组成这样一个政府。他在谈话的一开始就表达了他的观点,他认为惠灵顿公爵是个野心勃勃、不可估量的人,他希望把整个欧洲变成一座军营,以专制的原则进行统治,为证明这一点,他援引了最近波利尼亚克在法国的职务以及国内最近推行的《警察法案》(Police Bill)。我对于这个特定的建议当然做出了否定回答。我说我当然不愿意他向国王提及我的名字;假如这提议是由一个已经组成的或者行将组成的政府提出的,我的回答将如 1828 年回答公爵时一样——"首先请告诉我你的人是谁,你将采取哪些政策,如此我才能判断我是否适合成为你的同僚。"

接着他又以轻松的口吻提到了几个人,显然是为了间接向我展示他提议的政府将有怎样的构成。他说,曼斯菲尔德爵士当然要成为领袖。埃尔登将是成员之一。他觉得一定要把布鲁厄姆弄出下议院,因为他是个太过可怕的对手,为什么他不能变成个卓越的大法官呢？林德赫斯特（Lyndhurst）受审了，必须走。他说菲茨杰拉德是个敏捷聪明的人，会非常有用——他问我觉得菲茨杰拉德是否会与这样一个政府联手。我回答道，他几乎不可能加入一个在公爵和皮尔的废墟上建立起来的政府。他称赞年轻的斯坦利（Stanley）的人品，值得争取一下，他接着讨论斯坦利是会要求内阁职位，还是会接受一个内阁外的职位。他认为赫里斯是个富有实用知识的人。他把赫斯基森和财政大臣之位联系起来。罗伯特·格兰特（Robert Grant）将成为极好的发言人，查尔斯·格兰特（Charles Grant）（我觉得对于这个政党来说他过于认同自由贸易了）或许能担任牙买加总督。（这个职务似乎成了放逐政治家的齐尔特恩英皇直属领地①。）他认为格雷勋爵作为同僚是不切实际的。法尔茅斯（Falmouth）太过固执、难以约束。纽卡斯尔勋爵大体上因其优秀的判断力和理解力受到赞扬，而 E. 纳奇布尔爵士被指为内政大臣。

  我在整个过程中的主要角色是听众，以及出于交谈目的发表些笼统评价的建议者。我说过我怀疑他描绘的这样一个政府是否能成功，而且认为这个政府无法充分地表达民意，除非它包括更多这个国家已经熟知的公众人物；而国王必定有一些换政府的表面原因，在国内不能像法国那样随心所欲，他不能某天早晨告诉臣僚们他打算换套班子；不仅如此，换政府必须是为了做某件事或者不做某件事，他们的继任者必定会和前任采取相反的做法，无论是有意还是无意，因为他们的前任正是因此被免职

---

① 齐尔特恩英皇直属领地（Chiltern Hundreds）：在英国，议会议员若要辞职必须先申请此职位。

的。他对这个问题非常轻描淡写,只说国王把现在的政府换掉不会有什么重大损失,正如俄罗斯永远会找理由对土耳其开战;无论如何,他说即便议会召开前什么事情都不做,但是第一天,假如托利党、辉格党以及坎宁派在修正环节中联手,那么这届政府必然会被打败。我们分别时,他问我应该将我指向哪里。他还提到坎伯兰公爵再一次回避了民意。

这一切都很有趣,说明坎伯兰和埃尔登仍然忙着努力把惠灵顿公爵赶走,并且自以为能成事,只要他们满足国王维持一个体面政府的期望。很显然他们已经看清楚了,组成一个纯粹托利党政府是不可能的,现在他们迈出了第二步,即将深受托利主义影响的那群人,与一些没有能力反对他们提出的任何问题的自由党年轻人混合。他们打算用光鲜的职位引诱我,让我放弃没有在公开场合发表过,因此对我个人而言没有约束力的观点。我怀疑外交部是维维安的自留地。他极力反对惠灵顿公爵和阿伯丁(Aberdeen)支持的梅特涅[1]和使徒派。他们认为斯坦利对辉格党人来说是个很好的诱饵。在我个人看来,我的利益和我的意愿都让我追随自己的党派。我认为自己是自由的,因为我们从未作为一个政党集会或者商议,从来不曾在任何场合作为一个共同体投过票。我们坐在一起,但是上次议会,我们几乎在每一个问题上都投了不同的票。加入托利党的话,即使他们真的迫不及待想让我担任下议院议长,但仍将属于一个与你意见相悖的政党,没法实现自己的理念,尽管我应该不会陷入皮尔那

---

[1] 梅特涅(Metternich, 1773—1859):19 世纪著名的奥地利外交家,从 1821 年起任奥地利首相,是"神圣同盟"和"四国同盟"的核心人物。

样的境地，因为他总是或多或少地隐藏自己真实的观点，而我总是公开承认我的观点。事实上，唯一能够满足这个国家需求的政府应该由人们熟知和尊敬的人组成。惠灵顿公爵对于民众感情有很大的影响力。如今在世的人中或许没人能和他匹敌。无所谓好还是坏，反正事实就是如此。

到这时，巴麦尊勋爵已经离开职位有一段时间了，尽管惠灵顿公爵要求他重回政府，但是协商未获成功，因为巴麦尊勋爵称他在议会中必定投票支持选举权改革。

我们将以一封数年后的书信结束巴麦尊勋爵的这一人生阶段，即所谓"政治学徒"的漫长阶段。这封信让我们能够清楚地看到当时错综复杂的政治形势：

布罗德兰斯，1838 年 12 月 21 日

戈德里奇勋爵下台，惠灵顿公爵受到召唤之时，戈德里奇前去找乔治四世，并说赫斯基森和赫里斯之间存在不可调和的分歧，而他，戈德里奇，不知道该做什么，于是惠灵顿公爵派人叫来赫斯基森，请乔治·坎宁的其他朋友加入即将组成的政府。接着赫斯基森召集了坎宁的朋友们，C. 格兰特、毕宁（Binning）、达德利、利特尔顿和我在他位于伦敦的家中聚首。墨尔本勋爵（当时的威廉·兰姆）其时正在都柏林，我忘了沃伦德（Warrender）是否出席了那次会议。当时最令人感兴趣的问题莫过于天主教问题和最近尘埃落定的希腊条约。托利党坚决反对天主教解放，并且完全反对帮助希腊从土耳其占领中抽身。坎宁的党派曾经坚定不移地支持天主教解放和希腊条约。赫斯基森告诉我

们,惠灵顿公爵试图用来说服我们加入他的阵营的诱饵是,假如我们同意他的要求,那么政府就将在天主教问题上保持中立,让它像目前一样保持开放,而假如我们拒绝,那么他就不得不用老托利党人填满他的政府,如此一来,政府的整个风向将立刻反对解放。不仅如此,他还说,假如我们加入他,政府将小心翼翼地遵守希腊条约,并且,作为坎宁的外交政策体系得以维系的证明,外交部将交给达德利爵士,作为自由商业体制的保证,查尔斯·格兰特将执掌贸易部。我们仔细考虑了所有这些事项,最终决定接受公爵的提议,加入他的政府。但是我们很快发现,把意见相左的人们集合在一起并不会使他们团结,我们看到不合的情绪越来越强烈。接着出现了东雷特福德(East Retford)和彭林(Penryn)的问题,导致了赫斯基森和坎宁其他朋友们的辞职。在接下去的9月,赫斯基森不幸在利物浦和曼彻斯特铁路上去世。

这一事件发生后不久,我收到一封来自我大学时的故友,现在已故的波伊斯勋爵(Lord Powis)的书信,他从波伊斯城堡写信给我,让我去伦敦与他会面。我去了,他告诉我惠灵顿公爵托他见我,并向我确认是否会加入他的政府。他想知道我在政治生活中将与哪些人并肩作战,并且说,假如我同意,公爵将为我的两位朋友留出(我认为)内阁席位。我毫不犹豫地回答,我认为达德利、C. 格兰特和 W. 兰姆是与我并肩的人——毫无疑问,这提议非常慷慨,令我受宠若惊,但是我不想加入政府,除非格雷勋爵和兰斯多恩勋爵(Lord Landsdowne)也成为其中的成员,因为我觉得有了两位朋友的加入,我们就不用孤军奋战了,可以在我们的意见与其他内阁成员相左时坚持自己的观点。此后——应该是第二天,公爵叫人请我去,和我在阿普斯利大宅私下见了面,他重复了之前托波伊斯勋爵带给我的话,我也重复了我的回答。当然我提出的条件让协商难以继续,因为,如他所言,尽管他有办法创造两到三个内阁空缺,但是他还没有准备好大张旗鼓地对这届政府进行翻天覆地的改造,而让格雷勋爵和兰斯多恩勋爵加入内阁无异于此。我们就此分别,为了让自己免于这类提议,并且体现我的决心,我立即动身前往巴黎,而此前我并没有去那儿的打算,我一直待在巴黎,直到10月的议会会议才回来。

第五章 首次出任外交大臣，1830—1841

1830年末，惠灵顿公爵政府崩溃，格雷勋爵受命成立新政府。格雷勋爵执掌权柄让巴麦尊能够得偿所愿——出任外交大臣。

这一职位正合他心意，也是他唯一一个感到如鱼得水的高级职位，他政治生涯接下去的记录被他在这一阶段推出的政策占据了一大部分，同时这一阶段也是很多结果的源头。

巴麦尊勋爵支持格雷勋爵发起的《改革法案》(Reform Bill)[①]，但是他在这方面的努力主要局限于投票时站稳立场。他的视线主要聚焦在英国和外部世界的关系。他的书信和日记让我们能够紧紧追踪他在英国历史的重大危机时刻的行动、思想以及关于公共事务的意见。

1831年10月31日

[①] 即《1832年改革法案》。

昨天晚餐结束后,我前往"星与嘉德"(Star and Garter)住宿,度过了一个凉爽的夜晚,今天骑了趟马感到神清气爽,除了四个小时不得已的案牍工作外,没有受到任何打扰。人们被困在伦敦几个月就会知道数小时新鲜空气和锻炼的难能可贵之处。我们在海牙和布鲁塞尔仍然没有获得积极的结果,但是据阿代尔(Adair)说,比利时人毫无疑问会以大多数票接受条件,但是他们像个非洲部落一样,坚持没完没了的空谈,尽管每个人都已经宣布自己会投什么票。海牙得知我们的舰队起航之后,我们还没得到来自那里的消息。我认为这会令他们很吃惊,他们会进行讨论。布里斯托尔的叛乱令人不快,而负责指挥军队的军官似乎对暴民做出了不恰当的让步,并且同意撤军,由于他们不受欢迎,只留下几个和民众相处比较融洽的团。我们已经派了增援过去,法律的权威将得到伸张。

"11月1日——布里斯托尔有一场大混乱。城里所有的公共建筑都被放火烧了,还有很多私宅也遭了殃,三百暴民丧生于骑兵马刀之下,或者受了伤。明天将发布一项声明,号召所有人帮助维持和平,采取一切必要的积极措施。"

"11月5日——星期一,集会的五名首领和墨尔本(勋爵)会面,他告诉他们集会是非法的、煽动性的,并且是叛国的。他没有什么建议可以给他们。政府将采取必要的措施维护和平。这对墨尔本来说是天降好运,给了他重要的事务。这让他变得非常积极主动,他的积极性总是与事情的紧急程度挂钩的。"

"11月8日——会议推迟了,我并未感到遗憾。防患于未然是最好的办法,当我们能够避免动乱时,这么做总是正确的;'对不同视而不见'是更正确的箴言,反之却不然。砍死几百个流浪汉的唯一正面效应,是以许多可敬者的头颅和他们的房屋被焚毁为代价,只是告诉那些歹徒,法律和政府很强大,不容挑衅,假如我们成功通过其他途径让他们明白了这一点,那就好太多了。我猜他们并不喜欢'煽动'和'叛国'等奇怪的词。政府想用他们的影响力在全国各地阻止这些联盟。昨天有很多特警受到咒骂。这会让普通警察在必要时团结起来对抗暴民。"

"11月16日——最后你可以祝我快乐。今天凌晨2—3点之间,我们签署、敲定并送出了五大国和利奥波德①之间的六份友好条约和承诺书,因此万无一失而切实地让这一旷日持久的复杂事件②尘埃落定。如今比利时已经建立了,并得到了五大国的认证,荷兰国王随便怎么恼怒都无济于事;他无法再威胁欧洲的和平,因为五大国将联合起来抵制,他唯一的希望只能寄托于五大国之间的分裂。利奥波德教范德维尔③在做出接受的表示之前先要求对方承诺。范德维尔现在获得了确实的承认,这比预想的还要更进一步。利奥波德虽然表示接受,但是措辞阴郁,充满了抱怨和责备,泰利兰德(Tallyrand)说这是一种强硬的接受(dure et simple),而不是我们要求的无条件接受(pure et simple)。我们还在四大国和范德维尔之间签署了一项协议,作为相关要塞契约的基础,提交给利奥波德确认,范德维尔在这方面没有得到任何指导。我们同意摧毁米宁(Menin)、艾斯(Ath)、蒙

---

① 利奥波德:指利奥波德一世(Leopold Ⅰ,1790—1865),比利时的第一位国王,从1831年到1865年执政。
② "复杂事件"指比利时独立。
③ 范德维尔(Van de Weyer, 1802—1874):比利时政治家、首相。利奥波德一世委任他为驻伦敦的"特别代表"。

斯(Mons)、菲利普维尔(Philippeville)和马林贝格(Marienbourg)——保留托尔内(Tournay)和莎勒罗瓦(Charleroi)要塞,这两个要塞是法国想摧毁的,而我们要摧毁的菲利普维尔和马林贝格是法国人希望保留的。但是前两个对于捍卫比利时是有用的,而摧毁后两个使我们能够去除法国急于占领偏僻领地的可能性。这份协议在条约出台后就过时了,在签署这份协议时,范德维尔按照字母顺序第二个签名,他看起来高兴得就像自己成了王公一样。我猜他一回去就会成为外交大臣,他一定能胜任。昨夜有一刻众人升起疑虑,怀疑签署条约所需的一切是否能够按时准备好,我对维森伯格(Wessemberg)说,我们或许应该推迟到今天。'不,'他说,'老泰利兰德不签完字是不会出这个门;他已经对证券经纪人下达了命令,他必须保证条约在明天早晨以前签署。顺带一提,泰利兰德最近在巴黎亏了许多钱,因为他雇用从事这类交易的人不是以泰利兰德的名义,而是以自己的名义操作。这位代理人陷入困境,便争辩自己名下的财产属于自己,他们说要证明相反事实非常困难。今天我和利芬(Lieven)以及泰利兰德就希腊问题开了个小会。'"

"11月17日——塞巴斯蒂亚尼(Sebastiani)对我们签订条约(关于比利时的条约)的想法感到很高兴,他说这会给欧洲带来和平保障,法国至少能裁撤十万军人,他们也将没有机会利用法律动员国民警卫队。不仅如此,在非洲海岸共同搜查权问题上,他们还将同意一些能够容忍的安排,从而终止奴隶贸易。这一点会受到圣徒和西印度群岛人的欢迎。我们有希望让他们同意放松贸易规定,以便让我们的商品在更公平的立场上进入市场。"

"11月28日——内阁中的改革困境。格雷和奥尔索普坚持自己的观点。其他人都有各自的反对意见,但是在任何一个具体提议中,很少发生两三个反对意见同时出现的情况，因此在细节上能一一破解。我们确认了符合资格的投票者人数，几个大选区的数字如下——伯明翰，4 450；曼彻斯特，12 639；利兹，6 683；利物浦，14 127；布拉德福德，1 083；谢菲尔德，4 575。"

"12月3日——那位法国大臣就波兰问题做出强硬的表态。俄国复仇的重担实打实地落在立陶宛和其他并入俄国的波兰省份上。西伯利亚和财产充公，人们为数不多的特权也被剥夺，这些不幸地区将获得这样的命令。这是霸权国家的行径。首先，不得昭雪的冤屈逼着人们不得不揭竿而起，接着又因他们不愿服从而十倍于前地惩罚他们。"

"12月31日——今天我过得并不清闲，因为昨夜凌晨3点才出办公室，我在1点的内阁会议前写了封发到维也纳的文书，听查尔托利斯基（Czartorynski）关于波兰战争的总结，接着又与奥普特达（Ompteda）讨论了关于德国饮食的纠纷。内阁会议之后，我因为各种不同问题去见了范德维尔、利芬、布洛（Bulow）、埃斯特哈兹（Esterhazy）和维森伯格，接着我派信使带着公文和私人书信送往维也纳、柏林、巴黎和布鲁塞尔。然而，我尽力在两点左右把这些都完成了——让我欣慰的是，现在我面前有13个装满文件的盒子，都是从昨天早上之后送来我这里的，这些都需要立即检查……说起法国人，我这么坚持是正确的：只要我们坚持自己的立场，法国人的愤怒将以咆哮收尾，不会引起任何令人不快的后果。泰利兰德在这个问题上颇为随和，他发誓并没有煽风点火，而是倡导心平气和，我们恰好知道他就是这么做的，他希望我们给他写份文明的声明，向他保证这件事里没有什么与法国敌对的地方，而不是要求摧毁那么多要塞。"

比利时和荷兰之间低地国家的分裂是以上这些材料指向的外交事务,这一问题在当时是巴麦尊勋爵和海外列国代表的重要事务,一直到1839年才解决。

主要在英国的影响下成立的荷兰王国,1814—1815年瓦解了,在利奥波德国王的领导下,比利时的独立得到保障。这一事件的细节过多,过于庞杂,不便在这里赘述,但是1831年签署的条约是第一份,也是到那时为止巴麦尊取得的最持久的外交胜利之一。他的第二次成功是所谓的四国同盟的条约,这份条约将英国和法国联合起来,共同保护西班牙和葡萄牙的立宪政体。1834年4月22日,这份条约在伦敦签署,数周之后,巴麦尊提到这一合约时写道:"这份条约是一项重大成就,而且完全是我凭一己之力达成的。"

与此同时在内政方面,《改革法案》的通过吸引了所有的注意力。《爱尔兰高压法案》(Irish Coercion Bill)更新后,格雷勋爵辞任,墨尔本勋爵继任首相一职,巴麦尊勋爵与他一向过从甚密。除了1834年到1835年中一个很短的时期,罗伯特·皮尔爵士的政府掌权时,他在外交部供职多年。威廉四世对巴麦尊勋爵不甚友好,就像他的前任一样,他在1834年议会开幕君主致辞中真心实意地提到《奴隶制废除法案》(Slavery Abolition Bill),谈及殖民地接受这项措施的态度以及牙买加实行的进程时,他道:"为最愉快的结果提供了公平的基础。"

三年后,西班牙爆发内战。① 托利党人支持唐·卡洛斯(Don

---

① 这场战争是西班牙波旁王朝内部争夺王位继承权的战争,1833年,西班牙国王斐迪南七世也去世,因无男嗣,由其长女伊莎贝拉继位,由其妻克里斯蒂娜摄政,而斐迪南之弟唐·卡洛斯争夺王位,自称卡洛斯五世,由此发生了战争。

Carlos),而辉格党人坚决反对,巴麦尊评价道:"他只是个妄求者,追求一个从来没坐过的位子,侵略并把内战带到一个他没有任何权利的国家。"巴麦尊勋爵因为允许一个四千人的英国军团参与斗争而受到攻击,他在演说中斗志昂扬地捍卫自己的政策。"历史难道没有告诉我们,"他说,"西班牙人的性格决定了他们对抛头颅洒热血比欧洲其他民族更鲁莽?那些目睹过英国军队受无情游击队帮助的人是否应该为这种西班牙国民性推波助澜,作为拒绝与他们合作的理由?我相信西班牙通过自由立宪重建的首要成果之一,是创造了一种倾向于修正这种国民性缺陷的民意……然而无论如何富有技巧地掩饰这个问题,它仍然包含选择的余地,即英国是否应该继续履行对西班牙女王的承诺,抑或背信弃义,抛弃一个曾经承诺过要施以援手的同盟。"

"一种意见认为,自从我就任以来,英国的道德影响力下降了,对于这种见解,在比利时、葡萄牙和西班牙施行同样的政策时,我认为这与攻击者的其他意见不相符合。我们的政府竟然获得来自其他国家如此多的赞同和敬意,成为他们纷争的权威仲裁者,这真是令人惊讶;而且当我们发现像法国和美国这样的海上强国也容许我们调解他们的争端,我认为我可以充满信心地引证这一事实作为回应,因为两个国家都曾与我们干戈相向,而且无论在和平时期还是战争时期都被视为我们的对手。我们发现,无论对手如何评估我们,至少法国和美国似乎并不相信我们的道德影响力已经下降到特别低的水平。"

当法国要求瑞士驱逐法国政治难民时,巴麦尊勋爵回答道:"假如我能在这件事上给瑞士提供一点建议,那么我会说,在这种形势下应该采取的路线,应与邻国之间存在的良好共识一致,就是任何确实犯下某种罪行的人(比如阴谋颠覆法国政府),应该被要求离开邻国的保护,离开他们滥用的庇护所。"

巴麦尊勋爵为自己在四国同盟中扮演的角色进行辩解,并且否认了关于英国有意削弱签订条约的强国之一西班牙的指控。对于西班牙和葡萄牙,他说道:"葡萄牙不仅从激烈的争端中获得了自由的政治制度,恢复了生机,并且已经成为不容小觑的欧洲强国之一。而西班牙向我们提出了一个公平而合理的希望,希望能回到以前的状态——一个繁荣的,甚至是令人生畏的强国,傲然矗立于欧洲王国之林。"

这一年威廉四世去世,维多利亚女王继位,此时她还只是个18岁的少女。巴麦尊见证了新王朝的正式开端,并留下了如下印象的记录:

"1837年6月20日——可怜的国王(威廉四世)今天清晨终于摆脱了所有痛苦。枢密院今天早晨在肯辛顿(Kensington)开会,这是人到的最齐的一次。女王以伟大的庄重和自持完成了今天的事务。你可以看出她内心的情绪很悲痛,但是她完全控制住了。她的措辞非常得体,她的嗓音十分悦耳。这两天,上议院和下议院除了宣誓什么都没有做。星期四,按照这类大事的程序,会有消息送达两院,然后两院将就此做出回应。"

"6月27日——今天女王收到了下议院的致辞,接着是外交大臣的。他们按顺序觐见。她接待他们的风度完美无瑕;既轻松又庄重亲切。"

接下去的一年中,英国紧紧控制着埃及的穆罕默德·阿里(Mehemet Ali)和土耳其宫廷。事态已经朝着最终导向克里米亚战争的方向发展。巴麦尊勋爵写道:"关于土耳其人自己,我大胆地推断,他们风度和言辞的天赋在于一开始就做出巨大让步?他们开始时总是说'很好,是的',但是当你提到具体问题和细节时,你会发现这些好听的表达空无一物。就像所有处于弱势地位的人一样,他们尊敬你的程度视他们对你的实力做出的估计而定。然而,假如你希望这种实力发挥长期持久的影响力,并且不引起敌对情绪,那么你必须在施加力量时结合正义;假如你希望一举将阴谋、怀疑、恐惧和偏见消除(这些必定是在暗地里形成的),快速收到成效,那么你必须告诉土耳其该怎么做,为什么应该这么做,何时应该做,并且向其表明,你只是平静而合理地提出你有权要求的条件。通过这种方式,只有通过这种方式,你才能与他交易。假如他看到你如此行动,他不仅会认同你,还会依赖你。"

关于法国事务,巴麦尊勋爵于1840年11月写道:

"我希望没有人相信,目前的法国有内部革命和外部战争的危险,法国政府为了自己的外交目的努力造成这种错觉。毫无疑问,法国的政治家们有个很大的团体,一直考虑在埃及和叙利亚建立一个实在的、处于法国的直接保护和影响之下的,哪怕并非全然独立的国家,当这些人发现他们的计划受到阻挠,当然会感到无比失望和怨愤。但是这一团体不会自己向四大强国复仇,除非法国无法通过发动战争来报复,他们足够明智,因为对方比他们强大得多。为了威慑四大强国,上一届法国政府在法国挑起战争的呼声,宣布法国受到欺骗和侮辱,从而煽动了整个国家,当一个政府开始煽动民众时,它是不可能失败的,因此肯定会暗暗相信民众的激愤是可以操纵的,即便无法获得理想的效果。事实上,可以肯定,当政府的激励行为不再继续,这种行动造成的群情激昂会慢慢消弭,而这一点已经初露端倪,在发言人选举中,大多数人投票支持政府者就已经证明了这一点。法国政府希望两全其美,什么优势都要占据,一方面在国内强大有力,一方面又在海外营造弱势的表象,他们宣称这种分裂不能证明和平问题上各个党派的相对力量,但是肯定表明了倡导和平的党派强得多,尽管投票结果或许会改变……即使梯也尔先生(M. Thiers)继续担任大臣,法国在明年夏初之前也无法发动战争,因为法国直到新一次征兵之前没法拿出侵略战争所需的 30 万人,而征兵要到那时候才能完成,即使是这个兵力在人数和构成上比起德国发动的战争都相差太多了。但是我们可以肯定,在法国,绝大多数有产者和追求事业成功的人,都反对不必要的战争,并且坚决反对革命,尽管这些人到目前为止还没有积极挺身而出,然而当和平或侵略战争的问题到了亟需讨论的时候,他们会发出自己的声音。提及内部革命,在法国毫无疑问有许多共和政体支持者和无政府主义者,此时已经做好了惹是生非的准备,假如没有强大的力量与之抗衡将会造成很大麻烦;但是受到动荡影响的人更多得多,巴黎国民警卫队包括 6 万人,主要由这样的人构成,不难理解他们会坚定地维护国内秩序以及海外和平。

"在土耳其问题上,法国政府通过威胁发动海外战争来强迫对方退让,结果以失败告终后,很自然会努力将其解释为另一种恐惧,他们会说这种退让对于阻止法国的革命是必要的;但是我很肯定这种提法并不比前者更站得住脚,四大强国坚定不移的坚决立场和他们采取的政策将最终解决土耳其问题,为欧洲和平的未来带来巨大的额外保障,与此同时,不需要带来与法国的战争或是法国国内革命。法国和欧洲其他国家如今与 1792 年已经完全不同。法国现在对于避免进一步革命的兴趣就如当时它竭力摆脱巨大和难以忍受的迫害一样强烈。当时法国以为自己通过海外战争能收获许多。当时的欧洲(至少大陆各国是如此)也具有强烈的动力,想要摆脱无数加诸各国人民的压迫。如今这些压迫大部分已经解除了。德国许多地区的人们已经或多或少被允许参与他们的内政管理。所有德国人心里都涌出了一种德国感情和民族精神,现今的德国人会挺身而出反抗令人憎恨的侵略,而不会像1792年和1793年那样将法国人当作解放者欢迎。有了这些前提和基础,我相信法国国王就法国革命的危险向我们提出呼吁并没有实质基础,而只是熟练的外交手腕而已。"

他时不时能够享受汉普郡宁谧而美丽的氛围。

这位外交大臣在布罗德兰斯写道(1841年3月):

"我们只能亲自在这里处理各种乡村事务,试图纠正许多因为霍尔姆斯的疏忽变得一团糟的问题,而当时我忙于自己的事情。我没有很多时间写信,因为时间太晚了;我刚从约翰·戴(John Day,是一位训练师)那里回来,我看到了伊利昂(Ilione)和我的一匹小母马,并且看了看戴的马厩。我看到了年迈的戴夫人,她身体仍然很好,见到老朋友很高兴。我们有了新的园丁,他是个很好的人,活泼的矮个子,非常聪明,又热心。斯图尔特太高了,什么也做不了。通过对人类的观察,我相信一个人身高五英尺十英寸①,我们即可初步假定这人的智商和头脑灵活性会大打折扣。"

1841年5月,巴麦尊勋爵在给兄弟威廉的信中写道:

"我们又经历了一次5月危机。这个月对于我们的政府来说非常危险。赫斯基森和我们于1828年5月退出了公爵的政府;我认为在格雷和墨尔本勋爵时期提出的大部分辞呈也都集中在5月。我们长久以来困惑于应该辞职还是应该解散,但是这个国家如此迫切地需要我们,因此我们决定解散。在这个议期结束之前,还有一些常规

---

① 约为1.86米。

工作需要完成,解散大概会在三个星期后发生。选举结果很难预料,但是我想我们应该会有人数优势。这个国家站在我们这边,托利党无法在大选中对整个国家施加同样的影响力,与他们对某个特定地区的某个特定职位所具有的影响力不可同日而语。反奴隶制的呼吁当然失败了。《济贫法》(Poor Law)的呼吁也行将失败,而另一方面,《谷物法》(Corn Law)和自由贸易呼吁收效显著。有一刻我们怀疑托利党人或许会试图阻止我们解散,以便迫使我们辞任。但是这一手段不符合公爵或皮尔的观念和观点。而且对于君主和君权来说,这太拉帮结派了,也过于公开敌对,所以不会被他们任何一方采纳。我不怀疑该党中很多职位较低的人乐见其成。议会在选举后会尽快召开,大约是8月的某一天,我们还需要把解散必须的事务完成。但是那时的会议时间会比较短。"

事情的走向并不完全像巴麦尊勋爵预言的那样。1841年6月,由罗伯特·皮尔爵士提议的投票中,因为一票之差导致信任投票失败,墨尔本勋爵解散了议会,在随后的大选中,以72票劣势失败。罗伯特·皮尔爵士建立的政府与他想象的大相径庭,原本他打算废除《谷物法》,最终没能实现。与此同时,巴麦尊勋爵再一次身处在野党中,紧紧盯着公共事务的进程。

第六章 在野时期以及二人外交部,1841—1851

1841年末,罗伯特·皮尔不仅是英国的一把手,还是近代最有权力的首相之一。政治家们承认国家财政落后。由一群全英国最有能力、最雄辩的人支持的商业改革稳步推进。巴麦尊勋爵从外交部工作的压力中解放出来,敏感地察觉到时机已经成熟,他将证明自己拥有适应最高政治职位的一切素质。他把所有精力都投入了在野党的工作中。他进一步证明了自己作为演说家的实力以及能言善辩的能力。从他这一时期的往来书信中可以看出,他对当时的大多政府部门都保持关注。

"所得税问题掀起了一场轩然大波,但是我认为皮尔还是会不管不顾地推行的。马姆斯伯里那天对我说:'皮尔用《谷物法》给了我们一记右拳,又用所得税给我们一记重重的左拳,这项木材税只是普通的一击。我的父亲和祖父40年来没碰过一根木棍,现在我正在考虑处理我的榆树和枞树,皮尔的加拿大林木自由进口真的实现之后,我的那些树就一文不值了。'"

巴麦尊和约翰·罗素爵士投票支持一项关于玉米的适度税收时,

他似乎很早就得出了结论,认为禁止所有这类进口只是时间问题。

1842年议会行将结束时,他激烈地攻击政府的整个政策。提及斯坦利爵士,他说道:"这位尊贵的爵士发表了一场十分优秀的即兴演说,因为论即兴辩论没人比得上尊贵的爵士。但是即兴辩论家有时候倾向于未经思考就脱口而出,也不会停下来仔细思索,无论他们说的是否是与利用的事实严格相符的事,如果他们有时间深思熟虑的话就不会如此。我记得曾听一位著名的外国首脑说过一席话,他生活在18世纪中叶,他打算指导一位下属,教他在面对另一国政府时该采用怎样的措辞。这位下属听完他的指导,以谦卑和服从的态度低声下气地表示,他受命使用的语言与事实并不严格相符,实际上或许应该被认为完全与事实相悖。这位领导人是如何作答的呢?'别管这个!说到底那有什么关系?这是句好话,只要说出来就是了。'我认为,这位首脑在我们议院里也能当个不错的即兴辩论家。"

巴麦尊接着开始反驳斯坦利爵士的指责,后者认为巴麦尊反对这个政府,导致他们的政策无休无止地和国际事务搅和在一起,但斯坦利自己分明是其中一员。"迄今为止,"巴麦尊说道,"我们将尴尬留给继任者,同时也将有用的工具馈赠他们。为什么,自从他们上任以来做了些什么?他们靠着我们留下的东西过活。他们靠着在我们的桌子上找到的残羹冷炙维生。他们就像一群鸠占鹊巢的人,从食品储藏室里找东西出来大快朵颐。"

1844年,巴麦尊在写给兄弟的信中道:"我给你寄了《科宁斯比》[①],

[①]《科宁斯比》(*Coningsby*):或名《新一代》(*The New Generation*),是一本英国政治小说,作者是本杰明·迪斯雷利(Benjamin Disraeli,1804—1881),出版于1844年。该书以19世纪30年代英国的政治形势为背景,是"迪斯雷利三部曲"之一。

非常值得一读,写得很不错;书中的很多角色活灵活现、惟妙惟肖。你能从里格比(Rigby)身上看到克罗克(Croker),从蒙默斯(Monmouth)身上看到赫特福德勋爵(Lord Hertford),从埃斯克戴尔(Eskdale)身上看到劳瑟(Lowther),从奥姆斯比(Ormsby)身上看到欧文(Irving),从鲁克莱蒂亚(Lucretia)身上看到兹奇夫人(Madame Zichy),但是科罗那女伯爵(Countess Colonna)不像斯特罗恩夫人(Lady Strachan),尽管这个角色显然是想填补她在这场家宴中的位置。我猜西多尼亚(Sidonia)本意是代表作者自己这种类型,而亨利·西德尼(Henry Sidney)则是约翰·马内斯勋爵(Lord John Manners)。"

这一年,巴麦尊再次前往欧洲大陆旅行,访问了柏林、威斯巴登(Wiesbaden)和德累斯顿(Dresden)。"在柏林,我们和国王、普鲁士王子、查尔斯王子以及布洛共进晚餐,王室家庭非常谦逊有礼。他们真的是个很了不起的家庭,无论地位如何都能成为出众的人。国王是个多才多艺的人,拥有天生的才能和卓越的眼光,毫无疑问,在他的治理下,普鲁士在各个方面都将取得伟大而迅速的进步。普鲁士的贵族们大多把一年中大部分时间都花在自己的庄园里,而不生活在柏林。为了弥补这一缺失,国王让自己身边围绕着科学家、文学家和艺术家,因此普鲁士在智识的发展上也取得了巨大的进步。已故的国王致力于让一切保持稳定和固化;而现任国王则支持进步。他是建筑师辛克尔(Shinkel)的重要保护人,他本人也拥有绝佳的品位,打算把老王宫前大广场上的丑陋教堂推倒,然后在原址上为王室家族建一座墓地,建筑内部将装饰壁画,科尼利厄斯(Cornelius)做了十分恢宏的设计……考虑到水土和气候,普鲁士不是个自然资源丰富的国家,至少柏林附近是如此;但是大自然在智力上给予的馈赠要慷慨得多,到了这个国家,你一定会被活跃的智力活动震惊,这里所有的阶层都体现了这一特点。这个国家几乎没有文盲。简而言之,普鲁士在德国的文明中扮演了领导者的角色;奥地利沉睡了,要过很久才能醒来,普鲁士在未来的许多年中都将有很好的机遇。德国这些地区的人们在智力发展方面的活跃程度令人吃惊,因为他们在大部分与日常家庭生活相关的机械技艺方面十分落后。在一个冬天严寒的国家,竟然没有百叶窗这种东西,门和窗从来都不关上,门锁是英国一个半世纪以前的款式,所有这类家庭用品与我们相比都落后了一百年。当然,他们的宫殿十分宏伟;但这是不完美文明的典型特征。中世纪和半开化的国家总是拥有辉煌的宫殿与简陋的平民居所;不过,这并非说德国的房屋不舒适,因为我们在每个地方都见到了很好的旅馆。"

巴麦尊的国外旅行并没有让他执着于国外关税。1845年,他在下议院发言时问道:"我们与外国的商业关系的现状是否决定了我们该保持关税保护制度?有人说是的。有的绅士辩称,自由贸易运作良好的前提是所有国家都实行这一政策,单边自由贸易却不然;我们的例子不应该成为榜样,而这个体制并非相互和互惠的,这会成为对我们自己的伤害,而成为其他国家的优势。现在,我认为这只是又一个大错特错的谬误。我们和其他国家互相施加恶性关税的后果如何?试举任意国家为例——比如法国。法国和英国双方的高关税会伤害两个国家的利益。我们针对法国商品的高关税对作为消费者的我们自己和作为生产者的法国人是伤害;同时,法国针对英国商品的高关税对法国消费者和英国生产者也是伤害。这对两国人来说都是极大的不便。"

巴麦尊勋爵一直急于证明他在英国利益相关事务中表现出的积

极态度并非"好战的干涉",提到这一点,他于1845年从巴黎写给迪斯雷利先生①的书信有着特殊的价值。巴麦尊勋爵列出的备注写道:"迪斯雷利先生与法国国王②及基佐先生(M. Guizot)就我重返外交部可能性的对话。"这封信的内容如下:

"基佐先生邀我就英国情报人员相关问题进行一场私密对话。在此前和德卡兹伯爵(Duc Decazes)进行的非正式谈话中,我确定基佐先生认为罗伯特·皮尔爵士应该"在两周之内"重新执政。基佐先生并未向我表达这一观点,但是他引出了我的观点,即罗伯特·皮尔的回归是几乎不可能的,假设我们猜测的导致他辞任的理由是正确的。上上周周初我有幸见到了(法国)国王,当时他虽然焦虑,但是似乎对皮尔的胜利充满信心,昨天他命人请我前往圣克劳德。我发现国王陛下沉郁而冷静,更愿意倾听,而非交谈,他的思路流畅清晰而且一针见血。陛下告诉我,基佐今天早晨在会上提到他昨天傍晚见过我。陛下对皮尔的信心烟消云散;他屡次重申道,基佐已经放弃了皮尔会回归的观点;每一次卸任都会削弱一个人,像内阁那样频繁几乎是愚蠢的事。顺着这个话头,我们谈了一会儿新政府可能的构成,接着国王假设辉格党政府将上台,对我谈了许多阁下的就职机会。阁下无疑意识到这个国家对这个话题抱有的顾虑,因此我不会加以赘述。阁下拥有丰富的经验和睿智的头脑,既不会夸大也不会削弱当前形势的重要性。在目前的情况下,因为对这个主题不熟悉,我有权探讨它的方方面面,向国王陈述,然后深入讨论值得探讨的解释和

---

① 迪斯雷利先生:上文所述《科宁斯比》的作者。他是英国保守党领袖,曾两度出任英国首相(1868、1874—1880)。
② 即路易·菲利普。

细节。我小心谨慎,在陛下心中留下了深刻印象,但是同时有所保留,阁下是第一位将与法国的亲善关系作为公开承认的基本国策的外交大臣,尽管诚恳的原始愿望并非由您表达。您的个性使然,让您对合作者要求诚恳和决心,假如这些品质从法国政府方面来说并不可或缺,我敢肯定阁下将永远无法对法国政策采取好战的立场,而是会帮助它,使其影响力获得良性发展,它的目标是让国王赢得民心并满足民意。接着国王对西班牙和埃及事务做了一番解释,我在其他场合听他谈及过这些问题,不过在这里他的表达方式更为严肃和热切。这场对话持续了大约半个小时,接着国王一边起身一边道:'我们一定不能错过这美好的音乐'(隔壁正在举行演奏会,尽管只有王室在场),'我必须去和一两个人说几句话,但是请不要离开,我还想和你聊一会儿。'如他所言,大约10点半,音乐会结束了,陛下来到我身边,邀请我跟着他一起去内阁。我们全部落座之后,他道:'你们提到巴麦尊勋爵时所说的话让我感到非常愉快。我一直在思考。同时我也感到被说服了,皮尔不能再成功重掌权力,而且即使他回归也不再是原来那个人了。我不会否认我对阿伯丁勋爵感到遗憾。但是假如巴麦尊勋爵能够不带'仇恨',以友善的倾向加入他的政府,那么一切都将非常顺利。我认为形势非常严峻。如今这已经不是一个孤立的问题了。孤立的问题自己会解决。甚至美国也是如此。大陆的形势占据了我全副身心。'陛下接着就这个主题发表了一番长篇大论。我发现德国的形势让他不安;而且他相信中欧会有一场无法避免的革命运动。接近午夜,陛下才和我道别。"

迪斯雷利先生接着向巴麦尊勋爵提议,应该采取某种策略,消除法国人对他的不信任。"如果你能有计划地访问巴黎,让那些易受影响的人认识你,那么一切将毫无问题……在议会上,在目前的形势下,从政府方面来说推动发展并非不寻常,要策划某个能够引出适宜答案的事项是不难的。假如议会迅速召开,我很愿意在这方面向您提供帮助,否则我认为自己不该离开这个怡人的住所,尤其是当我政治生涯的伟大目标已经达成的时候。"

巴麦尊勋爵在下议院发表演说,回应对他拥有好战倾向的指责,演说中,他暗示了迪斯雷利上述这封有趣而彬彬有礼的书信的主题:

"我相信所有人都会认为这是无稽之谈,我不仅非常重视维持与所有国家的和平,而且还注意与世界领先的大国强国保持最亲善的关系,不遗余力、不厌其烦地谨慎处理严重的分歧。在困难重重的十年中,我作为格雷勋爵和墨尔本勋爵政府中的一员,成功维护了和平;假如在那段时期内,由于追求将英国利益最大化的政策而时不时发生一些无可避免的摩擦,我们稍微背离这一观念,让某个海外国家暂时变得不那么友好,然而我可以证明,在每一个个案中,我们追求的目标都足够重要,值得我们暂时屈从于这种不便。

"事实上,在这十年中,从来不曾发生过真正的战争危机,除了三次;每一次英国政府采取的路线都避免了战争。第一次是法国国王刚登基时,奥地利、俄罗斯和普鲁士打算群起而攻之,英国政府采取的态度避免了破裂。第二次是英国和法国因条约而联合,从荷兰手中夺取安特卫普要塞,然后把它交给比利时国王。假如英国不和法国联手,那么如今安特卫普还在荷兰手中,夺取它的意图将会导致欧洲的战争。第三次是穆罕默德·阿里的军队占领叙利亚,他持续威胁宣布独立,并向君士坦丁堡进发;而另一方面,俄罗斯主张,假如他一意孤行,那么俄罗斯将占领君士坦丁堡,法国则宣称假如俄罗斯这么做,法国将夺取达达尼尔海峡的控制权。

"1840年7月,由英国政府提议并实施的条约以及执行该条约所采取的行动,消弭了这场危机,尽管人们时常加以误解,但是事实上1840年的条约化解了真正的战争危机,而不是反之。不过,我很清楚地意识到,有一些人理所当然地认为我对战争的风险过于无所谓,这是不应该的,持这种观点的人国内和国外都有。国外的这种观点完全建立在谬误的基础上,但是有的人真心实意地抱有这种想法,因为真心实意,很容易屈从于矛盾的事实证据。在国内,这一印象部分是由我的政敌不遗余力宣传达到的有限效果,部分是由我们中的阴谋小团体营造出来的假象。这些集团想攻击我,不得不吹毛求疵找点理由苛责我。他们不能用失败谴责我,因为我在所有外交事务中都取得了成功,无论是在葡萄牙、西班牙、比利时、叙利亚、中国还是其他地方。他们也不能谴责我让这个国家陷入战争,因为事实上我们保持着和平;他们剩下能说的就是我的政策有制造战争的倾向,我猜他们会说这是错误的,并且违反所有应该遵守的规则。但是,尽管在这一点上有很多话可以说,有人认为这方面最值得苛责的是1840年条约,然而该条约以及与此相关的行动都是当时的在野党领袖完全赞成的,他们虽然一点也不愿意支持我,但总是在辉格党政府的外交政策上打头阵。1841年议会开始时,惠灵顿公爵在上议院的发言中称,他完全支持缔结条约时我们采取的政策,无法找到我们在执行这一条约时所犯的任何错误;我恰好知道罗伯特·皮尔爵士向德国势力的代表,也是同盟之一,表达过对我们整个行动的赞许态度,而阿伯丁勋爵对其中一人说,我在那场纷争中采取的方针让他原谅了我前些年的许多事情,而他原本以为这些事是永远无法被原谅的。"

1846年见证了罗伯特·皮尔爵士政府的陨落。首相在《谷物法》问题上转而认同科布登(Cobden)和布莱特(Bright)的观点,导致其完全废除。这一事件也导致以斯坦利爵士为首的支持者团体背叛。上议院第三次宣读《谷物法废除法案》的同一天晚上,在继续一项保护爱尔兰生命和财产的法令中,罗伯特·皮尔爵士在下议院再次遭遇失败。皮尔立即提交辞呈,约翰·罗素爵士成为首相,而巴麦尊勋爵第三次获得了外交部的职位。

上任之前,巴麦尊勋爵在爱尔兰度过了一个月,第二年,马铃薯腐烂病开始在爱尔兰蔓延,造成灾难性的后果,他想方设法安置那些离乡背井从爱尔兰前往土地更为肥沃地区的人们。勋爵对于自己爱尔兰庄园中的人们一向慷慨而体贴。

1847年,爱尔兰人口超过了土地足以供给的人数的两倍,只能引种土豆;因此这种作物的歉收导致了绝望和死亡。沿着圣劳伦斯一带和美国东海岸的许多地方,人们仍然能够指出当年成百上千穷困潦倒的爱尔兰人到达时因为发烧而被收容和隔离的医院旧址。在希望之地的海岸上,许多人死去,他们成为挥霍浪费的生活习惯以及抵制更佳耕种方式的牺牲者,在这些纯粹的凯尔特人的想象中,这类农耕改良仿佛是一种陌生的衣裳,会束缚他们的双腿。

这时,巴麦尊勋爵签订了一份协议,让他斯莱戈县土地上的一些穷人自愿移民,巴麦尊写道,假如协议条件不足以保证好好对待他的人,那么他就要解约,并且设定更高的招标准则,以便让他们在船上享受最好的娱乐生活。"让每个男人和女人,"他写道,"每个星期天获得一杯最好的热混合甜酒,或者更频繁。"这些美好的意愿虽然得到乘客们的交口称赞,但是对他们的一些朋友来说却不那么令人满意。巴麦尊勋爵很快写道:"教士写信给我说,我把马修神父在人们中间取得的良好成果都给抹杀了。所以你还是把带上船用来制作甜酒的朗姆酒在魁北克上岸时卖掉吧,让每个男人、女人和孩子每天晚餐后喝一杯热咖啡加块热饼干。"巴麦尊给每艘装载巴麦尊勋爵领地人民的船只船长10磅纯银,让船长善待他们,还给了他们一些白兰地和波特酒,用来治疗还在生病的乘客,或者让船长享用。

1847年,对爱尔兰问题的焦虑变成了对外交事务的执着,这在如今的英国首相头脑中并非核心问题。他最关注的外交事务是西班牙联姻问题,关于这一问题,巴麦尊勋爵留下了许多书信,但是我们暂时不需要赘述。当时法国通过波旁家族的家族阴谋和王朝野心,在西班牙扩大影响力,在如今的我们看来,这种形势竟会让我们如此担惊受怕,实在是太奇怪了。基佐和路易·菲利普①策划与西班牙女王的婚姻,最终会对法国波旁王朝有利,这令英国首相和外交家大为震怒和苦恼。如今我们认为当时此举获得的影响力或许并非令人生畏,但是基佐的计划遭到积极抵制,在当时人看来,这一任务相当于把马德里从法国军队中解放出来。

纳尔瓦埃斯②建立了军事专制,巴麦尊勋爵于1847年9月写道:

"纳尔瓦埃斯和西班牙以及英国利益之间的斗争仍在继续,但是我希望我们能够赢,尽管毫无疑问纳尔瓦埃斯得到了路易·菲利普和克里斯蒂娜③的支持,拥有丰富的战争资源。但是这个民族并不总是最敏捷的,胜利也并不总是由最有钱的人取得。埃斯帕特罗④明智地等待和观望事态发展,不会贸然去西班牙。他们希望让他在这里担任特命大使(Ambassador Extraordinary),把他晾在一边;他肯定是

---

① 路易·菲利普(Louis Philippe, 1773—1850):法国奥尔良王朝唯一的君主,1830年七月革命后,被资产阶级自由派系拥上王位,1848年二月革命后逊位。
② 纳尔瓦埃斯(Marshal Narvaez, 1800—1868):西班牙政治家,支持西班牙女王伊莎贝拉二世。
③ 克里斯蒂娜:指西班牙王太后。
④ 埃斯帕特罗(Espartero, 1793—1879):西班牙军队总司令,首相。

多余的，因为他无事可做，因为他们提议让他成为伊斯图利兹①的补充，这就变成了约翰无所事事，汤姆帮助他的老故事。埃斯帕特罗除了自己不纯正的卡斯蒂利亚语以外什么话也不会说，很少有大臣能够用人类的口音与他探讨政务。梅特涅已经变傻了，但是我想我们应该能够阻止他，法国在意大利事务方面必须站在我们这边。梅特涅认为它是自己的囊中之物，因为他获得了路易·菲利普和基佐的承诺，但是法国的民意一定比国王和他大臣的意见更强势，既然他们破坏了去年对我们所做的关于西班牙的承诺，那么他们今年也必定不得不打破对梅特涅所做的关于意大利的承诺。我不怕这些事务会引发战争。为了捍卫这个国家，我们必须直面这些问题，我会毫不犹豫地说，假如我们任由事态保持现状，让英联邦和海外属地像现在这样不堪一击，那么我们就犯了叛国罪。我们在建造堡垒，很快就将完工，能够保护造船厂不受突袭的威胁。我们将建造可供轮船停泊的港口，随时准备着拦截和击退来犯的舰队。但是所有海军防御都是不确定的，而且即便我们采取所有防御措施，黑夜、雾霾、风暴、事故、失误……都可能让两三万敌军在我们沿海登陆，无论是英格兰还是爱尔兰，或者两者兼而有之。要抵御武装军队的袭击，唯一可靠的防御是组织同样规模甚至更胜一筹的武装力量。我们的常规军队无法满足抵御这种攻击的需要。我们理论上有大约五六万军人，在英联邦，包括新兵训练站、骨骼营、刚入伍的新兵和即将退伍的老弱残兵。无论是在英格兰还是在爱尔兰，我们无法从这些乌合之众中集结一支两万人的军队，以抵御两三万在我们海岸上登陆的法国或俄国军

---

① 伊斯图利兹（Francisco Istúrizy，1790—1871）：西班牙政治家和外交家，曾任西班牙首相。

队(而我们或许要同时应付两国军队)。我们无法增加常规军,扩大至必需的规模,因为这么做代价太高昂了。唯一支持这样一支紧急部队的方法是在和平时期建一支具有一定程度组织性、训练和纪律的力量,以便在战争爆发时尽可能高效地集结起来;但是在和平时期,当不需要真正的服役时,可以让我们尽可能少花钱。民兵就是这样一种力量,在和平时期每年只训练一个月。这样一支军队比起全年待命的正规军只需花费1/4,然而短短几年之内,经过每年一个月的训练,就能培养出足够的军事素养,在战争爆发时顺利融入前线部队,尤其是假如其中包含一定比例的半薪军官。这一计划旨在修正1802年法案,该法案规定了每个郡征兵的人数。人口的增加让我们有权将英格兰的征兵人数设定在十万,将爱尔兰的人数定在四万,假如让我决定,这将成为我们的后备力量,这些部队全都需要组织和严格控制,由军官管理,着军装,配备武器,全副武装,受军事训。"

1848年2月,伦敦报纸以最大的字体刊载了这个标题:"路易·菲利普退位——巴黎伯爵(Count of Paris)登基——摄政王内穆尔(Nemours)公爵遭弃——王室离开巴黎——外省政府成立,包括拉马丁(Lamartine)、莱尔杜·洛林(Lerdu Rollin)、奥迪隆·巴洛特(Odilon Barrot)、玛丽·阿拉戈(Marie Arago)、加尼尔·帕吉斯(Garnier Pages)和路易·布朗克(Louis Blanc)。"

一封从巴黎寄给巴麦尊勋爵的书信中写道:"过去的24小时中,许多事情纷至沓来,令人目不暇接,比起以前任何一次革命都更迅疾,最出其不意的事件造成了最翻天覆地的改变。在我昨天写这封信的时候,似乎有充分的理由假设,将大臣们免职之后,巴黎民众一时间已经完全满足了他们期望的一切,以国民警卫队要求的方式达到目的,以此换取他们的效忠。你能看到,这一切已经撼动了国家政府的结构,也能看出国民警卫队的公开行动很大程度上改变了示威的性质。星期一的示威游行尽管声势浩大,但是大批人聚集的地方仍然相对平和,只有城里各个地区有零星小股暴民作乱。在事情的这一阶段,政府犯了个严重错误,他们宣称星期一将召集国民警卫队,那时候天色刚刚沉下来,他们担心到那时为止只是袖手旁观的人在夜幕降临后也会投身其中,于是开始点名登记。国民警卫队因为政府表现出的不信任而反感,他们只相信自己职责的本质,他们集结起来,不过只是一部分,第二天早晨,当他们再次得到命令集结,政治情结很快便显现出来,政府明显对他们完全失去了信任。几个兵团朝着杜伊勒里宫(Tuileries)行进,各郡军官的代表团在那里会见了他们,国王开始相信他别无选择,只能开除他的大臣,于是他召来摩尔伯爵(Count Mole)。解散基佐内阁的声明得到了热情支持;募集的资金立即提高了0.5个百分点;很多防御工事被建造他们的人破坏了;巴黎的大部分地区自动亮起了灯。暴民们走向梯也尔先生、奥迪隆·巴罗先生(M. Odilon Barrot)和其他人的宅邸,他们在窗下欢呼,类似事件中,伦敦受欢迎的领袖宅邸外常发生类似情形。到这时,一切形式似乎在好转,给人以希望,而引发不满的真正原因已经被除去,城市今天将恢复宁静,然而一个出乎预料的事件,或称意外伤亡,完全改变了局势,造成了一系列事件,事实看起来几乎就是如此。完全可以想见,这些事件将在欧洲产生深远的影响。大约150个暴民,领着一群好奇的民众,从四面八方走来,要求那些房舍亮起灯,其中很多人带了武器。他们在司法部达到了目的,据我所知,他们希望在外交部如法炮制,据说基佐先生已经离开了那里。当人群来到旅馆前时,伴随着一声枪响,打中了第14作战军团少校的坐骑的一条腿,谁开的枪不得而知,不过是从花园围墙方向射来的。毫无预兆,少校当即下令向聚集在旅馆前的人群开火。据称至少有52人死亡或受伤,其中有不少女人和儿童。英国绅士亨利·菲茨洛伊(Henry Fitzroy)先生此前一直安静地沿着林荫道的另一边行走,他告诉我两旁不断有人倒下。人群立即朝着四面八方奔逃,叫嚷着报仇和背叛。人们重新建起工事,巴黎各个地方都竖起了新的防御工事,破晓时,所有人都非常恼怒。直至此时,一直保持平静的许多中产阶级面对此情此景也无法保持镇定了,因为乍看起来仿佛是上层统治者下令进行的一场屠杀。

"有人归咎于基佐先生,但是我有理由相信,他与这一事件无关,当时他甚至不在场。很不幸,另一些人公开将阴谋归咎于国王。从这些灾难事件的最开始,悲剧就已经酿成,因为国王演讲的语气让人不满,人们普遍相信这些话是他自己说的,人们倾向于将所有不受欢迎的行为归咎于他个人,而在他开除官员之后又发生了这一事件,导致人们对国王的愤怒情绪高涨,并且让事态一发不可收拾。晚上,摩尔公爵宣称他已经无法继续为国王效力,他只能去请梯也尔先生和奥迪隆·巴罗先生。今天早晨,新内阁宣布成立。这场动乱的结果似乎证明了作战部队的立场,他们并不赞成第14军团犯下的所谓屠杀。这些部队的同情心遭到了严重怀疑,为了保持军纪严明的表象,正规军撤出了巴黎。今天早晨最后一场纷争发生在自卫队和民众之间,巴黎市自卫队受命夺取暴动民众占领的地点,后者拒绝让步,导致双方交火;数人身亡,阵地被占领,又被夺去。我听说民意倾向导致国王下台,支持巴黎伯爵,由奥尔良公爵夫人(Duchess of Orleans)摄政。据说路易·菲利普一个小时后已经离开了巴黎。"

巴麦尊勋爵往勒阿弗尔(Havre)和瑟堡(Cherbourg)派出英国蒸

汽轮船,"以便帮法国国王和王后解燃眉之急"。他很快就收到消息,称国王和王后在勒阿弗尔,他在信中写下了为保障他们顺利逃亡所做的安排,同时称这些安排奏效与否取决于能否对国王和王后陛下的躲藏地点严格保密。他的通信者从勒阿弗尔写来的信称:"国王乔装打扮来到特鲁维尔(Trouville),有友人相助,目前很安全。王后在翁弗勒(Honfleur),也没有危险。持续了12个小时的风暴渐渐减弱,国王将在退潮时从特鲁维尔乘船,前往塞纳河,他乘坐的渔船将到达海维角(Cape de Heve),接着向我们的蒸汽快船的船长发出一个信号,船长将离开勒阿弗尔,他将在海角下掩人耳目地前行,慢慢行驶,直到渔船靠近。船长和我都认为,假如在特鲁维尔的船上能实行这个简单的计划,那么这一行动将神不知鬼不觉。"

1848年3月3日,巴麦尊勋爵写道:"法国国王和王后今天早晨在纽黑文登陆。杜马斯(Dumas)将军说直到今天早晨他们抵达德勒(Dreux),国王和王后仍然以为巴黎伯爵会继承皇位,而奥尔良公爵夫人将成为公开的摄政王;当他们听说一个外省共和政府宣布成立,立即判断继续留在德勒会有危险。于是他们分道扬镳,经由不同道路前往翁弗勒尔,他们将在杜马斯将军的小房子中会合。他们在那儿待了几天。国王在特鲁维尔逗留了两三天,但是外面狂风暴雨,他无法离开。在此期间特鲁维尔的人们发现了他的身份,他们的热情造成了不便。因此他回到了翁弗勒尔,计划发生了变化。昨晚七点国王、王后和杜马斯将军乘坐勒阿弗尔和翁弗勒尔之间的渡船,副领事与他们同行,国王扮作副领事的叔叔。在勒阿弗尔上岸后,国王径直登上快速汽船,船已经在那儿等着了。王后独自前行,在勒阿弗尔的街上绕了个小圈,然后也上了船。接着汽船立即出发,向纽黑文驶去。杜马斯将军称一行人什么行李都没带,仅有身上穿的衣裳,他从前去找国王的银行家那里兑了些钱,以便带去城里,他为没有立即向维多利亚女王写信请求原谅,并感激她的关切之情。我向杜马斯将军解释,我们已经准备在克莱尔蒙特(Claremont)迎接国王的到来。他说国王和王后身心疲惫,精神焦虑。"

提到新成立的法国政府,巴麦尊勋爵对英国驻巴黎的大使写道:"假如欧洲列强想对法国宣战,那么在(拉马丁先生[M. Lamartine]发出的)公告中有充分的素材可以拿来做文章,与之争辩。另一方面,假如欧洲列强希望维持和平,那么公告中也能找到足够的和平愿望,尽管披着反抗的外衣。对女王陛下的政府来说,欧洲政府能够采取的最明智的方针是采纳和平的承诺,忽略侵略好战的倾向,无论是军事的还是政治的,法国人自己也不应该放弃条约的义务,避免从外省政府中强制要求对这些条约进行抽象和理论上的承认,该政府称,他们已经准备好接受领土现状,将之当作未经所有有关方面同意无法改变的既定事实。不过,值得指出的是,作为国际关系的基础,在《万国公法》中,这是一条广为承认和关键的原则:一个国家改变国内政府形式并不能解除它的国际条约义务。"

第七章 巴麦尊的外交政策，1848—1850

1848年在英国历史上是个多事之秋，这一年也是现代欧洲历史上剧烈动荡的危机时刻。路易·菲利普的下台加速了所有这些社会和政治力量的角力，从这时开始，欧洲的版图发生了急剧的改变。巴麦尊勋爵同情温和与法治的改革，但是强烈反对共和政府这样的事物。他广泛运用英国的影响力，其目的有二：一方面，诱使欧洲的君主在改革的道路上放出更多权力，超过他们中任何一个乐意的程度；另一方面，诱使改革者降低期望值，满足于他们获得的一切。他这么做只是遵循自己的天赋才能，只是陈述这一事实就足以表明为什么他的政策遭到布莱特和科布登等人的猛烈抨击。即使这一策略的动机不能算崇高，但是无论如何是安全的；而且整体而言取得了相当程度的成功。

关于这一政策的众多细节，大量的书信和急件保留了这段故事，然而这些材料对普通读者和政治学学生而言已经相对无趣了。四十多年的时间使1891年的欧洲与1848年的欧洲大相径庭。今日的年轻人几乎不可能对当时的欧洲拥有清晰的概念,当时意大利由许多小君主国家构成,拿破仑三世正准备登上法国王位,而西班牙联姻这类问题被认为具有至关重要的政治意义,现在的我们很难想象,但是当时的人写下了下文中引用的备忘录是合情合理的。

这些内容从未公之于众,之所以有必要提及,是因为这些材料让我们了解欧洲政治最风起云涌的时期,巴麦尊在关于意大利、奥地利、西班牙、葡萄牙和希腊等问题上的看法,以及巴麦尊如何看待自己追求的政治路线。这份记录写于1848年7月2日:

"1847年秋天,最近选出的教皇抱着一种强烈的愿望,想在他所在的国家政府中发起改革,众所周知,这个政府中充满了实际的滥用职权行为,比欧洲其他国家都严重。教皇发现自己遭到了国内外反对势力的阻挠,他通过多个渠道向英国政府传达他的请求,尤其是通过什鲁斯伯里勋爵(Lord Shrewsbury)和怀斯曼博士(Dr. Wiseman),希望得到大不列颠的赞同和支持,并提出,出于这个目的,我们可以向罗马派遣大不列颠政府的代理人;假如有任何合法手段阻碍英国将使者送到他身边,他或许能够从某个有身份、有分量,甚至有外交立场的(假如可能的话)、深受英国政府信任的人那里得到支持、帮助和建议,此人出现在罗马也许公开表明了英国的善意。在英国政府看来,答应这一要求似乎是合情合理的,而且我了解到明托伯爵(Earl of Minto)当时正打算和家人出国小住一段时间,完全符合教皇的描述,应该是理想的人选,也特别有资格把女王陛下关于政府的观点传达给教皇。因此,明托伯爵被派往罗马。然而,在此期间,意大利其他地区的局势出现了新的复杂情况。改革开始了,教皇宣布了进一步的措施,触动了其他教皇国深埋已久但确实存在的,对各自政府进行改良的愿望,当时这些教皇国都建立在独裁而非宪制原则的基础上。君主和民众之间似乎很可能发生严重冲突。君主不愿意做出任何让步。而很多地方的民众倾向于通过武力迫使他们接受大到不合理的让步。英国政府认为明托伯爵前往罗马的使命或许意味着英国在意大利其他地区有机会施加有效影响；因此，明托伯爵受命取道都灵和佛罗伦萨前往罗马。

"在都灵和佛罗伦萨，明托伯爵受到了热情款待，在这些地方，他能够为君主和人民提供重要的服务，鼓励政府推出宪政制度，逼迫改革党接受并满足于君主自愿的让步；我认为这么说不为过，明托伯爵在都灵和佛罗伦萨的成功斡旋是拯救这两个都城在前几个月免于陷入严重纷争的主要原因之一。在罗马，伯爵追求同样的政治目的，也取得了同样理想的成果；尽管熟悉意大利的人仍旧坚持认为在意大利建立共和政府的危险还未解除，但是我愿意相信，只要亦步亦趋地做出改革并取得进步，维持君主制或许会成功。明托伯爵接着从罗马前往那不勒斯，在这位君主的要求下，他努力在国王和他的西西里民众之间斡旋，争取让双方和解。假如拿破仑政府接受明托伯爵的建议，那么很快就能解决问题，那不勒斯国王也将保留他自己西西里国王的头衔，然而盲目的偏见，或是毫无根据地希望其他渠道有人施以援手的想法，占据了上风，最佳时机就此错失；法国大革命的消息传到巴勒莫(Palermo)。在英格兰的期望下，西西里人本来赞成那些条件，但是如今他们不同意了。尽管如此，出于对明托代表的英国政府愿望的尊重，他们愿意接受那不勒斯国王的儿子成为他们的君主；但是那不勒斯国王再次拒绝，将明托的努力付之一炬，接着西西里人宣布废除那不勒斯王室，并寻找其他意大利王室的王储；一方面是受自己偏好的驱使，另一方面是为了听从坚持君主制，不愿接受共和制政府的英国官员的劝告。

"没有什么其他事务和理由让明托伯爵继续留在意大利,英国需要他,于是他回到了祖国。我相信在这一切意大利事务中,英国政府追求的一切政治目标和政策都没有辱没大不列颠的声名,不但有利于意大利,也促进了欧洲各国的普遍利益与和平。但是在 2 月的法国大革命发生后不久,伦巴第(Lombardy)发生了一次大范围的反奥地利统治;这场起义来势汹汹,坚定不移,而且范围极广,以至于奥地利大要塞米兰在一次长时间斗争之后被迫将这个城市中的所有人撤离。

　　"对于奥地利统治的激烈怨忿之火,长期以来被强大的武力勉强压抑,如今已经熊熊燃烧,从意大利的一端燃到另一端,一场大规模讨伐誓把奥地利人赶到阿尔卑斯山另一端。在伦巴第人民的呼吁,以及大臣和子民的敦促下,撒丁①的国王加入了这场战争,帮助驱逐奥地利军队。人们告诉他,假如不这么做,那么他可能会被迫退位,在他的领土上很可能会建立一个共和政权。在这些压力之下,他屈服了,当然个人野心也是动因之一。去年夏季,当撒丁国王在政府中推动改革时,奥地利驻伦巴第军队威胁会进行攻击,阻止这些内部改良,英国政府向奥地利政府发出抗议,奉劝他们不要采取此类攻击。因此,撒丁国王似乎打算主动对奥地利发动攻击时,身在都灵的英国官员没有等待指示,出于自己的责任,对他认为都灵政府将要做出的决定提出坚决反对,因为他来不及征求意见并等待回复。他的行为得到了支持,最新指示传达到他那里,与他采取的策略并无二致。但是不难预料,如此做出的抗议无法与造成这一局面的强大动因分庭

---

① 撒丁王国(Sardinia):14 世纪早期至 19 世纪中期位于欧洲南部的国家,是意大利王国的前身。下文中提及的皮埃蒙特(Piedmont)即为撒丁王国的一部分。

抗礼,皮埃蒙特人的军队开始向伦巴第进发。抗议和辩论失败了,英国政府当然可以更进一步,或许暗示参与这场战争,支持奥地利,反对皮埃蒙特人的意图,但是如此积极的干涉意味着迈出重大的一步,或许与英国民意不一致,或许得不到议会的支持,最大的可能是,或许会导致法国帮助意大利,从而将整个欧洲卷入战争。因此,我们只能袖手旁观。

"阿伯克龙比(Abercromby)先生在都灵抗议,乔治·汉密尔顿(George Hamilton)爵士也在佛罗伦萨提出了类似抗议,还有在那不勒斯的内皮尔(Napier)爵士,但是结果也如出一辙。民众的激情和民族仇恨实在太强烈,遥远的外国势力根本无法控制;驻意大利的英国外交官得到指示停止抗议,因为经验告诉我们抗议只是无用功。最后,奥地利政府明白我国政府心有余而力不足,对奥地利爱莫能助,只得派德·胡梅劳尔先生(M. de Hummelauer)前往伦敦,要求大不列颠在皇帝和意大利臣民之间斡旋,争取双方和解。我对胡梅劳尔先生称,英国政府很高兴承担这项任务,假如奥地利能提出目前情况下让意大利人心悦诚服的条件。胡梅劳尔先生的第一个提议是,伦巴第应该成为一个奥地利公国,由一位大公领导,大公之上是作为宗主的皇帝,而威尼斯应该保持原本的地位;考虑到这一安排,伦巴第应该承担一部分奥地利的经济负担。我立即回复道,如果是去年秋天,伦巴第人民一定会满怀欣悦和感激之情接受这些条件,但是如今时过境迁,意大利人一定会当即拒绝。胡梅劳尔先生完全赞同这一观点,他说他自己也这么认为;但是他受命做出这个提议,只要这么做,他便完成了自己的使命。接着他提出了第二个提议,即伦巴第应该由奥地利解除附属关系,随它自行其是,但是应该承担奥地利帝国的一部分经济压力;而他对伦巴第提出的第一个计划应该适用于威尼斯。我说这个方案可以提交内阁考虑,当然我没法预测内阁的决议。如我所言,这个提议只能是提交给内阁考虑;但是无论多么希望奥地利政府能够保持强大和领土完整,他们并不认为我们能够以这些条件为基础帮助双方进行调解,因为在他们看来,意大利人没有任何可能接受这样的条件。但是我告诉胡梅劳尔先生,假如奥地利政府的观念和观点认为可以开启与意大利人的协商,不仅放弃伦巴第,而且放弃威尼斯领地的某些部分,都可能在双方之间取得共识,与此同时,作为让步,奥地利将获得经济补偿,我们相信在这个基础上也许可以解决争端,也非常愿意为这样的协商出一分力。

"胡梅劳尔先生回答他无权接受,但是另一方面,他也认为自己无权拒绝这样一个方案;他立即将这一提议反馈给本国政府,提交决策者考虑。然而,他私下向我透露,他考虑在途中前往巴黎,征求法国政府在此问题上的意见,但是他说在这方面会考虑我的意见;我建议他直接回到自己国家,不要将法国政府拖进这件事中,直到他受命如此。我没有得到回复,但是从庞森比(Ponsonby)勋爵那里得知,奥地利政府希望能直接开启与伦巴第政府的公开协商,而不受其他国家的干预。

"在这样的形势下,我觉得应该给阿伯克龙比先生一些指示,因此我准备了上月23日的指示文件。我在文件中说,假如奥地利能够保留威尼斯,对它自己有益,且征得相关各方的同意,那么英国政府将很高兴看到这样的安排,因此阿伯克龙比先生不应该为这一解决方案制造障碍;然而,我认为法国共和政权已经宣称反对这一方案。另一方面,阿伯克龙比先生受命不得鼓励撒丁国王抛弃威尼斯人,因为除非这符合他自己的目的和利益,否则他不会这么做,假如他因为这些动机如此行事并遭到意大利人的谴责,他会把责任推给英国政府,事实也是如此,因为他为了自己的个人利益抛弃了民族事业,如此一来英国将失去在意大利的影响力,而这种影响力本是持续行善和阻止他人作恶的途径。因此,阿伯克龙比先生不应以任何方式趟威尼斯国的浑水,除非威尼斯人自己要求他这么做。在这样的情势下,关于意大利事务,我们采取的一切政策方针都是完全光明正大、完全正当,可以公之于众的。

"有人将意大利和石勒苏益格①相提并论,但是对于大不列颠来说,两者之间存在关键的差异。在石勒苏益格,我们已经得到双方认可,成为调停者,而意大利战争却是完全不同的情况,参与调停的政府或许有正当理由敦促双方暂停战争。在石勒苏益格事件中,英国王室给出了条约保障,假如调解不成功,以丹麦对此的诠释,大不列颠将被迫成为战争中的一方。但是阿伯克龙比先生受命向都灵政府提出抗议,假如萨沃伊(Savoy)出现动乱,假如法国帮助叛乱者,该政府用以解释自己进军伦巴第的原因或许会使它遭到反噬;我不记得我们曾在石勒苏益格事件中对普鲁士政府发出过如此严厉的警告。有人注意到我在最近一封书信中向本森骑士(Chevalier Bunsen)指出,在没有元首同意的情况下,没有任何新的领地或者属国能够加入德意志邦联②。有人认为这与提议的伦巴第和皮埃蒙特融合相矛盾。但是德意志邦联在形式和实质上是一个独立国家的联盟,而不是一个单一的国家,因此,在它的实质和特点没有彻底改变之前,没有其他国家或领地可以被包括在邦联之内,除非该领地或国家的元首正

---

① 石勒苏益格(Sleswig):位于南日德兰半岛上的公园,德国和丹麦都认为该公国属于自己的国家,由此而发生了数次战争。
② 德意志邦联(German Confederation):指 1815 年德意志各邦组成的联盟,组织松散,各邦保持完全的主权。1866 年普奥战争后瓦解。

式同意并入现有的邦联。在邦联的聚合和团体能力中，不存在属于联盟的普遍意义的国家，假如联盟打算征服任何领土，希望将其纳入联盟范围内，那么根据目前情况，该领土必须属于结盟国家的主权之下，而且必须由这一国家自己，通过正式行为，加入属于联盟的领地之内。

"但是伦巴第的情况截然不同。这是一个国家的一个省份发起叛乱，并向另一个国家表示忠诚；前一个国家希望放弃主张，并将这一过程合法化，换取经济优势。关于海外影响力问题，有人说，越是强调这种影响力，越是为了获得这种影响力殚精竭虑，这种影响力产生的收益就越小，比如西班牙、葡萄牙和希腊。

"但是英国在西班牙的影响力是由上一届英国政府故意放弃的，我冒昧认为这是十分不明智的，我们将西班牙交给法国，并指示 H. 巴尔沃(H. Bulwer)爵士在所有方面听从法国大使的领导。摄政者维特多利亚(Vittoria)公爵向大不列颠寻求支持，因为他是个明智的西班牙人，明白英国在西班牙别无所求，只是一心一意希望西班牙独立和繁荣，但是法国政府的阴谋却得逞了，一个愿意牺牲国家独立换取个人利益的党派上台执政，从此以后，这个党派以夺取政权时运用的腐败手段和收获的支持来维持自己。放弃西班牙是我们为那个英法友好协约付出的部分代价，这一协约并未阻止关于大溪地的争端，最近《回顾杂志》(*Revue Retrospective*)发表的文章足以证明这个协约主要是用来欺骗和哄骗我们的手段，与此同时法国国王却在为自己的家族利益和政治野心筹谋。

"假如英国在西班牙的影响力仍然像 1841 年那样，当墨尔本勋爵政府下台时，很难想象会发生这两桩不幸的西班牙联姻，假如英国保留在西班牙的影响力，这两起令人惋惜的事件自然可以避免，对英国政府来说,为了保持这种影响力付出一些努力是完全值得的。

"说到葡萄牙,我认为正是因为大不列颠出于政策而非必要与法国和西班牙合作,运用自己的影响力和行动,才得以拯救葡萄牙女王和国王免于被迫退位的危险。即便我们政府的影响力后来没能消除其他影响,没能完全阻止葡萄牙女王偏离严格和忠诚的精神,那么这一影响力至少也是阻止葡萄牙发生新一轮动乱的原因之一。

"说起希腊,我认为这个国家的现状证明英国影响的消失或缺位会导致怎样的恶果,而不是证明创造和保持这种影响力毫无用处。没有哪届英国政府对希腊具有任何影响力,或者更恰当地说,对从奥索国王(King Otho)以来大多数雅典政府,或者还可以说,自从阿莫斯伯格伯爵(Count Armersperg)摄政结束以来。但是这种现象是因为我们施展影响力的空间有限。英国政府,无论由谁执政,总是建议奥索国王先承认宪政,当他因为动乱被迫接受时,我们建议他奉行他同意的宪法。但是这个建议总是令奥索国王不快,他对这一建议的反感得到了其他国家的支持,比如他最近常常从法国、奥地利、俄国、普鲁士和巴伐利亚政府收到表示支持的书信。

"当五个大国建议希腊国王随心所欲,而一个大国敦促他做自己反感的事,那么五国的影响占上风也不足为奇。但是这五个国家给出的建议和鼓励导致国王受到子民的怨恨,导致动乱和无序在这片土地上肆虐,导致这个国家濒临破产;而一个国家的建议假如得到实行,将让臣民依恋君主,在这个国家中建立和平和法律秩序,并将这个王国从经济危机中解放出来。"

某位友人曾告诉笔者一件有趣的轶事,证明当时巴麦尊勋爵的大名在意大利如何如雷贯耳。"你知道艺术家爱德华·里尔(Edward Lear)的那个故事吗?——有一天,他在阿布鲁奇(Abruzzi)漫步,穿过某座小城城门时被一个醉醺醺的宪兵拦住,要求他提供通行证,那人看了一眼通行证上醒目的'巴麦尊'几个字,连忙扯住他穿过镇长的街道,大声喊道:'我抓住巴麦尊了!我抓住巴麦尊了!'连最低级的那不勒斯军官都知道这个可怕的名字。"

巴麦尊勋爵时不时感到有必要在官方信件中使用强势的语言。1848年10月,由于在这一问题上受到挑战,他在一份公文中为自己辩护:"毫无疑问,用巴麦尊子爵提到希腊国王、已故巴伐利亚国王和法国国王时的那种措辞谈论国家元首是令人痛苦的。但是当重要的公共利益受到威胁时,我们不应隐瞒关键事实,而且他坚定地相信,他关于这三位君主发表的言论并无言过其实之处。考虑到其中一位,他恐怕自己所说的远不及事实那么耸人听闻,而且希腊国王的道德缺陷和智识缺点同样多。"

这样一个民族动乱的时期也对爱尔兰造成了不良影响,1848年,一些同情爱尔兰叛乱的美国人遭到逮捕,巴麦尊勋爵就政府这次行动写信给美国大使班克罗夫特(Bancroft)先生:

"不仅举行了私下集会,还举行了公开集会,目的众所周知,是为了鼓励爱尔兰叛乱,将爱尔兰从英国领土中分裂出去,从而分裂大英帝国。同样令人发指的是,这些组织和公开集会中不仅有爱尔兰移民,还有很多出生于本国的美国公民,确实,这些阴谋者策划颠覆英国的和平,而英国与美国具有友好的邦交关系,我们有充分的理由相信,这些被发现的阴谋家,出于许多显而易见的原因,或许并不希望如此泥足深陷。众所周知,美国的这些阴谋家派人前往爱尔兰,帮助他们组织叛乱,为叛乱者提供金钱、武器、弹药和活跃的间谍。其中一部分武器和弹药事实上已经被扣押了,将被征服没收,一些间谍遭到逮捕,必须按照他们的罪行付出相应代价。女王陛下的政府十分理解美国宪制政府的困难,并且相信总统的权力非常有限,无法充分地压制和反对上述事态,因而我国政府并未向美国政府施压或提出抗议,若非如此,在这样的情势下,两国政府的友好关系与这种状况恐怕是难以共存的。但是,另一方面,美国政府不应误解,关系到个体,女王陛下的政府将诉诸一切预防和抑制措施,无论他们的国籍为何,因为在目前的形势下,这些人可能从美国来到爱尔兰;假如有美国公民因为无辜原因选择在这一时期前往爱尔兰,他们需要做好心理准备,就像出于好奇进入战场的人一样,他们将不可避免地卷入一系列纷争中,本意是针对另一类人的措施难免被加诸他们身上。但是女王陛下的政府对任何误会都深表遗憾。爱尔兰政府将以最快的速度表明立场,并纠正此类错误。"

1849年3月,我们发现他如此谈论英国的道德影响力:

"我说,与可敬的绅士相反,这个国家在大部分外国势力中并不受待见——这个国家的国格很高——英国的道德影响力很大——我认为这种道德影响力并非政府创造的,而是建立在英国这个国家的良好判断力和明智而开明的作为之上。英国在这些事件中的所见所闻深深震撼了欧洲其他国家,并且撼动了他们古老体制的根基,而这个国家却坚持自己古老的地标,傲然矗立着:

> 巍然屹立,坚韧不拔,
> 抵御一切诱惑

这给了其他国家对政府的信心,也给了人民对祖国的信心。当其他君主的基业纷纷被撼动,英国毫发无伤地屹立着,它的安然无恙给了其他国家信心。他们发现英国政府与其他国家不同,它为了自己的生存而奋斗,并且积极捍卫自己,免受日常危险的侵害。他们看到英国宪政与国家精神一致,也明白它代表了谁的利益。他们知道它的建议是值得听从的;它的建议得到重视和尊重,而不是被傲慢地拒斥,就像那位可敬的成员希望的那样。"

1849年6月12日,因为违反将国际争端提交仲裁的原则,他在下议院同一次会议中表达自己的观点:

"我承认,并且认为这个国家的路线非常危险,因为英国拥有得天独厚的政治和商业环境、海洋资源和殖民地,在世界各国引起如此强烈的嫉妒之情;此外,英国是举世无双,真正不偏不倚、公平公正的仲裁者。也没有哪个国家像英国一样,会不惜牺牲重要的商业利益,真正做到毫无偏见公正严明,只有英国具备这样崇高的责任感。"

作为对科布登先生的答复,他称自己赞同他以及他所代表的那些人的观点,他对战争感到深深的憎恶:"我可以描述各类战争多么恐怖。我不会深入这些陈词滥调,每个将战争的灾难与和平的幸福优势进行对比的人都应该一清二楚。我想在这个国家每个人都为和平幸福赋予最高的价值,相信每个人都将不遗余力地拯救自己的国家免受战争的灾难。在英国和整个欧洲,每个人都应该明白,在座的所有人,以及我们所代表的广大人民,都对维持和平有着诚挚和真切的愿望,明白这一点是有用的。但是我们不希望给人留下这样的印象,我不希望给任何地方的人留下这样的印象,无论是国内还是国外——虽然英国热爱和平,对于维护和平有着迫切而坚定的意愿,但是英国人的武勇精神并未死去,这是全然错误的印象;英国始终时刻准备着抵御侵略,反抗伤害;它永远不会侵略其他大国。事实上,对于和平利益,与之相反的观念占上风才是危险的。我无法想象,有什么比这种错误观点更容易危害我们与其他国家的和平关系:让别国认为我们如此热爱和平,以至于不敢发动战争,因为英国对战争有着根深蒂固的憎恶,它遭到侵略也不会反击,只会束手待毙,因此对英国人民发动侵略和伤害可以不受惩罚、全身而退。"

不久之后,他再次谈到了同样的效应:"我无法谴责深谋远虑的未雨绸缪,这是无法在短时间内达成的,而且假如我们需要保护自己免受外国侵略,这也是不可或缺的——假如其他国家知晓,这些举措说不定也会成为刺激和诱因,导致它们先下手为强,对我国做出一些错误的事情。我认为一个明智而谨慎的政府应该逐步为万一开战做好准备,前提是避免对国家造成太大压力,假如战争不幸发生,必须要提前准备好战略物资,应该避免无用地增加人力,但是紧急状况发生时可以随时迅速集结军队,只需很短时间,他们就能像经过长期军事训练一样高效。"

1849年,匈牙利试图摆脱奥地利的缰锁,假如俄国没有为奥地利提供援助,那么匈牙利很可能实现目标。叛乱受到血腥暴力的镇压,叛乱者遭到最令人发指的残酷对待。科苏特(Kossuth)和其他匈牙利人逃亡土耳其,当奥地利和俄国联合要求他们投降时,巴麦尊支持苏丹拒绝服从他们的要求。然而,直到两年后他们才被苏丹释放,得以来到英国。与这些谈判相关,巴麦尊勋爵采用源自职业拳击赛场的意象形容自己的工作,这位外交大臣对这项运动并不陌生,这也许也是大众媒体会采用的。他说:"在这场斗争中,我们需要许多明智的握瓶动作。"这句话很快被《重击》(Punch)杂志紧紧抓住并利用,收到了良好的效果。

这次,他站在奥地利的立场上,详细陈述了自己的观点,谈到英国在维持最模糊也最昂贵的外交实体"势力平衡"时所应扮演的角色。"有更高和更广的考量,应该让奥地利帝国成为每个英国政治家担忧的问题。奥地利是欧洲势力平衡中最重要的元素。奥地利位于欧洲的中心,能隔绝一方的侵蚀,也能阻挡另一方的侵略。在我看来,欧洲的政治独立和自由与奥地利作为一个欧洲强国的完整和独立息息相关。因此,但凡有一丁点可能,任何想要直接或间接削弱、挫败奥地利,将它的地位从一流大国降为二流的企图,对欧洲来说都是一场巨大灾难,每个英国人都应该反对这种企图,并努力加以阻止。有人说,长期来看奥地利并不是欧洲自由派喜欢的政权,这完全正确。奥地利追求的政策,在欧洲大陆大部分人的眼中,已经成为进步的障碍。不幸的是,这种情况反而使它相应地成为一部分人喜爱的对象,听闻支持奥地利的宣言时,我会提醒奥地利政府别太相信这些声明。它不是英国在战争中古老的盟友——它在欧洲中央并不是抵御对势力平衡的破坏的途径——它是抵制政治和社会进步的符号——正是因为这种能力,奥地利赢得了一些政治家的青睐。我不应该在奥地利政府和匈牙利民族之间传递评判。我说匈牙利民族,因为我坚信,在奥地利和匈牙利的战争中,匈牙利一方获得了那个国家全部的心和灵魂。我相信与马扎尔人(Magyars)截然不同的其他民族忘记了他们从前的世仇,大部分人投身他们眼中的伟大民族竞争。的确,匈牙利在过去的几个世纪中,曾经因为王室与奥地利联系在一起,但是它完全独立于奥地利,并且与之截然不同,有着自己完整的制度。这种制度有很多不足,但是不久以前其中部分不足得到了修正,它不是欧洲大陆唯一一个易受进步影响的制度。在制度本身的内部力量或资源中,或许存在自我改革的途径,或许有人曾希望这些进步能够取得成效。我认为,这个即将在匈牙利平原上引起斗争的问题应该这么看:无论匈牙利将维持它作为不同王国的民族性,保有自己的制度;还是或多或少融入一个属于奥地利帝国的集合政体。眼睁睁看着匈牙利步入一场充满危险后果的战争,遭到如此强大的阻力,实在令人痛苦,而引发战争的矛盾本来或许可以和平解决。对于欧洲来说,奥地利保持伟大和强盛极为重要;但是我们不可能自欺欺人,假如这场战争打响,那么奥地利一定会被削弱,因为假如匈牙利人获胜,他们的成功将让奥地利和匈牙利完全分离,显而易见,奥地利帝国的解体将阻止奥地利继续占据它在欧洲列强中的传统地位;另一方面,假如战争走向极端,匈牙利完全遭到更强势力的碾压,奥地利在这场战争中将失去自己的左膀右臂。每一片荒芜的土地都将是对奥地利资源的破坏,匈牙利阵营中每一个倒下的士兵都是帝国国防力量的损失。我们真诚希望,这场大规模战争可以由敌对双方签订某个和平条约而平息,一方面能够满足匈牙利人的民族感情,另一方面不在奥地利边境之内留下又一个更大的波兰。有人谴责我们干涉与我们无关的事务,并且大肆预测未来趋势而冒犯别的国家;但是结果证明,假如我们的意见被采纳,巨大的灾难本可以避免。过去正是这些政府常常说:"我们憎恨的人,我们不得不畏惧的人,是温和改革者。我们不在乎你们这些激进派的改革者,你们提出的暴力极端计划没有人愿意参与;我们害怕的敌人是温和派改革者,因为他是个能说会道的人,很难说服人们相信遵从他的建议会导致极端后果;因此让我们远离所有温和改革派,让我们防止迈出改革的第一步,因为这种改革可能会导致极端和天翻地覆。"

这些政府、这些欧洲强国,最终领会了坎宁观点的真相,即把进步当作革新而加以阻止的人,总有一天会被迫接受革新,而这时革新不再等同于进步。

"我曾说过,我们有责任在可能对其他国家造成直接影响的事件中采取主动,而不是隔岸观火,否则这些事件遥远而确定的影响会反过来对我们造成灾难性的效应;换言之,在国际交往的礼仪允许的尺度内,我们有责任陈述自己的观点,尤其是当有人征求我们的意见时,虽然在许多场合我们曾因为给出自己的意见而遭受谴责。这些意见应该建立在我国的经验基础上,我们的经验应该成为那些不幸国家的前车之鉴。与此同时,我随时愿意承认,我们的干涉不应达到威胁国家关系的程度。在一些案例中,如奥地利和匈牙利,一个国家在实行自己的主权时,恳求另一个国家的帮助;无论我们对这种情况多么遗憾,无论我们多么清楚这会引发巨大的危险和邪恶的后果,我们仍然无权以任何可能让本国陷入仇恨争端的方式加以干涉。我们理应做的是,尽可能抓住每一个机会,向对立双方提供友好和平的忠告。在近期欧洲发生的一些事件中,我们受邀进行所谓的"斡旋",参与其他国家的事务。尽管有人表示,在公众眼中这个国家十分低劣,以至于政府和人民都以蔑视的态度看待我们。当然,这种缺乏尊重的方式是特异的,不仅国与国之间的争端,国内政府和民众之间也有各种矛盾,我们受邀在别国事务中展开友好的调停。我们在这些事件中竭尽所能地完成我们肩负的使命。我曾听说过许多关于'虚假斡旋'的意见,如德国和丹麦的纷争中,但是这所谓的'虚假调停'最终带来了实实在在的初步条约,我希望很快会继之以长期的和解。先生,假如有人认为英国任何一届政府能够在世界任何一个地方激起革命运动,认为英国任何一届政府在确保和维持国与国之间的和平之外另有所图,而不是维护政府与民众之间的宁谧与和谐,此人必定是无知而愚昧的,我认为我国没有哪位政治家是这样的人,这会是个耸人听闻的新闻标题,但是让我震惊的是,这竟然成为我们议会中的演说主题。

"我们一直被告知,奥地利是我们古老的盟友。我们的耳朵里充斥着'盟友''盟国'等词,那些人或是不理解自己所使用的乏味表达方式,或是忘了他们使用的是个完全无意义的词,我指的是这些词通常的意义。为什么,到底什么是盟国?盟国是指一个由条约约束,必须采取一些政治或其他积极手段的国家。但是仅仅因为和我国保持友好关系而把一个国家称作盟国,是一种空洞的说法,因为这个词适用于世界上任何一个此时刚好不在与你作战的国家。但是奥地利一直是我们的盟国。我们曾在重大的欧洲事务中与奥地利并肩作战;而并肩作战的回忆无疑会在每一个牢记国家历史的英国人胸中激起尊敬之情,这是对并肩作战的强国的尊敬。"

与此同时,巴麦尊勋爵毫不掩饰自己对奥地利镇压匈牙利叛乱时采取的手段的憎恶。"奥地利人,"他在1849年9月9日的信中写道,"真是不配自称文明人,他们是最残忍的野蛮人。"1850年,以残暴而臭名昭著的海诺(Haynau)将军来到伦敦并访问巴克雷(Barclay)先生和佩尔金斯(Perkins)先生的啤酒厂,据称这个将军曾鞭打女性。他在那些地方遭到了货车车夫的攻击,最终被警察所救。在回应这位要求说法的奥地利人时,巴麦尊勋爵清晰而冷静地陈述了这一事件的关键:

"我国人民以对热情好客和一笑泯恩仇而著称。拿破仑·波拿巴,英国曾经最强大的敌人,在普利茅斯受到尊敬的对待,在圣赫勒拿(St. Helena)收获了同情。曾经与英国军队打过许多场战役的军人苏尔特将军(Marshal Soult)作为特使来到英国时赢得了慷慨的欢呼。法国国王、基佐先生、梅特涅,尽管他们全都是英国政策和英国利益的敌人,但是在这个国家均受到礼貌和亲切的对待。但海诺将军因为是个严重的道德罪人而受到鄙视;这种针对他的感情,与我们对曼宁斯(Mannings)表示的感情是一致的,唯一的区别在于,海诺将军的恶行规模更大得多,受害者也多得多。正当和可敬的义愤不仅属于英国。"

巴麦尊勋爵那些有点儿专横的政策在下议院受到了持之以恒的反对,尽管大多成员表示热忱的赞同。1850年,辉格党内阁就像后来的自由派政府一样,在上议院中有顽固的托利党大多数反对派,1850年6月17日,斯坦利爵士以37票大多数票成功推行了一项决议,并称:"对希腊政府的各种反对声明通过强制手段指向贸易和希腊人民,有失公正或者夸大其词,估计会威胁到我们与其他大国之间友好关系的延续。"作为回应,6月24日,罗伯克(Roebuck)先生在众议院发言:"女王陛下政府的外交政策原则是谨慎权衡,以便维持这个国家的荣誉和尊严,在前所未有的困难时期维护英国和世界各国之间的和平。"随后是为期两周的辩论,第二次巴麦尊勋爵发表了持续近5个小时的演说。演说中,他详细地为自己的整个外交政策进行辩护。犹太人、直布罗陀当地人唐·帕西菲克(Don Pacifico)在自己雅典住宅的开放日被一群希腊暴民洗劫一空,这群暴民的领导者是希腊战争大臣的儿子们。在这个案例和其他许多案例中,赔偿要求被践踏和蔑视,巴麦尊勋爵最终派舰队前往比雷埃夫斯(Piraus),扣押了几艘船舰。这场行动,以及随之而来的复杂国际形势,引发了争议。巴麦尊勋爵的演说标志着他事业中的一个全新时代的开始。现在看来具有重要意义的主要是我们引用的这两个段落。首先,他聪明地树立了自己的形象:

"然而,尊敬的准男爵(J.格拉哈姆[J. Graham]爵士)说西班牙事务持续了很长一段时间,并造成了灾难性的后果,因为随后发生了一系列涉及另一个国家——法国的重要事件。他说由于西班牙纷争和西班牙联姻,造成了英国和法国的分歧,导致了颠覆法国君主统治的严重灾难。这是又一个喜欢将重大国家问题缩减为微不足道个人分歧的例子。由于西班牙联姻导致我对基佐先生产生个人厌恶之情,颠覆了他的政权,以至于颠覆了法国的君主制!为什么,先生,如果法国听到这种说法会作何感想?法国是个睿智而高贵的国家,充满尊严和荣誉感。如果他们听说一个英国大臣有能力颠覆他们的政府和他们的君主制,他们会说什么?(喝彩声此起彼伏。)为什么,先生,这是对法国的毁谤,认为任何外国人与他们大臣之间的个人仇怨能造成这种效果。他们是一个勇敢、慷慨、富有高贵思想的民族;假如他们认为有针对他们大臣的外国阴谋——(长时间响亮的欢呼声,导致这位子爵无法说完这句话)——我说,假如法国人认为一小撮外国阴谋家针对他们的大臣策划阴谋,而且没有任何原因,只是因为他按照自己的理念维护自己国家的尊严和利益,假如他们认为这一小撮外国阴谋家在他们自己的土地上有帮手,为什么,我说这些法国人,这个勇敢、高贵和生机勃勃的国家,一定会蔑视这样一个阴谋集团的阴谋,也会对那个受害的大臣更为忠诚,为其提供更多支持。"

在第二段话中,我们看到巴麦尊勋爵一生中做出的最有效结论:

"我相信我已把这场辩论中针对我的所有谴责理清楚了。我认为我已经阐明了政府在所有受到质疑的事务中遵循的外交政策,从头至尾,我们都严格遵循这些原则——根据可敬的有识之士的决议,应该用以规范英国政府在外交事务中策略行为的原则。我相信,我们遵循的这些原则正是我国广大人民主张的那些。我相信这些原则是精心权衡的,为了保障英国的影响力能得到恰当的实施,涉及其他国家的命运,有助于维护和平、推进文明以及全人类的福祉与幸福。

"我并非抱怨将这些事务作为攻击女王陛下臣僚的手段的人们。毫无疑问,我国这样一个伟大国家的政府,是所有意见各异的人们远大的理想目标。能够引领这样一个国家的政策,影响它的命运,是一件高贵可敬的事;而在我发表这番演说的时刻,它更是当仁不让的理想。诚如这位可敬的准男爵所言,我们见证了欧洲全境的动荡——我们看到王位震颤、粉碎、夷平,制度遭到颠覆和破坏——几乎在欧洲每个国家,内战的矛盾用血淹没了大地,从大西洋到黑海,从波罗的海到地中海,这个国家为人民展现出壮观的景象,值得全人类欣赏。

"我们向全世界证明,自由与秩序可以并存;个人自由和遵纪守法并非不可调和。我们树立了一个国家榜样,在这个国家里,每个社会阶层都欣然接受天意赋予的命运,与此同时每个阶层中的每个个体都不断努力提升自己的社会地位——不是通过不公和错误,不是通过暴力和非法手段,而是通过坚持善良的行为,通过坚定而积极地发挥造物主赋予他的道德品质和聪明才智。统治这样一个民族确实是值得这片土地上最高贵的人竞相追求的目标,因此,我不会谴责那些人,他们只是想把握住每一个机会,努力向着如此显著而可敬的职位奋斗;但是请恕我冒昧,我们在外交政策中从未做过任何让这个国家失去信心的事。或许有时我们的所作所为不完全符合所有人的意见;而这一点是极为困难的,因为我们根据自己的个人经验都知道,在任何事中找到完全赞同自己观点的人都是非常困难的,因为他们或许不了解导致我们采取某种行动的所有事实、形势、理由和条件。但是,虽然我们承认人们正当而可敬的不同意见存在,正是这些意见共同决定了民意的方向,但是我坚持认为,在所有外交事务中,这些原则有迹可循,是我们一切行动的指导规范和指导精神,因此值得赞同。

"因此,我在这里无所畏惧地请代表一个政治、商业、宪制国家的下议院裁决，请它就眼前这个问题给出自己的意见——由于女王陛下政府的外交政策依仗的原则以及我们自身的责任感，我们认为自己有义务为国外的同胞提供保护，那么对我们这些有幸管理英国政府的人来说，这些原则是否是恰当和适合的指导原则？其次，请诸位判断，一位英国子民，在任何国家的土地上，是否应该坚信祖国关切的眼睛和坚实的臂膀将保护他免受不公和错误的侵害，正如很久以前每个罗马人只要说出'我是罗马公民（Civis Romanus sum）'，就可以免受侮辱。"

尽管遭到罗伯特·皮尔爵士和迪斯雷利先生的反对，伟大的演说家格莱斯顿（Gladstone）先生更是以最雄辩的演说加以反驳，但是"我是罗马公民"胜利了，巴麦尊勋爵保住了56票大多数票，朝着一个政治家理所当然的目标——英国首相职位——迈出了长足的一步。

第八章 最终离开外交部

1851年,罗素爵士和巴麦尊勋爵之间发生分歧,导致外交部归于格兰维尔(Granville)勋爵。巴麦尊勋爵在谈判中习惯不仅使用官方文书中的辩论作为武器,还运用大量私人或半官方书信,提出他自己希望推行的政策或是私人抗议。他曾说过,为了事情顺利进行,这种程序方式常常是必要的。"你可以站在自己的角度,"他写信给某位大使,"对国王或者大臣说,如此行事是符合他自己利益的。"这些写给海外英国大使的书信当然在官方通信中无迹可寻。取得同意的官方文书或许具有同样的一般论点,甚至使用同样的措辞;但是通常那封私人信件会以特别语气对我们的全权代表进行谆谆教诲,教导他们如何与外国大臣打交道,与提交给议会的蓝皮书中公开的内容并非严格一致。巴麦尊勋爵称,外交大臣应该获准以这种方式工作,这是必要的。

但是巴麦尊勋爵的一些同僚对他如此施加影响力非常妒忌,反对他发出任何未经内阁同意的书信,理由简述如下:"当一个人担任外交大臣时，他必须有能力为自己写的信负公开责任，如果以个人的身份写信，那么他就不应该以英国大臣的身份，假如他的写信对象是一名身在外国都城的英国官员，此人可能将他在私人书信中提出的观点当作官方意见，而他国内的同僚是不能为其负责的，他们甚至不知道这种秘密通信的内容。""无论是否作为外交大臣发言都一样。"怀疑巴麦尊勋爵动机的人说道。"不，我的私人书信可以软化公共事务，也可以阻止纷争，"巴麦尊勋爵斩钉截铁道，他将这种观念贯彻执行到最后。

然而，当政府中地位较低的官员未向他汇报就擅自行事，他会进行严厉谴责，即便是一些相对来说不那么重要的事务，比如公园建造计划。"我看到许多人围起一块块草地便开始种植，"他曾对公共工程委员会(Board of Works)的领导写道，"草地是让公众走的，我作为政府的首脑，不同意你们限制他们享受草地的权利。"但是担任首相期间，他从来没有谴责任何同僚写信消除国外的误解；他一直认为私信和非官方谈话及抗议在运用得当的情况下，常常可以取代任何官方文书，消除摩擦和误解。

由于这个习惯，他可能易于采取过分独立的路线，并且自行其是，而本来这些事务应该经过同僚们的同意。不难想象，这种习惯可能会变本加厉，几乎每次都会导致冲突。女王和亲王[1]非常关注外交事务，他们多半无法赞同巴麦尊在提交给他们的公文草稿中对他们给出的建议完全漠视。罗素爵士的抗议和女王本人的备忘录没有任何明显效果。不仅如此，毫无疑问，1851年他的老相识路易·拿破仑发起军事政变时，他行事过于草率。巴麦尊在书信中将之与巴黎新

---

[1] 亲王(Prince Consort)：指女王的丈夫。

政府对比,如果他的信提前给内阁过目是无法得到批准的。我在这里给出他自己对这封信的总结,以及导致他写下这封信的动机。

"说我对总统所作所为给予完全的赞同误解了我的本意,言过其实了……我对这一严重而重要的问题是这么看的,总统和国民议会之间的敌对关系如此坚决,不难预料他们无法长时间共存,任一方都在计划着颠覆对方;不是想着发动攻击,就是相信他们的计划只是出于自卫;目前的一些形势似乎支持这一假设,即那个星期议会试图对总统发起打击并将他赶下台。现在,在我看来,在总统和议会之间,如果总统能占上风,法国的利益以及受其影响的欧洲其他国家的利益将得到更好的保护,议会取胜则不然,法国储备资金从91增加至102,这一大幅增长,加上一般贸易的突然增长,似乎证明了法国人民普遍持相同意见,之前发生的事情激励着这个国家,让民众充满自信,而这是他们以前所不具备的。事实上,一言以蔽之,我们只需看看双方若是获胜将给法国带来什么就知道了。

"总统不得不结合权威和目的,为整个反无政府主义军队提供支持,以便维持秩序。议会必须在内部进行分工,军队中是如此,很可能发生的内战中亦是如此,在这场内战中,无政府主义者将获得巨大机会和资源,将自己的破坏计划付诸实施。假如议会有较为合适的领导人人选推荐给这个国家,取代路易·拿破仑,那么他们依据自己的观点和偏好颠覆总统,或许是作为真正的爱国主义者行动。但是他们能提出的人选不过那区区三个人。第一,亨利五世①,他代表了正统原则,并且在法国拥有一个忠诚而客观的党派;但是这个党派仍

---

① 亨利五世(Henry V,1820—1883):他是波旁王朝复辟时期的国王查理十世(Charles X)的孙子,是保王党的拥立对象。

旧是法国的少数派，少数派是无法统治多数人的。第二，他们或许会推举巴黎伯爵①，然而他只有12岁左右，还需要6年时间才能满足摄政条件，而且由梯也尔担任首相，不是处于当前形势下的法国可能接受的。第三，他们或许会推举茹安维尔亲王②担任总统，或者由三位将军组成政府委员会，但是这些安排都无法被全国民众接受。所以，议会的胜利无论如何都将导致内战，而总统的胜利则保证了重建秩序的希望。"

"总统和议会之间针锋相对的敌对关系部分是1848年局面导致的后果，双方的错误都有责任，但是主要错在议会方面。我们或许可以安全地断言，像法国这样一个中央集权，与联邦、共和政府对比鲜明，并且拥有强大军队的国家，政府的首脑并不是像华盛顿那样无足轻重的职位，而是一个伟大的元首，对整个国家有着至关重要的影响，为这样一个如此结构完善和明智的共和国做出上述安排，在政治上是不可能的。但是1848年的局面极大地扩大了普遍的不可能，事实上将马拉斯特(Marrast)先生和托克维尔(Tocqueville)先生的所作所为称作"瓦解"更贴切，而不是构建，因为他们将法国的政治组织推向了无政府的边缘。在众多缺陷中，我只需提一点，这种政体中存在两股强大的势力，两者都来自同一源头，如果没有仲裁者进行裁断，几乎肯定会发生分歧，也没有任何合法手段让其中一方摆脱另一方；更无需赘述，导致关系破裂产生的这一问题早晚会导致冲突，极可能带来暴力。宪法中包含一个条款，同一个人不能两次当选总统；即法

---

① 巴黎伯爵：指法国国王路易·菲利普的孙子。
② 茹安维尔亲王(Prince de Joinville, 1818—1900)：他是法国国王路易·菲利普的儿子。

国在一届任期结束后,不能选择他们偏爱,并认为最适合领导他们国家政府的人担任首脑。我们似乎有一切理由预测,这个国家大部分人都会重新选举路易·拿破仑担任总统,并且绝大多数顾问请愿修改宪法,尤其是这方面的条款。但是1848年的另一条规定横加干预。修改宪法的决议必须得到一定比例议会议员的同意,而议会中大多数人不愿意给予批准。

"普遍意见认为,真正的冲突将推迟至明年5月,但是双方采取的措施使它更快来临。议会恢复普选的提议显然旨在确保他获得压倒性的大多数选票,让议会无法将他的当选置之不理。议会则试图通过各种手段避免这一计划或实际实施。其中一个举措是推出一项法律,规定惩罚投票给不符合资格候选人的选民,但是我相信这个计划不会真的实施。另一个计划是所谓的问题提议,将一部分军队划归到议会领导下。这个计划事实上已经被否决了,但是这表明了提议者的企图。接着又有人提议,宣布试图获得连任的现任总统犯有严重叛国罪,这项法律假如通过,显然将让总统受议会摆布,除非他可以依靠足够军队与划归议会麾下的军队斗争。有人说,假如这项法律能够实施,议会中大多数领导人打算立即当场逮捕总统,并尽力将他送往万塞讷(Vincennes),这些成员包括几位官员,其中有战争大臣,我不知道这是否是真相……不过在我看来,如此假设是合理的,路易·拿破仑如此行事或许存在各种动机。毫无疑问他野心勃勃,而且有着根深蒂固的信念,认为自己命中注定将统治法国,众所周知他从年轻时就是如此。但是他在如今法国社会可悲的状态下,或许感到自己比对手更有能力促进国家的利益,没那么大野心的人在他那样的处境下或许也会有同样的想法。他的动机很大程度上取决于他能够援引的证据,这些证据能够证明他当时是出于自卫,并且合理地预测打击迫近。"

对方立即对此做出显而易见、斩钉截铁的回答——引起争议的问题并非他的判断或者背后的理由，而在于他没有征求内阁和女王的意见就给出了自己的观点。巴麦尊勋爵回答道，假如一位外交大臣只有事先请示内阁才能和大使通气，那么这种充当外交机器润滑油的友好交流便不复存在了。约翰·罗素爵士对此的答复是一封简略的书信，他请求女王陛下物色巴麦尊勋爵的继任者。

格雷勋爵的一封关于巴麦尊被革职的书信表明，尽管埃利斯（Elllice）先生前一年曾断言，格雷勋爵永远不希望看到巴麦尊勋爵留在外交部，但是他的感情发生了变化，或者也许一开始的说法是错误的。无论如何，1851年他的言辞非常热诚：

1851年12月23日

我亲爱的巴麦尊，我昨天在内阁得知你从政府中离任，忍不住给你写信，表达我对你的深刻关切之情。我完全没有想到竟会发生这种事，直到兰斯唐勋爵星期天在格兰奇说起你本人和约翰爵士的通信，以及召开内阁会议讨论这件事。即使在那时候，我也不认为这件事如此严重，直到在内阁听到你们的书信内容，我才发现事情的严重性，我也未曾料到最终会以你的离任解决这一矛盾。尽管在内阁中，我有一两次曾公开表达对你采取的某些行动的遗憾，但是我有更多机会对你领导这个重要部门过程中表现出的活力和能力表示钦佩，我也知道你为维持这届政府做出了多大的贡献；我曾不止一次感到，从个人角度而言，我得到你的许多支持。我对这次发生的事感到十分遗憾。假如没有发生1845年12月的那件事，我或许不会给你写这封信，然而，当时我们所处的形势让我认为有必要反对您担任外交大臣。但是在我看来，与您友好地共事五年半之后，写这封信是正确的举动，我希望您相信，作为同僚，我得到了您的公平对待，我为发生的一切深感遗憾，并向你致以问候和敬意。

您忠诚的，
格雷

巴麦尊勋爵在回信中写道：

我亲爱的格雷，非常感谢您亲切而友好的来信，我能够以巨大的快乐和真诚证实您所说的一切，我们并肩在内阁中工作五年半，1845年12月的分歧从未对我们的关系造成任何影响，无论在公在私，我们的交往都十分友好，仿佛那件事从未发生过。我现在对您说的，正是我常常对别人说的。

巴麦尊敬启

这位强大外交大臣的"陨落"在英国和欧洲大陆都造成了巨大的反响。当天《审查者》（*Examiner*）节目上的片段总结了大部分民意：

"显然他的挚友和欣赏者常常希望他书信的风格不受诟病。很少有掌权的重臣像巴麦尊勋爵那样，在离任后受到如此普遍的赞赏。他的夕阳比别人的日出更为辉煌壮丽。"

在这章的末尾，我们将提到一个有趣的例子，证明巴麦尊勋爵如何坚决将自己的观点传达到"合适的角落"，无论政府中的同僚如何看待这一行为。他的行为或许会招致赞同，也可能招致谴责。这件事发生在澳门。夏日的一天，太阳高高挂在天空中，港口晴空万里。

城中是熙熙攘攘的当地人和"外国恶魔",因为庆祝节日,一支宗教队伍将从街上通过,大教堂中将举行大弥撒,演奏震撼人心的音乐,举行庆典。钟声齐鸣,从每个尖塔传来混乱的吟诵声,钟塔下是城镇建筑,沿着倾斜的土地一直延伸到水边,布满影子的街道上人潮汹涌。港口停泊着一艘大不列颠女王的护卫舰,指挥官是凯珀尔(Keppel)上尉,这位勇敢的军官现在是哈利爵士、海军上将。消息很快传到凯珀尔船长的耳中,称缓慢沿着倾斜的道路往上方教堂前进的游行队伍中发生了一起不幸的事件,队伍中有手持圣饼的教士,包括总督在内的地方官员作陪。

  一个来自上海或广东的年轻英国牧师,或者只是乘坐过路蒸汽船的乘客,恰好来到街上。一队身穿华丽庆典服装或制服的教士、随行者、高级教士和官员从他身边经过,当神圣象征从他身边通过时,此人没有摘下帽子鞠躬。他遭到了拘捕,恐怕会被送进监狱。当外国人损害"英国人"的尊严时,凯珀尔和巴麦尊一样喜欢表达自己的观点。于是,在甲板上狠狠地跺了几次脚之后,他下令让官员们立刻出马,要求总督解释为什么拘捕这名英国教士,并暗示必须立即将他释放。中尉受命前往,带着总督的一个下属回到船上,这名下属用手势向凯珀尔解释什么能做,什么不能做。船长说他不能与总督的下属谈判,因为他,这位英勇的船长,是女王陛下的代表,并且在这个港口指挥着女王陛下的战舰,总督想说什么必须由他自己亲口说。

  那位下属只得回去复命,他的长官总督阁下很快亲自来到岸边,坐着船划向英国战舰,他看上去很愤怒、很傲慢,但是穿着很精美的制服,旗帜在船尾的旗杆上飘扬,他的船员们身着差强人意的白色服装,所有人看起来都激动而尴尬。总督一行踏上英国战舰的甲板,双方互相鞠躬示意,接着,众所周知个子虽不高,气势却过人的船长,用轻蔑的态度俯视高大消瘦的外国官员,问他是否将女王陛下的一个子民关进监狱了?肌肤黝黑、胡须深暗的总督非常激动,他看着那位英国指挥官红润的脸色和浓密的眉毛,激动地解释道,很不幸那名年轻的英国人不仅对教会不敬,也对他本人——总督——无礼,他触犯了法律,因此他们采取的措施是无法避免的,出于同一目的他们还将做更多。总督理所当然地以为,在这番慷慨陈词之后凯珀尔的眉毛会纠结成一团。相反,这对眉毛衬得那双蓝眼睛的神情更为犀利,军官发出了命令:"这并不能让情况变好——这个人必须马上获得自由。"接着所有外国人都有样学样地耸了耸肩,大声嚷嚷着释放他绝无可能。凯珀尔保持沉默,吵闹声停止后,他掏出自己的手表说:"现在,先生,您回岸上去,假如您上岸20分钟之内不释放此人,我就亲自上岸释放他。"第一个命令没人反对,但是对于第二个命令,总督再次回答不可能。官员的船回到城里。20分钟过去了。没有任何反应。凯珀尔的海军和蓝衫军在甲板上严阵以待。他们坐上小船,划到岸边,竖起刺刀。

他们登陆时没有遭到阻拦。当地军队显然毫无准备,根本无法阻拦。那些人在码头上排成行,留下一名守卫看着船,凯珀尔走在这支小纵队的最前面,迅速穿过街道,径直走向监狱。人群开始骚动;各个角落和狭窄的通道中喊叫声此起彼伏,人们争先恐后、你推我攘。不久之后,他们看到了露天市场对面的监狱。那里的人们惊恐万状。监狱长的女儿拿着钥匙飞奔下楼,把钥匙从窗户丢给最近的一个士兵,她如此惊恐慌张,以至于在扔钥匙时失去平衡,连人带钥匙一头栽倒在他怀里。接着门被打开了,立志殉道的年轻英国人重获自由,他毫发无伤,昂首阔步走到岸边,安安稳稳地上了船。没有发生什么事故,尽管总督火冒三丈,民众群情激昂。这一事件的风声当然传到了英国国内,下议院中一些缺乏幽默感的朋友们自然把总督大人的事情当成了自己的分内事,当时的海军部中凯珀尔这样的人并不多见,其中一些人或许很高兴有机会嘲弄一下与他们格格不入的人,他们向他发了一封正式的申斥信,谴责他的所作所为。巴麦尊勋爵当然对海军部的这封信一清二楚,当时他正担任英国外交大臣,命人将自己的正式书信与海军部的申斥信放在同一份邮件中,他在信中感谢了上尉在外国城市中坚定不移地保护和支持女王陛下臣民的英勇行为。几年后,巴麦尊勋爵推荐这位英勇的军官担任海军要职。

1850年1月,他写给兄弟威廉的书信让我们得以窥见巴麦尊勋爵处理公务方式上的一些特别之处,这些特点导致他与王室以及上级发生冲突:

"我们的打猎成果不好不坏,由于今年的繁殖季不太理想,前两年也是如此,拉姆西人的偷猎季雪上加霜。但是我带着猎狗出去打了三四次猎,打猎对我的好处胜过一切。本月最后一天,议会又要开始了。一开始我们很可能会遭到保护贸易论者的强大火力攻击,但是他们不能对下议院或者这个国家造成持久或确实的影响,他们也完全没有能力组成一个政府,即使允许他们这么做。你向拿破仑政府要求为内战中损失的两家商户提供补偿的申请怎么样了?我们命帕克上将(Admiral Parker)在离开勒旺海(Levant)回到怀瑟(Wyse)的中途前往雅典,重申一些搁置已久的要求,让希腊政府向各个时期造成的英国公民损失做出补偿。当然你在得到确切消息之前什么也不要说;但是当帕克访问雅典的消息传到那不勒斯后,你或许可以私下里向拿破仑的大臣暗示,帕克或许会受命出于类似的目的访问那不勒斯,你这样说不是因为上面的指示,而是出于你自己善意的意愿，希望避免那不勒斯发生不愉快的事件；那不勒斯政府最好心甘情愿做出补偿，以避免这一切，在这种情况下他们会发现这是最好的政策，尽管有点儿勉强，也稍微损害了国王的尊严；在任何情况下，我希望在这些事务上你能按照我前几个月写给你的信中的指示行事。"

这封信显示了巴麦尊勋爵本人常用，并且反复灌输给他的下属的一种手段，即私下里非正式的发言，尽管发言者或许是官员。严格意义上的官僚主义者或许会说："在职位上，你必须只以自己的公共能力发言；假如你或多或少地在私下场合发言，而不是得到准许在公开场合发言，你就以这种或那种方式背叛了赋予你的信任。"但是巴麦尊勋爵总是坚持认为，一位有时以私人身份发表言论的大臣无可厚非，仅仅充当政府的喉舌是不够的。他曾说过，这么做能向外交机器中注入润滑油，让它运转得更顺畅，但是他自己的例子证明，无论这种做法能否让外交更顺畅，它显然会造成与同僚之间的摩擦。

《格雷维尔回忆录》(*Greville Memoirs*)中的两三个片段证明了巴麦尊处事方式中的一些特点：

"我和波瓦尔(Beauvale)谈了很多，尤其是关于巴麦尊；他告诉我一件关于后者的轶事，这件事体现出这个人的特点和多难对付。西班牙事务甚嚣尘上时，波瓦尔身在温莎，有一天他和亲王共处一室时，巴麦尊的公文草稿恰好送到约翰·罗素爵士手中，他希望把草稿给亲王看，然后再提交给女王批准……其中有一个段落称，'蒙庞西耶女公爵(Duchesse de Montpensier)的孩子们登上皇位是西班牙宪法所不允许的。'约翰爵士说他认为这段话应该删去……(亲王、波瓦尔和女王表示赞成。于是这段话被删掉了。)修改过的公文发回给巴麦尊；但是当声明公布时，众人发现巴麦尊又把这段话加了回去，就这样发了出来。后来发生了什么事我就不知道了，但是很显然这段话全都在,总是如此。"

接着,在1849年,格雷维尔又写道:"在过去的几天中,关于巴麦尊勋爵对外交事务的处理,又引起了新的困难,因为他一直让女王、他的同僚们、他的朋友们,以及整个党派处于水深火热中;这次他似乎严重冒犯了别的国家,如此严重,以至于对方要求他正式道歉。然而约翰爵士下定决心在议会中捍卫一个不时给他造成麻烦的同僚。"

格兰维尔勋爵继任了外交大臣一职,格雷维尔描述了巴麦尊勋爵如何对待自己的继任者格兰维尔伯爵,这段文字比任何材料更能证明巴麦尊勋爵如何面对逆境:

"昨天格兰维尔和巴麦尊相处了三个小时。巴麦尊以最诚挚的热情和亲切态度接待了他。'啊,你好吗,格兰维尔?好吧,你获得了一个有趣的职位,但是你会发现这份工作很辛苦;要处理目前的事务,每天七八个小时的工作时间是必不可少的,除此之外,还有额外工作和议会的工作,如果少于这个时间你就欠债了!'接着他从头开始讲述我国外交的历史,向他提供各种信息,甚至建议;说起王室,他毫无怨恨,并且用热切的言辞提到女王的'英明',最后他希望,格兰维尔需要任何信息或帮助时,随时去找他。无论以后如何,他的行为非常值得赞赏、非常明智、非常绅士、得体、有尊严。"

第九章 陷入战争

巴麦尊勋爵不久后就对约翰·罗素以牙还牙。1852年2月,他为《民兵法案》(Militia Bill)提出了一项修正案并实施,约翰·罗素提交了辞呈。"辩论的鲁珀特"德比伯爵①接着组织了他第一个领导班子,本杰明·迪斯雷利担任财政大臣。接着议会解散,巴麦尊勋爵前往蒂弗顿并当选。他没有遭到反对,第五次官复原职,他在蒂弗顿当选议会成员。在竞选日面向选民发表长篇演说时,他称自己遭到一个有着特殊原则的对手的反对威胁。"我假设我指的是完全独立于常识、正义和慷慨大方的原则……我记得曾听闻,在皮特的时代,戈顿公爵夫人(Duchess of Gordon)曾听一位老政治家说起过自己的蠢事,'真的,夫人,我觉得自己变成了一个老妇人,'而公爵夫人回答道,'我很高兴听到这话,真的,我真诚地认为您变成了一个老男人,

---

① 德比伯爵(Earl of Derby):即爱德华·史密斯-斯坦利(Edward Smith-Stanley,1799—1869),1852—1855年出任英国首相。

这糟糕得多。'现在我要说,任何这么告诉你们的人都是老男人:因为你们在诺曼征服之后不曾遭到过侵略,所以将来也不会遭到侵略,并且也不需要未雨绸缪。"

1852年的大选中,德比伯爵并未获得多数票,迪斯雷利的第一笔预算导致了他的失败。一边是约翰·罗素爵士,一边是巴麦尊,作为双方的妥协,阿伯丁勋爵被托付了组成自由政府的使命,巴麦尊同意接受内政部的职务,格莱斯顿担任财政大臣,约翰·罗素爵士则成为外交大臣。1852年12月24日,巴麦尊在写给连襟的书信中给出了影响他这一行动的理由。"根据这个国家的现状,从各种国内外利益而言,它需要一个强大的政府,由几个关键元素构成;假如兰斯唐和其他人认为我的帮助可能有所助益,那么我就不应该让个人感情成为阻碍。"同一封信中后面一句话把情况解释得更明白。"假如我坚持袖手旁观,那么我就应该保持一种更愉快的,政治上独善其身的状态。"巴麦尊喜欢从政,他以昂扬的精神和充沛的精力投入全新的职责中。

接下去这封1853年4月3日写给他兄弟威廉的书信让我们看到他在新职位上勤恳工作的景象:

"自从议会召开以来,我的生活状态和其他参加竞选的人并无二致,从早到晚有人找我谈话,没有时间做任何事。内政部的常规工作包括日常通信,比外交部的工作轻松得多;但是在议会召开期间,部长的一整天都被各种代表团占据,还有和(英国)首都警察以及民兵上校等人会面,一直忙到不得不去下议院为止。但是,总体而言,这个职务比外交部轻松多了;事实上,我无论如何不会再担任像外交大臣那样从早到晚全年无休的繁重职务。

"我应该能在内政部做出些贡献。我正在关闭伦敦的所有墓地,这一措施是由上次会议的一项法案决定的,显然是为了保护城市的健康。有一个公司将在伦敦地下修建两条下水道,离地表 50 英尺,一条在北边,另一条在泰晤士河南边,靠近河边,从城镇上游不远处开始,一直延伸到下游不远处为止。这两条隧道将用来排放伦敦的所有污水,这样污水就不会流入泰晤士河中;这些下水道中的污泥将被晒干,变成肥料,然后当作天然肥料卖给农场主。我将至少尽力迫使高烟囱烧自己的烟,我想关闭啤酒馆,让店主像卖油、醋或者糖蜜一样卖啤酒,让顾客带回家和妻儿一起喝。

"我们的议期会很长,但是并不危险。我们将不得不更新所得税和东印度许可证。其他事务会占用时间;但是我并不认为现在有成立另一个政府的可能。上一届内阁名誉尽毁,不太可能重新上台;而德比尝试将对公共事务所知甚少的人组成内阁失败后,不太可能用同样无知和无能的新班子重新试验一次。此外,假如我们只是因为人数的关系被打败,那么将存在解散的隐患,因此我得出结论,我们情愿诉诸斗争,而非立即放弃我们的职位。我们明年在议会改革方面可能会遇到一些困难,但是今年的麻烦已经够多了。到目前为止,我们的联合内阁再和谐不过了。我敢说你在那不勒斯已经听说了很多关于我们藏匿阴谋难民的传言。

"以下是我对抱怨此事之人的回应:伦敦的一群难民是不可能在外国谋划革命的,也不可能发起可行的计划,除非他们在阴谋发动革命的国家里拥有成千上万的同谋和傀儡,因为一小撮人是不可能发动革命的。他们还需要丰富的当地知识,以便制订计划,而由于形势瞬息万变,身在伦敦的人是不可能掌握这种知识的,只有当地人才能提供。因此,如果在外国没有大批人配合,这些身处伦敦的阴谋家是不可能成事的,他们必须通过书信或者通讯员与这些人保持长久而详尽的联络。然而,假如这些外国政府不能通过政策和通信系统揭露这些阴谋家与他们国内大批同谋的动向,假如他们不能拦截信件,发现和逮捕通讯员,他们该有多无能啊!显而易见,可行的和真正的阴谋一定是在外国而非英国境内策划的;而这些外国政府试图将本该属于他们的脏水泼到我们头上;假如有武器和弹药输送或提供到外国,那么外国政府自己有责任去发现……

"总体而言,这个国家繁荣昌盛,贸易欣欣向荣,经济收入很不错,移民的数量刚好确保把薪酬提高到一个合适的水平,而不会让劳动力过于匮乏以至造成不便。我希望爱尔兰移民继续下去,假如更多天主教凯尔特人前往美国,他们的位置会被新教盎格鲁-撒克逊人替代。这正是目前的状况。教士们当然很愤怒。每个移民都从他们的口袋里掏出了很多钱。我们有望推出一个计划,在整个特斯特河谷中建立一个大规模排水系统,从惠特彻奇(Whitchurch)一直到雷德布里奇(Redbridge)。我认为这个计划将付诸实施,只要它能够改善气候和土壤……我们为拉姆西学校的孩子们举行了一个茶会,庆祝奥利芬小姐(Oliphant)成功担任女校长五十周年。"

"明年议会改革的困境"来得比他预料的早,而且与内政部更为息息相关;1852 年 12 月,巴麦尊勋爵卸去了内政部长一职,但是在几天缺席之后,他被告知,政府的提议并非最终决定,于是重入内阁。在这个危机时刻,《泰晤士报》称:"作为内政部长,巴麦尊勋爵不仅证明自己是个极为高效的官员,更以一种自由的精神在所有过去 12 个月中提交给大臣们考虑的重大外交政策问题上慷慨给出自己的建议和判断。"

在这一背景下,大致了解一下巴麦尊勋爵的想法或许是有趣的,他感到政府改革计划受到了阻力。他用一以贯之的明晰语言将想法记录下来，成为丈量我们走过道路的绝佳标准。对于那些亲历过1867年和1884年改革法案的人来说，他似乎在为微不足道的障碍踌躇。他在提交给约翰·罗素的备忘录以及给兰斯唐勋爵的书信中长篇大论地表达了自己的观点：

"……考虑到这一问题，我自然而然产生了一些想法：我们的代表体制是否必须做出任何改变？这个国家是否需要这样的改变？假如需要改变，那么怎样的改变能够满足这种需求，同时对宪法现有的平衡造成最少影响？考虑到必要性，一些改变的确实必要性不是来自于这个国家的普遍需求，因为每个人都同意，并不存在这种需求。这种必要性主要，甚或完全来自于您去年在下议院中所做的宣言，事先没有征求您政府其他成员的赞同和认可。我这么说并非谴责，只是陈述一个历史事实，这一事实对我们现在追求的事业不无影响，因为对应这种必要性的本质和意义，采取的措施应该具有与其相称的本质和意义。尽管如此，民意认为我们存在改革的需求，但是大部分人要求的改革并不是大幅修改我们的代表组织制度，而只是对上届议会委员会选举进程中暴露出的一些贿赂、腐败行为进行纠正。

"您的计划罗列如下：

1. 选民少于300人的所有地区，取消其选举权。
2. 少于500人的地区，半剥夺选举权。
3. 重新分配70个议席：一半给郡县，一半给有识之士，三四个给大城镇。
4. 郡县选举权资格从50英镑下降至20英镑。
5. 自治区选举权资格从10英镑下降至（我没听清楚）。
6. 在拥有超过两个成员的地区，每位选举人只为两人投票。
7. 荣誉市民剥夺选举权。

第九章 陷入战争

"在我看来,对您这个计划的普遍本质和效果的主要反对意见,是它在毫无必要的情况下严重破坏了现有立法和政治权力的平衡,这些权力由几个社会阶层掌握,您的计划将该种权力的大部分从贵族、地主和绅士手中夺走,交给制造、贸易和劳动阶层。这种改变在我看来没有必要且不明智。上述阶层在议会中已经足够强大。他们理应强大,并得到充分代表,但是他们的利益与国家的利益常常是可以分离的,假如他们在下议院中占据多数,因而成为主宰这个国家命运的至上主人,我会感到很难过,目前的状态似乎已经赋予他们足够的权力,过犹不及。这些评价适用于贸易和制造阶层。劳动阶层当然没有那么大的能量,除非是间接的,但是其中一些人是选举人,他们作为阶级的利益受到他们雇主的充分照顾,并通过他们所属地区和郡县得到充分代表,因为在任何地方,他们都占了人口中相当一部分比例。关于您的计划,我的意见如下:

"我同意取消选民人数 300 人以下自治区的选举权。改革法案实施过程中通过的条款保证了这一点。但是我不同意将少于 500 人的地区选举权半剥夺。法案中并未保证这一条款,也不存在这么做的必要性。它背后没有任何原则支持。这是毫无必要地破坏现有的状态。我认为被剥夺选举权的小自治区空出的席位应该完全分配给各郡县,这样可以尽可能避免打破现有的权力平衡。至于那些因为腐败已经被剥夺选举权的选区,空出的席位可以分配给知识阶层,而剥夺大城镇选举权得到的座席应该公正地分配给另一个大城镇。我相信,城镇人口相对于乡村人口已经是过度代表了。

"郡县选举权或许可以亦步亦趋地减少,但是 30 英镑会比 20 英镑好一些。目前很难确定几年之后货币和商品的相对价值如何,在这种状态下,我很不情愿插手自治区选举权。假如贵金属每年增加的产量会减少货币相对其他商品的价值,现在估价8英镑的住宅很快就会估价10英镑,这种变化本身会在很大程度上把选举权延伸至现在无法享受这一权利的人群。金矿的发现会造成什么效应,人们众说纷纭,能够确定的是,前几年几乎每个国家的所有物价都上涨了。只有时间能够证明这是长期后果还是偶然因素造成的暂时情况……

"三个成员只给选举人两张选票的提议值得考虑……但是给曼彻斯特或者类似地区更多成员没有必要,也没有好处,仅仅为了测试这个原则毫无必要。我在上次会议中给出了一个建议,我认为立宪团体或许可以扩大,纳入更多受过良好教育、拥有一定财产,但是不符合现有选举资格的有识之士。我们很难创造一种简单的方式鉴别这样的人在投票时是否拥有投票资格所需的财产或者收入,但是或许可以从长计议,而这样的人数量一定很多,对于这个国家来说,比起劳动阶层,这类人是更适合的管理者。最近的几次罢工证明,在很多情况下,劳动阶层并非自由独立的人,也不是自己的主人,而只是领导者的工具,这些人出于自己的目的,而非劳工的目的,利用他们……"

1853年12月,巴麦尊勋爵再次就同一问题写信给兰斯唐爵士:

"我和阿伯丁就罗素提议的法案中的问题进行了两次谈话,我说有三点我不能苟同。这三点分别是剥夺选举权的范围,赋予选举权的范围,以及在家庭选举权标准10英镑基础上加上市选举权的要求。我的意见是,剥夺20个选举席位已经完全足够,而从自治区剥夺的选举权应该赋予郡县,或者郡县下属地区,而两个已经因为贿赂被剥夺选举权的自治区空出的席位或许可以给伦敦四大律师学院(Inns of Court)、斯泰利布里奇(Stalybridge)和伯恩利(Burnley)。我反对进一步扩大剥夺选举权的范围,这样做会增加都市自治区和大城镇的成员数目。假如从今以后任何自治区因为贿赂被剥夺选举权,或许它们的成员席位转移给其他目前没有得到代表的大城镇较为公平,但是我不同意将一个阶层的代表转移到另一个阶层,约翰·罗素的计划会导致这样的结果。我无法同意让 10 英镑户主陷入困境,不能将市选举人加到他们里面,因为后者将包括三教九流,假如这些市选举人能够找到某个人愿意帮助他们支付三年的费用,那么年费实际上只有 1 英磅,而他们很可能会找到这样的人。通过这样的安排,我们会增加可贿赂选举人的数量,以无知和贫穷压倒智慧和财富。

"我告诉阿伯丁,我相信约翰·罗素和格雷厄姆提出的措施不经实质的修改,是不会在议会两院中通过的,而且我不会选择成为两院角力中的任一方,也不会向这个国家要求一项我坚决反对的措施,我无法担任会让我陷入这种境地的职务——简而言之,我不想被约翰·罗素拖入泥潭中去。我提醒阿伯丁,在接受他提供的职位时,我已经对他和您表达了我的顾虑,我或许会在议会改革问题上与我的同僚们持不同观点。我就这个问题思考了很久,这时候放弃我目前的职位会感到非常难过。我对目前的工作很感兴趣,我手头还有很多未解决的事务,希望善始善终。然而,我认为,内阁中存在我这样的人是有用的,因为我持有的观点符合我国外交政策应该遵循的原则,因此在修改在我看来有损国家利益和尊严的政策制度过程中能发挥自己的作用,有时其他官员存在捍卫这些制度的倾向。但是,尽管如此,我无法作为约翰·罗素宽泛改革的作者和支持者之一站出来。"

在写给阿伯丁勋爵的一封信(1853)中,他提出了同样的观点:

"在公共政治场合,当国家大部分人的观点和愿望强烈指向某个特定的目标,那么在这些情况下,从政人员自己的观点如果与公众意愿相悖,那么他们放弃自己的观点是明智的,至少在某种程度上我们不得不对无法违逆的潮流妥协。但是目前的情况并非如此。这个国家大部分有识之士并不赞成对下议院的有机组织结构做实质的改变,尽管他们的愿望建立在一些会阻止贿赂和腐败的措施基础之上,近期选举中这些问题确实恶劣地存在着。因此,考虑到合理的组织改革,我们不应该迫于外在的压力放弃自己的观点,而是应该向议会提出经过冷静思考,认为一定会对现状带来改进的组织结构建议。"

同年 2 月,他再次将自己的意见置于阿伯丁勋爵面前:

"我非常希望昨天能够在提出的《改革法案》两点问题上采纳内阁的意见,就是我之前在备忘录中提到的。我指的是自治区选举权改革,并为任何愿意一年付 40 先令的人提供选举权。我认为这个数目没有经过充分的考虑就通过了。但是我想陈述对自治区选举权变化议案的抗议。提议将它扩大至交 6 英镑的户主很可能会增加 15 万选举人,即现有选民数量的 1/4。这些人在智识和独立性方面都不如 10 英镑的人。他们相对贫穷、无知,有更强的依赖性。他们的无知让他们无法进行明智的判断——他们的贫穷会让他们易于受贿——他们的依赖性会使他们成为胁迫的受害者;因此,当你引入法律检验贿赂和腐败时,一方面你因为唯利是图剥夺自由人的选举权,另一方面却为你致力于纠正的滥用职权行为奠定了长期持久的基础。每个对劳动阶层有所了解的人都会告诉你,他们并不是自由人。他们中间普遍存在组织制度,通过行业联合会赋予他们富有煽动力的领袖以绝对的专制权力,大众没有自主权。罢工者被迫拒绝某个水平的薪酬工作,他们的理由是这些薪酬不足以在目前的物价水平下支撑他们的生活；然而其他拿同样薪酬的人被迫拿出一部分酬劳，用来支持那些不劳动、分文不入的人。这些 6 英镑选举人一方面将被他们的领袖胁迫为宪章派和极端激进派候选人投票；另一方面，他们的雇主将敦促他们选其他人。他们将会像爱尔兰农民一样被置于铁锤和铁砧之间，哭喊着要求投票表决，作为他们唯一的保护——假如不发生斗争，他们将会把自己卖给出价最高的买主。难道还能指望为了 9 英镑杀害自己孩子换酒喝的人不把自己的选票随便卖出去？

"你可以就此判断，降低自治区选举权的门槛对于我们的许多朋友和支持者尤其不友好，并且受到强烈和普遍的反对。请允许我说一句，政府在这些问题上追求的政策是个决策错误，并且与议会战略的基本原则相抵触。明智的政治家不会对自己国家的宪法组织结构做出大规模和大范围的改变，除非真的非常必要。这种必要性或许是存在的实际邪恶造成的，亟待纠正，或者是国家存在强烈而普遍的愿望，希望修改特定制度。在目前的案例中，这些必要因素都不存在。事实上，假如政府无法经受议会两院在这些事务进程中造成的巨大打击，那个因为让民众无法照顾自己而越俎代庖的土耳其省份就是前车之鉴。"

正当官员们慎重考虑这些事务时，发生了一些事件，导致所有关于改革的思考都暂时停止了。1853 年一整年，英国内阁的政策缓慢然而坚定地朝着战争的方向倾斜，也许是由于首相无法或不愿下定决心。与此同时，各种事件接踵而来，11 月 30 日，俄国舰队在西诺普（Sinope）歼灭了土耳其舰队。12 月 10 日，巴麦尊勋爵向阿伯丁勋爵提交了以下备忘录：

"……请允许我在此以书面形式重复我曾不止一次口头表达过

的,关于俄国和土耳其问题的看法。在我看来,我们目前有两个目标——其一,终止这两个国家之间目前的战争;其二,尽可能以外交手段防止类似分歧发生,并阻止这些分歧导致的对欧洲和平的新威胁。目前看来形势一目了然,除非土耳其在战争的灾难中一败涂地,匍匐在俄国脚下,否则交战双方不可能获得和平,假如英国和法国放任这种结果发生,实在是有损名誉,除非(俄国)皇帝同意放弃他的要求,解散封邑,并且正式放弃之前条约中一些令人尴尬的约定,他自称现在的分歧是由这些约定导致的。为了让皇帝同意这一点,有必要向他施加巨大压力,而目前最容易制造这种压力的地方是黑海,英国、法国和土耳其舰队联合起来的实力毫无疑问会超越俄国舰队,能够压制它。因此,我强烈建议采用我数月前向内阁提议的方案,即我们应该向俄国政府和塞瓦斯托波尔(Sebastopol)的俄国海军发出通牒,只要俄国军队占领封邑,或者在土耳其领土任何地方占领据点,我们将不允许任何俄国战舰驶出黑海港口。您会说这是对俄国的敌对行为,但是我们已经做出声明禁止俄国战舰在土耳其领土的任何部分登陆或发动攻击,这已经是敌对行为了。两种宣言的唯一区别在于,已经做出的宣言不够完整、不够充分,达不到目的,而后者是足够的。考虑到和平条件,唯一可行的计划是,俄国和土耳其之间应该签订普通和平友好条约,而所有关于封邑等的约定应该包括在苏丹和五大国之间的条约中。"

接着,他暂时从内政部辞职,《晨报》(*Morning Post*)表达了当时被广为接受的观点:

"巴麦尊勋爵自始至终敦促直接而可行的政策,我们有充分理由相信,忽略他的建议是导致西诺普灾难的原因。"这一事件是战争中的第一次行动,俄国舰队入侵西诺普港并焚烧停泊在该港的土耳其战舰是事件开端。《审查者》也写道："当公众看到外交部在土耳其问题上倒退而温和的政策时，他们认为自己发现了巴麦尊勋爵隐藏自己真正辞职动机的理由，并将它归结为他反对改革项目，而不是他对东方问题处理方式上的不满。"

阿盖尔公爵①生动地记录了两种观点和他的著名同僚在这个危机时刻的表现：

"当阿伯丁勋爵的内阁开始感到不太可能通过谈判避免与俄国的战争时，他们也开始仔细考虑如何行事对我们更有利。这个国家充斥着天马行空的建议和慷慨激昂的刺激。有人敦促我们煽动波兰人叛乱，以便劝退切尔克斯人，甚至袭击开放和不设防的贸易城市。这个国家任何党派负责任的大臣都不可能同意这样的计划。

"但是从很早开始，我们的注意力就聚焦在克里米亚，并将重要的海军港口塞瓦斯托波尔作为主要的袭击目标。事实上，支持这种计划的论点明确而无可辩驳。俄罗斯舰队和远征队从塞瓦斯托波尔来，威胁君士坦丁堡和博斯普鲁斯（Bosphorus）。另一方面，塞瓦斯托波尔最容易进入，最大程度上暴露在我们海军控制之下。它也是我们相对有限的军事力量最佳的打击目标。假如可以在岸上为我们的行动建立一个安全的基地，我们就可以充分利用自己的海陆军事资源。除此之外，守卫塞瓦斯托波尔将是对俄国资源的极大消耗，他们的军队必须长途跋涉前往那里。最后，摧毁那座海军兵工厂，可以最高效地达成战争目标，因为这座兵工厂赋予了俄国对黑海的绝对

---

① 阿盖尔公爵（Duke of Argyll），即乔治·坎贝尔（George Campbell，1823—1900）：他是第 11 任阿盖尔公爵，苏格兰贵族、自由派政治家、作家。他也是本书作者约翰·坎贝尔的父亲。

控制权。

"在做出最终决定之后,有一天我从卡尔顿台(Carlton Terrace)前往唐宁街(Downing Street),参加内阁会议。在约克公爵的台阶下,我追上巴麦尊勋爵,他当时住在卡尔顿花园。我挽着他的胳膊,和他一起穿过广场,我开始与他就我国的前景展开讨论,我提到我们面前的这个任务显而易见非常严重。让我惊讶的是,他不仅毫不迟疑地判断我们会做出明智的选择(我对此毫无疑问),而且坚决相信我们会取得容易且必然的成功。他乐观自信的口吻让我震惊。他说没有理由怀疑这个问题——塞瓦斯托波尔的地理位置决定了向它投入兵力很可行——这是军事科学中的一大准则,能够投入兵力的地方最终能被攻陷——这只是时间和坚持的问题,等等。

"他说这番话的方式几乎是'无忧无虑'的,在我看来,这是因为性情而非更理性的信念。当时这令我大吃一惊,此后,当军事行动对我国资源造成极大压力时,我常常回想这一天。对于普遍原则的信心从来不能证明其合理性,比如巴麦尊勋爵引用的那些,除非我们能准确掌握所有使它们适用的条件。我并不认为我们具备这种知识。最终他是正确的,不过却是在战胜了他未曾预料到的重重危险和困难之后。这个人生性乐观而自信。他当时 69 岁,我才 31 岁,但是我忍不住感到,在某些方面,我才是两人中年纪比较大的那个。"

第十章 初任首相

巴麦尊初次出任首相时,已经年逾70。在联合政府下台后,女王召来德比勋爵,失败以后又召来约翰·罗素爵士。在女王陛下明确要求巴麦尊再次在他的老领导手下任职时,他是愿意的,但是克莱伦顿(Clarendon)和许多辉格党人意外地积极反对这么做。巴麦尊勋爵最终以他能调动的各种资源,接手并成功地获得了组建政府的使命。克莱伦顿爵士继续执掌外交部,格莱斯顿仍然担任财政大臣。战争部重新组建,战争秘书一职取消了,最终并入战争部长职务中。尽管巴麦尊反对罗伯克的委员会,但是实际上被迫接受了它,这导致了格莱斯顿、格雷厄姆和赫伯特的辞任;他们的职位被 G. C. 刘易斯爵士(Sir G. C. Lewis)、查尔斯·伍德爵士(Sir Charles Wood)和约翰·罗素爵士取代。

起初,巴麦尊勋爵的乐观主义观点似乎会得到事实证明。1854年9月14日,英法盟军在克里米亚登陆。盟军在阿尔玛(Alma)战役中获胜,几天之后的10月3日,又一举打下塞瓦斯托波尔,消息传至国内。但是很快这一切都发生了改变。塞瓦斯托波尔并未陷落,很明显,战争部的管理中存在可耻的低效问题。弊病比敌人更所向披靡。公众的怒火熊熊燃烧。1855年1月23日议会会议之后,罗伯克先生立即动员成立委员会,调查塞瓦斯托波尔军队的情况以及政府各部门的运作。巴麦尊勋爵立即提出辞呈,置他的同僚们于危难而不顾,这是他整个政治生涯中最不光彩的行为。罗伯克的行动以305对148票通过,1855年2月14日开始实施,阿伯丁勋爵提出辞呈。

巴麦尊勋爵于1855年2月写信给法国皇帝①:

我受女王陛下——我的君主召唤,出任现在的职务。我迫切想要向陛下您表达我由衷的满足,因为我发现自己与您的政府联系更为紧密。两国结盟使法国和英国有幸携手并肩,这对整个欧洲来说,都预示着美好的未来,这得益于陛下您的诚恳、公正和英明;您永远可以信赖英国政府的忠诚与真诚。假如您想与我们沟通,然而想法不够成熟,不足以适合在正式公文中表达,我将非常乐意收到您的个人书信。

我们将让我们驻塞瓦斯托波尔的军营守秩序,在此过程中尽力向法国军营的优秀榜样看齐。然而,有时候塞翁失马焉知非福,英国军队的不良状况给了勇敢慷慨的法国人向手足施以援手的机会,他们的关怀在英国和巴拉克拉法激起了无尽的感激之情。

巴麦尊谨上

---

① 指拿破仑三世,他在1852年建立法兰西第二帝国,1870年被法兰西第三共和国取代。

这封信体现了巴麦尊勋爵的愿望,他希望政府能够与法国君主保持官方关系的同时,也能进行非正式的沟通——这是他一直实行的原则,此前我们已经提到过,这个原则常常在他的朋友和同僚间引起焦虑。

他关于战争形势的观点非常明晰:"说起海外军队,留意近期事件进展的任何人都一清二楚,造成克里米亚军队苦难和疾病的大部分原因本可以通过领导人员更高效的安排和更积极的行动、通过谨慎行事来避免。我们已经决定建造一定数量的医疗船只,每艘能够装载500名病人,这些船只每10天离开巴拉克拉法和斯库塔里(Scutari),把伤员和病人带回祖国,接着装上医疗物资以及其他医院和军队需要的物资立即返回斯库塔里或巴拉克拉法。我们还决定派一个委员会前去调查军需组织和海港管理情况。我们已经做好安排,将从美国的小武器制造商那里购买10万支米尼来复枪。"

1855年2月,巴麦尊勋爵称他"收到一封来自法国皇帝的重要书信,皇帝在信中宣布出兵克里米亚,旨在把俄国人赶出辛菲罗波尔(Simpheropol),接着后退并占领塞瓦斯托波尔。他提出以7.7万人的军队达成这一目标,包括法国人和撒丁人,留下6.6万英国人、法国人和土耳其人,维持围攻。眼下的形势是,我们应该想办法把1万法国人、1.5万撒丁人和3 000匹马送到克里米亚;但是无论这个军事行动看起来是否可行或有利,皇帝个人访问克里米亚对于完成这项行动似乎完全没有必要,而且可能造成极为遗憾的后果。"

最终,法国皇帝在苦口婆心的劝告下放弃了前往战争中心的访问。

俄国皇帝尼古拉一世去世时,巴麦尊勋爵写道:"这对目前形势可能会,也可能不会造成重大影响。很可能世袭大公爵会安静地即位,尽管有人难免会质疑,作为大公爵尼古拉的儿子,他是否会被他的弟弟,沙皇的另一个儿子取代。有可能新皇帝会恢复那项和平政策,众所周知他在开始移交这些事务时是提倡这一政策的;但是他可能会感到自己有责任遵循他父亲的路线,也可能受到他刚愎自用的弟弟康斯坦丁的逼迫。无论如何,目前盟军的进程和安排不应该因为圣彼得堡的变故而懈怠。"

和平谈判已经开始,但是交战双方以全新的热情投入战争。1855年3月,首相如此描述他在波罗的海的政策:

"在波罗的海,除了封锁俄国海港和舰队,似乎没什么别的可做了,要达到这一目的,20艘战舰加上皇帝补充的5艘似乎已经足够,但也仅仅是足够而已,因为俄国人在波罗的海拥有27艘战舰,而且在航行中盟军的战舰可能会发生事故,使得一些战舰失去战斗力。俄国的舰队集中在喀琅施塔得(Cronstadt)。因此攻击勒维尔(Revel)或者思维亚伯格(Sveaborg)是没有用的,这两个地点都有加强防卫。一次成功的袭击只会打垮几堵石墙,由于这些地点无法占领或者维持,敌人很快又会建起新的石墙,攻击的舰队必定会受到极大破坏。而一次失败的袭击当然会变成灾难。除此以外,我们和法国人都无法为波罗的海军队提供足够的供给,以完成任何重要军事行动。因此,以下似乎才是好的政策:英国和法国应该把兵力集中到克里米亚,那里才是真正战役打响的地方,除非在克里米亚取得胜利,否则在其他地方尝试发起重要军事行动,削弱此处的兵力,都是不明智的。当然,这里的分析并没有排除阿佐夫(Azoff)或者切尔卡西亚(Circassia)沿岸的军事行动,假如出现对我们有利的机会还是应该抓住。"

一个月之后,他批判拿破仑三世的征战计划:

"在我看来,我们应该对拉格朗(Raglan)勋爵说,他应该就这个计划的问题与康罗贝尔(Canrobert)达成一致意见,并心平气和地磋商,我们希望能够实施经过深思熟虑的最完善的计划;我们同意皇帝的观点,认为塞瓦斯托波尔打不下来,除非派出足够兵力;而只有把俄国掩护部队从现在的驻地赶走才能达到这一目的,俄军正是通过这些部队与城镇互通的。为了达到这一目的,我们似乎应该如皇帝提议的那样,把总兵力分成三支军队,其中一支继续围攻,另外一支继续前进,完成兵力投入;第三支用来吸引敌军注意力,通过佯攻把俄国人从他们城镇附近的驻地引开,或者对他们后部发起真正攻击,具体策略得视情况而定,尤其是根据这支部队与可能交战的俄国军队之间的相对兵力做出判断。

"将军们需要探讨的主要问题是引开敌军的方向和地点。皇帝(拿破仑三世)强烈建议把阿拉什塔(Alashta)作为起点,而把辛菲罗波尔或者巴切萨莱(Batchisarai)作为目标。另一种观点认为,对于诱敌部队来说,尤帕托利亚(Eupatoria)将是最佳的军事行动基地,而且军队应该从那里出发,向辛菲罗波尔行军,或者从塞瓦斯托波尔北面进攻俄军的后部;它应该沿着海岸线行军,与盟军的一支舰队保持沟通,这支舰队将伴随部队行军。对于这个计划,皇帝表达了反对意见。这些意见当然需要将军们权衡。第三个计划是第三支行动部队不经由海洋登陆或者输送,而是从卡米耶斯契(Kamiesch)和巴拉克拉法的军事行动中心行军,通过陆路前往麦肯齐盖尔(McKenzie)农场的东面到达巴切萨莱。我们必须让在场的将军们判断这三个计划中哪一个胜算最大,而且最容易执行。然而,无论选择哪个计划,都应该在增援部队到达时立即开始执行,而且两支行动部队需要准备好占领阵地。"

关于这些提议,相关人士进行了大量讨论,巴麦尊勋爵在其他信件中进行了充分并尽可能集中的分析,他总体上支持在城镇后部占领一个强大的阵地,在盟军军队占领的几条南线保持围攻。

与此同时,巴麦尊勋爵紧紧盯着维也纳进行的俄国和平谈判,以及就这方面与法国的合作,还有随之而来的困难:

"我并不认为会议上的英国全权代表约翰勋爵,在任何程度上应该对德律安·德·于斯先生(M. Drouyn de l'Huys)亦步亦趋。在与我们完全磋商之后,德律安亲笔写道,双方政府应该发出最后通牒,俄国拒绝履行我们提出的条件将导致谈判正式破裂。但是俄国刚拒绝这些条件,他就急急忙忙用奥地利提出的一个完全不同的计划补上,并且把他自己的政府和我们的全权代表捆绑在这个计划上;现在,由于他本国政府反对,他与政府断开官方联系,拖着我们的全权代表不放。至于约翰勋爵的意图,我只能说,我认为这是首例全权代表受命以他赞同的原则为基础进行谈判,结果却与本国政府背道而驰,在他受命尽力促成的计划失败之后,他却违背政府的意愿,努力将一个与他原本计划完全不同的计划强加于他们。约翰勋爵引发的任何反对意见都以十倍之力促成了他辞职(就像德律安·德·于斯先生一样),因为他辞任后,关于这个计划的优点和缺点的细节必须进行完整的议会讨论,他的辞呈建立在这个计划的基础之上。这会促使我们反驳他的计划,也会迫使我们在很多问题上做出决定,而这些问题原本最好保持开放。"

4月,巴麦尊勋爵已经提及德律安·德·于斯先生采纳的奥地利提案,即使经过他假意的修改,"简而言之,这个计划非但没有终止俄国在黑海的优势,而且将这种优势永久化和合法化,它非但没有建立稳定和持久的和平,反而埋下了战争的种子。德律安先生允许俄国舰队进入黑海,只要船只数量小于1853年。这种安排,在我看来,既危险又可耻,而且在未来捍卫土耳其的战斗中,奥地利是否会与我们并肩作战?况且假如俄国黑海舰队的船只数量超过1853年,盟军因此对俄宣战,我们有什么理由相信奥地利会挺身而出反抗俄国?眼下俄国军队受到重创,兵力分散,并未集中在奥地利边境上,英国和法国也在战场上拥有大批部队,且得到强大舰队的支持,在这种情况下奥地利人尚且不愿与俄国为敌——有什么理由相信同一个奥地利在四五年之后会准备好作战?那时候俄国已经恢复元气,弥补损失,并且集中兵力攻击奥地利,而奥地利军队却减少到和平时期的建制,英国和法国的部队也已撤回自己的大本营,不再准备随时与奥地利并肩作战。"

巴麦尊勋爵和后来的首相们一样,发现《泰晤士报》是麻烦的源泉,他毫不犹豫地用平实的语言表达了对这一报刊所作所为的看法:

"《泰晤士报》并非有意制造麻烦,而这种麻烦常常是转瞬即逝并且有限的。这份报纸常常采取一种引导民意的路线,但是当它发现民意与其背道而驰时,它立即调转方向,转而顺从民意。最重要的是,管理者们的宗旨是促进报刊销量,而与这个国家大众的情感和意见背道而驰是达不到这一目的的。因此,《泰晤士报》起初站在俄国一边,现在却成为俄国最直截了当的敌人;在很多其他案例中,我们都可以看到类似的语言变化,针对不同的人和事。我像大多数人一样,有充分的理由抱怨《泰晤士报》,因为自我初入外交部以来,由于某种我一直百思不得其解的原因,《泰晤士报》对我怀有坚定不移的敌意,个人和政治上都是如此,我一直不知道这种敌意来自谁,来自何方。在过去的两个星期中,《泰晤士报》从某种程度上改变了语气,为这种做法道歉,只是因为占领塞瓦斯托波尔事件使得民意强烈支持当前的政府。但是不久以后这份报纸很可能或多或少调转方向。"

巴麦尊勋爵当然非常熟悉各国王室与和平谈判相关的政策,也对肩负执行职责的外交家们非常熟悉。这让他当时的书信成为极宝贵的资料,可以让我们理解他最终挫败的那些棘手而复杂的策略。1855年10月9日,他在给克莱伦顿勋爵的信中写道:

"当然可以预见,从现在到明年春季,俄国政府将竭尽全力逃避进一步的压力和战败,再打下去是一定的,既然他们坚守塞瓦斯托波尔,那么我们的任务就是阻止他们。内斯尔罗德(Nesselrode)的两个女儿一个在巴黎,一个在布鲁塞尔;莫尼(Morny)和所有其他俄国代表对法国政府施加影响;加上维也纳和柏林合作——我们应该努力争取所需的毅力和技巧,避免被拖入会让这个国家的正当期望落空的和平,避免这场战争的真正目标落空。

"我不认为目前与法国政府协商和平条件有什么好处;假如我们想讨论任何问题,最好的办法是继续战争。法国政府提出的、我们可能同意的任何和平条件都会在一个星期之内传达给俄国政府,并且被当作我们的意愿。假如这些条件对我们来说足够令人满意并最终被俄国拒绝,那么不会有什么严重的危害产生,只是我们会被对方攻击毫无诚意,假装希望和平,同时却提出明知俄国不会接受的条件,他们会这么说的。事实是,正如您那天所言,俄国还没有得到足够的教训,目前和平是不可能的。

"说起瓦列夫斯基(Walewski)提出的条件,我想说,第一点不仅需要对细节做出改变。五大国的保证是一项邪恶的原则,因为这一保证无论赋予五大国何种干涉权力,最终将由俄国和奥地利行使,事态会恶化,而非改善。降低奥地利和俄国干涉公国内政的唯一方法正是我们一直向土耳其宫廷施压的目的——苏丹应该给公国一部完善的宪法,需要事先征得英国和法国的同意。瓦列夫斯基要求俄国放弃多瑙河三角洲并把它归还给土耳其的计划是最有效的;但是我们必须向俄国施加强大的压力,让它服从这一方案。而第三点,目前向俄国提出同意它在黑海拥有四艘邮轮和四艘护卫舰及其他小型船只,是幼稚的。我们应该坚持中立化计划,假如我们占领克里米亚,我们应该经过慎重考虑再将它归还给俄国。无论如何,土耳其人一定能牢牢守住它,直到援军抵达,尤其是俄国在黑海上没有战舰的情况下。瓦列夫斯基提出的解决第四个问题的方法当然是最好的,假如非穆斯林与穆斯林享有完全平等的地位,所有外国势力或许都会放弃他们各自实际或者主张的保护性干涉权利,不过他们当然会保留不可剥夺的权利,比如涉及他们同教派人民在重大事项上的外交抗议权,而这种抗议将没有任何干涉权作为基础。

"至于强迫俄国支付赔款,我怀疑做出这样的要求是否明智。俄国政府很可能会反对,如同反对割让俄国任何的领土,在战争中,这些领土可能会被夺走;而赔款的重荷将落在这个运气不佳的国家肩上,而不是落在令人厌恶的政府身上,这对约束俄国只会起到暂时的效果,而永久地从它手中夺走特定领土将持续削弱它的侵略途径和实力,因为这些地区是俄国攻击邻国的出击点。从俄国手中夺走克里米亚,同时在黑海建立中立计划,就能达到这种效果。比起大笔赔款,从俄国手中夺走格鲁吉亚和切尔卡西亚是更好的保障。假如把发动攻击和侵略的前哨留在俄国手中,即使你获得了赔款,只要俄国想,一定可以找到足够的钱将这些阵地用于侵略目的。假如你把这些前哨阵地从它手中夺去,那么无论多少金钱都无法让它重新夺回,除非发动战争,而失去这些土地将使它无法以从前的优势发动战争。

"瓦列夫斯基关于波兰的观点值得考虑,假如有合适的条件允许我们这么做,那么实施这些计划是值得向往的,但是目前的形势不允许我们提出这个要求;或许有人会对他说,假如他希望在波兰任何地方重新建立原先的环境条件,他必须对俄国积极施压铺平道路,并且对俄国代表和追随者置若罔闻,然而他目前和将来都将被这些人围绕和包围着。我们知道什么样的和平条件能够达到这场战争的真正目标,但是我们现在还没有通过战争的胜利取得足够优势,从而让我们有权提出这些作为和平代价的条件。"

1855年11月,巴麦尊在给法国驻伦敦大使贝西格尼伯爵(Count Persigny)的信中写道:

"我亲爱的伯爵,我即将动身去温莎,仓促之间给您写下这封信,因为我想对昨晚的书信略作补充。按照我们的宪法和议会制度,执行者在我们所说的这类问题上,未经议会官方文件许可,无权迈出如此重要的一步。我们需要清楚地解释英国获得的提案,支持这一提案的论点,以及说服我国议会接受这一提案的理由。但是目前为止我们还没有获得充分的解释。维也纳的谈判我们并未参加,我们并未出面,就已经有人越俎代庖地替我们签署了一个草案,至少是部分段落。我们就这一草案段落进行了私下沟通,让我们接受或者离开,告知我们必须签署或者立即接受,不论好坏,对起草过程和细节完全不加讨论。在如此严肃的问题上,我们无法认同这种做法。我们很想遵从皇帝陛下的意愿,但是不得不站在我国议会一边,这是我们与俄国的和平条约,然而我们对这一条约的形式和实质内容都无法完全赞同,我们无法签署。因此有必要向我们提供一份书面提案,我们可以仔细推敲,确认没有疑虑之后,才能赋予奥地利代表我们与俄国谈判的权利。我站在我国的立场说这番话,因为,尽管奥地利不得不在圣彼得堡采取这一策略,尽管奥地利在圣彼得堡采取自己倾向的策略无可厚非，但是提前向俄国保证，一旦对方同意，法国和英国一定会采纳这一提案，这是不合理的。英国渴望和平，希望终止战争，但是比之不充分的和平条件，英国更愿意孤军奋战，英国有能力支持战争，这就是我们的立场，我希望你能对瓦列夫斯基的提议三思。"

1856年2月，他关于俄国的状态写下了如下激昂的描述：

"假如英国全权代表在会议中被孤立，而其他国家都站在俄国一边，那么情况会变得十分怪异，需要慎重考虑。但是目前这种情况似乎不太可能，俄国人更可能放弃。他们或许不会立即这么做，但是会设法暂停会议，借口必须请示圣彼得堡，与此同时尝试阴谋、欺骗和威胁等手段，但是假如盟军够坚定，正如现在这样明确而无可辩驳地捍卫我们的权利，那么我们从俄国那里听闻的观点很可能得到证实，俄国将会且必须让步。他们的说辞随着时间、地点和人物而变化。俄国已经疲惫不堪。从芬兰到格鲁吉亚，俄军全线只有40万人能够采取军事行动，而且所有供给都已捉襟见肘。停战期限是对俄国施压，假如俄国在3月底前不投降，形势将很可能逼得它不得不低头。即便不能，克里米亚的军事行动不可能会失败。昨天我见到一位刚从巴黎回国的聪明人。他说众所周知皇帝与我们结成同盟——官员们是证券市场的赌徒——奥尔良派和正统派公然站在俄国一边——而在巴黎的社交界，俄国人很受待见，奥地利人则被轻忽。中产阶级不像沙龙中的贵族一样不计代价地渴望和平：他们公开谈论掌权者的腐败，尽管他们期待和平，但是不会以牺牲民族尊严为代价换取和平，军队更希望继续战争。兵力很充足，而且许多已过服役期限的士兵再次应征入伍。他的结论是，假如和平条件无法接受，皇帝可以继续战争，不会遇到任何阻力，除了他自己的部分官员。"

3月，和平谈判紧锣密鼓，克莱伦顿勋爵担任巴黎和谈会议的英国代表。法国皇帝非常迫切地想获得和平。"已经决定，"巴麦尊勋爵称，"通过电报告知克莱伦顿勋爵，他的计划已经得到批准，他可以屈从法国皇帝和议会成员的迫切愿望，签署协议。有人提议塔楼和公园的机枪在星期一早晨前停火。我们已告知克莱伦顿勋爵，和平将从双方交换批准开始，这是最简单的计划，休战将正式延长至足够完成这一程序，大约需要3个星期左右……我们必须祝贺自己达成了目前足够令人满意的和平解决方案，以最符合欧洲利益的形式解决了充满危险的诸多问题，和平可能将持续很多年。假如战争继续，盟军可能在陆地和海洋中取得更辉煌的胜利，但是要预防未来侵略，只有从俄国夺去大片边境领土才能获得重大和重要的额外保障，比如芬兰、波兰和格鲁吉亚；尽管在军事和金融方面做出巨大努力和牺牲可以让我们在一定时期内占领这些领土，但是在俄国皇帝被迫签署和平条约并最终放弃自己对这些边境国家的主权之前，俄国的内部困境必须达到顶峰；为了达到这些目的，这场战争将旷日持久，需要的忍耐力超过我们盟军现有的水平，而且很可能会耗尽我们本国人民的善意。"

1856年3月30日，巴黎和平条约签署，结束了这场夺去2.5万英国士兵生命、增加5 000万英镑国家债务的战争。然而过去15年中发生的事件无疑证明了它在长期抑制俄国侵略方面的作用多么微乎其微。

战争后理所当然要加官晋爵，巴麦尊勋爵获得了嘉德勋位。1856年4月授勋时，他在给女王的信中写道：

"巴麦尊子爵很荣幸收到女王陛下亲切而出乎意料的书信，感激和谢意难以言表。他最大的愿望就是完成陛下赐予他的崇高职位应尽的职责，证明他并未辜负陛下赐予他的信任，得知陛下对您的选择并无不满,他努力不辱使命获得了陛下的认可,这本身就是无上的嘉奖,而行使这些责任过程中可能的辛劳或焦虑不足挂齿;因此,今天上午陛下赐予的书信,在他眼中比起陛下赏赐给他的崇高荣誉更值得珍视。巴麦尊子爵将满怀无与伦比的自豪接受陛下赐予的崇高荣誉,这标志着陛下的亲切嘉许,冒昧地说,他和同僚们完成的这项任务相对而言并不复杂,陛下日理万机,承担了英国参与的所有重大国际事务中的大部分责任,在这些重要事项中,陛下的仆人们不断从王室获得坚定和不懈的支持。"

1857年年初,由于巴麦尊勋爵对中国采取的霸权政策,在所谓的"'箭'号三桅船事件"中,科布登发起了一项非难巴麦尊的投票。这场投票以16票大多数通过。巴麦尊立即解散了议会,并在接下去的大选中赢得了巨大胜利。约翰·布莱特(John Bright)、米尔纳·吉布森(Milner Gibson)和科布登都失去了各自的席位。

"大选的结果,"巴麦尊于1857年4月写道,"总体而言非常令人满意。上一届下议院中许多提出反对的成员出局了,尽管这次当选的一部分人最好离开,但是总体而言新成员的构成很不错,比起一般情况,目前下议院中有更多绅士、更多富有个性的人。"

1857年6月,印度叛变的消息传到英国。科林·坎贝尔(Colin Campbell)爵士立即担任总指挥,强大的军队临危受命,前往那个遥远的国度。由于篇幅所限,我们无法详述这一著名的故事。我们只能从首相的往来信件中截取两三段具有代表性的文字。

在讨论为印度叛乱征召外国部队的提议时,巴麦尊勋爵写道:"我坚持认为我们应该独立主动地战胜印度叛军。我们都知道,奥地利不得不接受俄国的援助镇压匈牙利叛乱民众后,国家声誉和立场蒙受了多大损失;不能凭借自己的手段维持自己领土秩序的国家,或许能够通过外国援助夺回领土,但是公众声誉的下降无可避免。考虑到我们目前在印度的斗争,我的看法并不悲观。我有充分的信心,认为我们应该依靠自己重新在印度建立权威,毫无疑问,比起寻求外国人帮助,这么做我们的国家地位会高得多。我给你寄了一封便笺,人们说我们8月每星期只能招募一两百新兵,但是那个月我们征召了2500名新兵,我毫不怀疑,从现在到明年六七月份,我们会取得更大成功。毫无疑问我们会因为气候和疾病失去很多人,但是并不像某些人想象的那么多。我们不必在正面战场与正规军激烈作战;我们的部队只需追击和消灭小股叛变者,他们没有弹夹,没有资源,没有指挥官,没有总部,也没有任何军队赖以建立的资源基础,而我们在印度的政府可以为部队提供各种资源和帮助,让我们的行动尽可能不那么困苦,也将气候的不良影响降至最低。凉爽的季节即将到来,主要的军事行动都将集中在印度北部,对于欧洲人来说,那里的气候比南部更宜人。"

在绝望的黑暗时期,这真是一封乐观的短笺!

不久之后,他又写道:"在增援部队到达该地区,与现有军队会合之前,我们无法拿下德里;哈夫洛克(Havelock)将军兵力不足,必须在阿格拉(Agra)和勒克瑙(Lucknow)之间选择一处解围,或是打击纳那·撒西布(Nana Sahib),这些目标中必须放弃两个。但是攻下德里之后,军事行动的性质就会改变,对于叛军来说,没有军事行动的基地,也没有军需物资和钱,他们将无法继续战斗,而躲在堡垒中的人更加难逃被捕和惩罚的命运。分散的小股掠夺者或许会在这个国家中出没,但是只能靠掠夺苟延残喘,他们抢劫的对象也会奋起反抗。我们主要的困难在于辗转各地追逐叛军,把他们绳之以法。"

下一封信显示出巴麦尊勋爵的乐观精神一如既往:

"收到关于印度本国军队叛变范围的报告，我感到很难过。但是我对结果没有丝毫疑虑。大批欧洲军队驻扎在西北边境，因此相对来说比较容易到达德里，约五六千人的欧洲部队将从波斯回到孟买。然而，立即派遣近 8 000 人的部队似乎是明智的，现在这支军队受命登陆印度，大约下周周中收到电讯之后，我们再来看是否需要进一步增援。叛乱的范围似乎暗示着某种比第一次叛变更深层的原因。原因或许如同某些人声称的那样，是因为印度教的教士担忧他们的宗教受到印度文明化进程的威胁，抑或是因为某些敌对外国势力的挑拨。"

印度叛乱的直接后果是整个体制的重新组织。在所有人看来，东印度公司显然已经时日无多；但是什么统治形式能够取代它的位置还不得而知。1857 年 10 月，巴麦尊勋爵关于在印度的帝国政府的最佳形式表达了自己的看法：

"我个人坚持认为，目前的印度双政府体制不应该持续下去，而且我相信整体上这个国家已经准备好迎接变革。我们应该引入一种措施，废除管理委员会、公司理事会以及业主理事会，并为印度委任一名国务大臣，辅以一到两名次官，这些人应该具备出任议会两院中任一院议员的能力，并且应该随政府一起变动，他们应该由一个非政治人士组成的委员会辅助，可能包括 4 个人，他们不应该在议会中任职，不应该随着政府的变化而变动，但是应该在 4 个政府部门中担任终身次长的职务，从未在印度文职部门或军队中服务过的人不应该得到委任。这么做当然会引起与印度公司相关的所有人的强烈反对，议会中的反对派也会找到由头发起攻击，因此这件事需要从长计议、谨慎权衡。"

1858 年，巴麦尊将包含这一政策的法案提交给下议院；出乎意料以 145 票多数票通过。

在这个关头,巴麦尊勋爵的地位似乎十分稳固。作为政府首脑,他受到大多数人的支持,而他本人也很受民众爱戴;然而数日之后,他突然从权力的顶峰跌落下来。

1858年1月14日,一群由奥尔西尼(Orsini)领导的亡命徒试图暗杀拿破仑三世,而他们的总部原本设在伦敦。法国人认为这样的人不应该在英国有一席之地,这种意见不无合理之处,法国外交部长受命对这一事件提出抗议。巴麦尊勋爵一向急于获得法国的好感,希望能通过某种措施让英国政府有权将任何在英国密谋策划针对外国政权阴谋的外国人驱逐出境,这么做也是为了满足法国皇帝的愿望,奥尔西尼等人针对皇帝人身安全的阴谋让他大受震动。法国媒体爆发了针对英国的辱骂,而作为代表团侍奉皇帝的法国军官也使用了类似语言,这引起了英国人的愤怒。巴麦尊勋爵已经提交了如上内容的法案,第一次宣读时得到200票大多数票。

然而法国报刊的愚蠢行为完全改变了当下的民意。德比勋爵①看到了良机。第二次宣读的修正投票事实上是针对巴麦尊勋爵的非难投票,让他大为吃惊的是,这个国家认为他应该卸任。德比勋爵取而代之,占据了巴麦尊空出的职位,宁静的夏天之后,前首相前往贡比涅(Compiegne)拜访拿破仑三世,在迷人的乡间享受猎鹿和其他运动,提到东道主时,他称:"他们都非常斯文和礼貌,有一天傍晚举行舞会时,皇帝和我在旁边的屋子里踱步,他告诉我对改进法国财政政策的设想。他希望把投票权限制在已婚男性,反对普遍选举权。他说未婚男性对祖国的感情不同于已婚男性,而且国家的福祉与他们更加息息相关。不仅如此,这种限制选举权力的做法还将排除士兵

---

① 即爱德华·史密斯-斯坦利。

和教士,这些阶级应该被排除在外。我回答道,我认为一定的财产应该是选举权真正的基础,许多单身汉可能拥有足够财产,而已婚男性却可能身无长物。"

德比勋爵的第二个任期遭到1859年年初改革的致命一击,他不得不立即解散议会,重新选举下议院。在蒂弗顿,巴麦尊勋爵再一次顺利回归首相之位。本章中不再给出具体范例说明他就职演说的风格,不过这里或许可以引用一小段文字说明他和当地一名激进派屠夫的"玩笑",这段文字被引述过很多遍。那人的名字叫做罗克里夫(Rowcliffe),他常在蒂弗顿的露天演说中出现,给巴麦尊勋爵"醒醒脑子",但是那位老首相总是占上风。这次罗克里夫宣称巴麦尊勋爵是个不折不扣的托利党,而且是托利党有史以来的最佳代表。他希望勋爵大人能以诚恳的态度回答他的问题。巴麦尊勋爵称:"他很高兴发现自己的老朋友在这样的高龄又重新获得最初相识时的年轻活力,而除了这种活力以外,他也保留了自己的偏见和见解。(笑声和'别开玩笑'的呼声)他的朋友要求直截了当的回答,他从善如流。几乎在所有问题上,他们都无法达成一致意见。(笑声)巴麦尊认为他和罗克里夫先生就政治信念达成一致的那天永远不会到来。(大笑)他的朋友问他对许多问题持什么看法。首先他说,他反对投票表决。他反对成年男性选举权。(罗克里夫:'在选举权问题上你会走多远?')他直截了当地回答,他不会告诉他。(笑声)他坚持认为,因为他们给予他的信心,他有责任在任何与改革相关的措施中根据自己的判断来行事。(欢呼)他希望他和朋友之间的政治分歧不会改变他们私下的友情。(大笑)和朋友不能达成一致意见,他感到很遗憾,但是没有人应该同意所有人。同意所有人的人不值得任何人赞同。(欢呼和笑声)"

第十一章 再度担任首相

1859年选举中，保守派没能占得上风，议会开始后不久，他们就在哈廷顿(Hartington)勋爵发起的信任投票中落败。格兰维尔伯爵受女王委托成立政府，因为女王陛下感到"在巴麦尊勋爵和约翰·罗素勋爵这两位拥有多年经验和荣誉的政治家中选择任何一位出任首相，都意味着明显的偏颇，这是一项非常容易招致怨恨而不受欢迎的任务"。这两位老政治家都愿意在对方手下任职，但是没有人愿意服从第三个人的领导。于是格兰维尔失败了，巴麦尊接受了这个任务。从这届政府成员中的个人能力而言，他成功组织了当时被视为近代以来最强大的政府。罗素去了外交部，格莱斯顿去了财政部。因此，以75岁之龄，巴麦尊勋爵再次肩负起政府和下议院领袖的重担。

在国内形势风起云涌的这些年，意大利北部发生了马真塔(Magenta)和苏法利诺(Solferino)战役，7月初法国与奥地利达成了暂时的协议。这些事件对意大利政治产生了全面的影响，在当时是巴麦尊勋爵每天关心的事务。我们在此提供了他在这一问题上发表的言论。

1859年6月，巴麦尊勋爵写道：

"伦巴第人、威尼斯人以及意大利未来的政治现实应该由本国人自己决定。以何种方式确定每个个案中的国家意志，将是未来需要考虑的事情。意大利半岛以外其他国家想象中的利益不应该控制意大利的意志。但是在这件事中，英国的利益是什么，我们应该如何引导自己的意愿和道德影响力？在意大利北部建立一个尽可能不受外国专治干扰的独立国家当然是符合英国利益的，我们将尽可能尊重它自己的利益，利益将存在于贸易与和平之中。但是一个国家越弱小，它对邻国的依赖也越强；越强大，它越能够拥有自己的独立政策。因此，在意大利北部建立一个尽可能大而强的国家，似乎是符合我国利益的；这样一个国家应该建立在目前的撒丁王国的基础上。

"我不认为威尼斯和这样一个国家合并对英国利益存在什么威胁；相反，一个拥有热那亚和威尼斯的国家有必要把贸易作为关键原则，它拥有两个海港，若是与英国开战，两个海港都会被英国舰队封锁，这样一个国家将会有双重的动机与英国交好。这个新撒丁王国的南部领土应该延伸至何处需视情况而定，但是我认为无论如何都应该会把帕尔玛（Parma）和摩德纳（Modena）包括在内，可能还会包括托斯卡纳（Tuscany）。我对于朋友们表达的意见存在疑问，他们认为英国大臣不应该签署一份不对教会国改革做出规定的和平协议。这样的改革能推行当然最好，但是这项任务最好还是留给意大利人自己，在所有外国干涉势力都退出之后。"

法国显然并非真的期待这个坚决方案，他们在1859年7月提出由英国在法国和奥地利之间斡旋，巴麦尊收到提议后，表达了自己的意见：

"以本意而言，在交战国之间采取中立立场意味着不为任何一方提供继续战争的帮助，但是这一原则并不排除为了恢复和平而承担善意的职责或进行斡旋，而且，事实上只有中立国有优势行使这些职能。但是作为调停者，如果要起作用，不能仅仅满足于在双方之间传递主张和回答，而应该根据这个调停国的最佳判断，为这些沟通提供自己的意见和建议，这些意见和建议或许有助于获得和睦的解决方案。因此，我们的中立地位不应该阻止我们给出建议，无论是给同盟国还是给奥地利，英国政府在一方要求下给出的任何建议都应该传达给另一方；假如持续战争，导致事态进一步发展，以至于奥地利无法获得如今这样有利的和平条件，那么建议奥地利接受这些条件就是我们的善意职责，无论从什么角度而言都不能视为违反中立角色的职责，这一点是非常清楚明了的。

"但是，不仅如此，人们似乎普遍承认，在终结这场战争的和平条约及其计划问题上，大不列颠和其他并非交战双方同盟的国家，应该党同伐异。然而大不列颠无法党同一个只是记录其他大国计划的条约。假如大不列颠应该属于和平条约中的一方，那么英国王室和政府必须同意通过谈判决定这一条约，必须认同这一条约做出的安排；因此这与我们目前所持的双重身份是一致的，我们既是战争中的中立方，也是和平条约的未来朋党，我们应该对任何倾向于建立和平谈判基础的提议发表自己的意见；尤其是当受其中一方邀请这么做的时候。然而，我不得不承认，从交战双方目前的立场来看，我们无法期待立即解决争端。法国皇帝不能背离自己的宣言，即意大利必须从亚得里亚海获得自由，而另一方面，奥地利皇帝或许会发现，抛弃一支完整军队的立场是很困难的，即便已经战败，他无法将兵力撤出至今为止还未受到攻击的要塞，也无法放弃他仍旧拥有的土地；而且奥地利或许会认为，让这个地区成为独立、分离的国家不够令人满意，即使由他的家族成员来统治。为了改变他的不情愿，把继续战争可能导致的后果陈于他面前，是我们的友好职责，也并非毫无希望。让奥地利自愿做出对方要求的让步或许是痛苦的，但是难道忍受进一步军事打击和更大的损失，使其无力抵抗敌人的事实彻底暴露于众人眼前，对它来说才是有利的吗？……假如奥地利同意目前提出的条件，它或许能保留与威尼西亚（Venetia）的联系，让它有机会任命一名奥地利大公作为统治者。"

1859年8月，他写道："假如用武力威逼意大利人民同意推翻他们之前的王朝，那么我们就会担负起一项无法卸下的沉重责任，有人会认为，英国政府预见到运用这种力量的可能性，却并未通过及时的抗辩和抗议施加道德影响力从而阻止这一情况发生。这一事件的本质问题在于，国家属于统治者，抑或统治者属于国家？第一个立场是欧洲霸权国家坚持的，也是斯图亚特王朝和他们的信徒坚持的教义；后一个立场则是大不列颠、法国和比利时议会两院制度的基础。考虑到奥地利对公爵领地主张的继承权利，假如承认这些国家的人民有权废止现有的王室，认为他们加入奥地利一方，反对意大利自由是合理的，那么他们当然也同样有权利废止奥地利本身附带和继承的权利。当英国政府宣布詹姆斯二世退位，并将威廉三世推上王位，他们不仅废止了詹姆斯现有的权利，而且废止了任何人可能通过他主张的附带和继承权利。① 我们很难预料，意大利的复杂问题该如何厘清，但是在比亚弗兰卡（Villafranca）达成的仓促而含糊其辞的协议似乎隐藏着巨大困难和矛盾的种子"——这是很有道理的准则，但是当

---

① 詹姆斯二世是英国斯图亚特王朝的一位君主，在光荣革命中被剥夺王位。

时很多英国人没有认识到,他们希望支持奥地利大公在帕尔玛、托斯卡纳和摩德纳的合法权利。

不久之后他又写道:"每个国家都同意应该放弃(对意大利事务的)干涉,这里是指通过(法国和奥地利)战争中的军事力量进行主动干涉,但是没有任何主要政治党派认为或主张英国不该在上述战争相关的事务中通过自己的建议和意见加以干涉。我和并肩作战的同僚们从未考虑赋予不干预准则其他意义,而保守派领导人在位时也从未赋予这个准则另一层意义,最近公布的蓝皮书也从另一个侧面证明了这一点。德比政府执政期间,在这场战争相关的事务中进行了一系列连续不断的干涉,通过建议、意见和谴责,一会儿向这一方,一会儿向另一方。无论我们认为他们的判断有什么问题,或者他们多大程度上受偏见误导,但是他们的行为遵从的原则无疑是正确和合理的。英国是世界上最强大的国家之一。任何涉及势力平衡、涉及和平或战争可能性的事件或者系列事件,是与它毫无关系的,因此,它对于影响自身利益的事务表达自己的意见也是不容置疑的;它同样有权对这样的事件提出它认为有用的建议,或者提出它认为两全其美的解决方案。毫无疑问,保守党自从停止对国家事务负责后,采取了一种不同的准则,他们担忧英国会为意大利的利益运用自己的影响力,而让奥地利处于不利的地位,因此认为大不列颠参与为解决意大利问题举行的和平谈判将背离不干涉原则,但是他们自己在任时的行为驳斥了他们在反对意见中运用的新准则;假如这一准则得到承认,那么大不列颠将通过自己的行为把自己降至三流欧洲国家的地位。"

1859年12月,他评论道:"我据理力争、深思熟虑,我曾承认,我们不应凭借任何力量威逼中意大利人民的原则,假如中意大利人民仍然希望合并,那么与皮埃蒙特合并的措施便势在必行,所谓的不该直接逼迫中意大利人民只不过是文字游戏,通过撒丁政府间接逼迫,施加武力威胁,从而达到胁迫的目的,阻碍他们达成自己真正的愿望,并没有什么本质的区别。我们在意大利问题上推动的政策正是我坚持不懈在比利时事务的漫长谈判中成功践行的。当时在我们国家有一个荷兰党,就像现在有个奥地利党一样,他们希望逼迫一个民族再次屈服于好不容易摆脱的令人厌恶的统治。但是两个案例之间存在区别,荷兰党数目众多,而我们有理由认为,赞成意大利再次屈服于奥地利桎梏之下的奥地利党势单力孤,而且无论在什么方面都无法代表这个国家民众的感情。我曾说过皮埃蒙特即便与中意大利合并,仍然不得不依靠意大利获得支持,尽管它不会像一个更小或更弱的国家那样经常寻求帮助。这种说法有理有据,能够回应一些反对的声音。有人认为皇帝反对合并,因为皮埃蒙特如此扩大之后,作为法国的邻居将是敌对的,或者至少是危险的。无需赘言,皮埃蒙特通过扩张变得越强大,它对法国的依赖程度就越低,然而同样明确的是,无论如何扩大,它地理上与更大的国家法国接壤,又有奥地利这个敌国虎视眈眈,因而不得不向法国寻求支持。在中意大利与皮埃蒙特合并问题上,普鲁士政府持类似观点,他们认为,假如大公们不能复位(目前我们不可能假设他们能够复位),比之建立一个分离的国家,中意大利与皮埃蒙特的合并是更好的安排。在意大利事务中,寻求最佳模式,尽力平息争端,确保内部和外部的独立,是议会主要和几乎唯一的目标。"

1860年5月,他如此总结欧洲的局势:

"过去几个月中发生的事件对于欧洲局势以及欧洲和平的前景造成了重大和严重的改变。从法国皇帝登上皇位,直到最近意大利战争终止,法国政府的政策似乎建立在放弃海外征服和领土扩大,与大不列颠建立友好联盟的基础上。法国政策的这两个原则迄今为止具有不可分割的联系,英国和法国的联盟只有在法国政策不与领土扩张直接挂钩时才能存续。在上述时期内,尽管英法两国政府之间时不时会产生一些不可避免的意见分歧,并且两个大国在世界各地常常有着不同的利益,不过女王陛下的政府没有什么重大理由对法国政府发出怨言。当俄国侵略土耳其帝国,希望阻止土耳其帝国解体的欧洲国家群策群力采取抑制措施,法国皇帝与我们竭诚合作,因为土耳其帝国与任何现有强国合并都将打破当前的势力平衡。

"事实上,当时法国皇帝似乎完全不受好战政策驱动,他比英国政府更急于尽早结束战争。在和平谈判进程中,我们的政府发现皇帝急于达成和平,甚至连我们看来对敌人太过轻巧的条件也赞同。法国皇帝以同样的方式欣然赞成我们的意见,与瑞典国王达成协议,保卫挪威北部沿岸的一些重要海军站点,使其免受俄国的侵略。俄国战争结束后不久,印度叛乱爆发,皇帝为我们尽可能提供了便利,让我们的军队顺利通过法国,并且与埃及官员商议,为我们取得了通过埃及的许可,以便尽快将增援部队送达印度。

"1859年,皇帝在1月1日发表的演说中第一次透露了将要扰乱欧洲和平的好战意图。很快,战争在意大利北部爆发,一方是奥地利,另一方是法国和撒丁,事实上这是奥地利军队入侵皮埃蒙特的直接导火索;但是不可否认,敌对双方此前都曾花时间考虑权衡,而且为这样一种可能性做了积极的准备。然而,拿破仑皇帝在公开宣言中称,他参战毫无私心,只是为了拯救意大利于水火,让它免于被外国占领的命运,他的目的只是把意大利还给意大利人。这些宣言让欧洲大部分关心意大利事务的人同情法国军队。最终,随着战争的开始,皇帝采取了全新的政策体系,尽管他宣称自己大公无私,并吹嘘自己只是为了理想而战,但是却制订了约束撒丁的计划,即在战争结束后,撒丁获得可观的领土,这被视为法国获得大片领土的理由。

"这一深思熟虑的安排自此以后被付诸实施,作为托斯卡纳和罗马涅并入撒丁王国的代价,尼斯郡和整个萨沃伊成为法兰西帝国的一部分。有人努力劝说法国给瑞士联邦一些合适的保障,因为法国占领萨沃伊会威胁它的独立,然而这种努力却落空了。除非瑞士做出让步,让出日内瓦湖南岸土地以及瓦莱边境一片具有优势的军事线,否则法国不愿给予这种保障。与此同时,欧洲各地的报告中充斥着各种法国领土扩张计划。据说奥尔特加(Ortega)在死刑前宣称自己的作为受到皇帝的鼓励,据称皇帝同意蒙特莫林伯爵(Count Montemolin)的意见,假如卡洛斯派成功,承认和支持法国的代价是法国边境从比利牛斯山脉前移到伊博罗(Ebro),或者将巴利阿里群岛(Balearic)割让给法国。据说欧唐内(O'Donnel)元帅两次对摩洛哥全权代表称,阿尔及利亚的法国军队将对摩洛哥发动袭击。据称皇帝曾说过,法国必须拥有巴列丁奈特(Palatinate),占领萨布拉克(Saarbrück)和萨尔(Saar),这是普鲁士的莱茵河沿岸领土的一部分。据说法国政府急于摆脱意大利的遗留问题,因为法国政府希望把注意力转向土耳其。

"这些报告未必属实,但是它们植根于欧洲的普遍观点,认为皇帝采取了一种扩张政策。假如法国政府相信,正如一切理智的人应该相信,这个世界上没有任何国家有一丁点儿攻击法国的企图,那么他们就该裁撤陆军和海军,直至和平时期的数量,那么这些报告的可信度将大打折扣;但是相反,法国军队无疑反其道而行之,在短短一个月内,他们组织了一支60万人的军事力量,而大规模不间断的行动让法国海军在大部分有效的地点驻扎。简而言之,法国的军事力量迅速加强,实在超出了维持和平需要的水平。巴黎大银行家拉菲特先生(M. Lafitte)在赛马期间身在英国,对英国使用了敌对和侮辱性的语言。他称英国想要妨碍和控制法国,只是没有能力和途径这么做;法国已下定决心占领莱茵河的左岸并合并比利时,无论英国如何不乐意,他们都将这么做。与此同时,法国的外交行动旨在离间各个大国,他们的手段是满足各个国家各自的利益需求,各个击破,逐步争取这些国家的支持,最终让所有国家都纵容或者赞同某个领土扩张计划。

"这些大国只有通过全面和诚恳的沟通,为了共同目标设立共同政策,才可能有机会战胜这些计划。我认为与奥地利和普鲁士开启保密沟通是值得一试的,我们应该向他们提议,任何一方——大不列颠、奥地利和普鲁士——都应该告知彼此他们从法国获得的任何提议,条件是这些提议对现有欧洲领土占有状态可能造成改变,而且该政府在获得其他两国政府的答复之前不能擅自做出应答。这不应该是联合行动协议……大不列颠的政策在特殊情况下可以例外,不受约定束缚,并根据当时的具体形势处理突发事件。与此同时,英国有责任积聚力量,以最高效的组织形式建立军队和海军,以便当增兵势在必行时能够保证迅速完成。像英国这样的大国有益而克制的行动是不限于实际军事力量的。假如军队的实力足够强大,并且随时待命,那么它在外交行动中能够吸引更多注意力,而且常常能强势地影响事件的进程,及时防患于未然,或许能阻止事态进一步发展,免得事态演变成灾难性的巨大国际争端。"

朴茨茅斯和其他地区实行的巩固计划是上述短笺担忧的问题造成的结果之一。

萨沃伊向法国让步时，英国和法国之间的关系变得有些紧张。1860年，巴麦尊勋爵写道：

"我正要去下议院的时候，弗拉奥伯爵（Count de Flahault）前来找我，希望能在回巴黎之前和我谈谈；而我因为时间紧迫，只得让伯爵坐上我的布鲁厄姆车，前往下议院。弗拉奥伯爵说他会觐见皇帝，想知道巴麦尊勋爵有没有什么话让他传达。我说我只能向弗拉奥伯爵重复约翰·罗素勋爵在下议院中所说的话。弗拉奥伯爵不希望如此，因为他当时说的话对皇帝个人十分冒犯。我不知道为什么他会这么认为。弗拉奥伯爵说格雷勋爵表示了怀疑，但是他承认自己并不反对勋爵演说的后半部分，也就是关于英国可能采取的政治路线的内容。我说，怀疑的原因有二，眼下的情况可能是其中之一，也可能两者皆然——无非我们感到存在故意欺骗，或者是频繁改变目的和行为，以至于我们无法相信对方的意图和政策能保持一致和连贯。弗拉奥伯爵必须承认，即便不归咎于前者，我们也有足够的理由怀有第二种顾虑。弗拉奥伯爵称他的目标是阻止两国之间的战争。我说恐怕皇帝和图弗内尔继续一意孤行坚持自己的观点和计划，那么后果也许令人不快，甚至可能让法国与整个欧洲为敌。弗拉奥伯爵并不担心这一点，但是担忧双方的愤怒可能会导致英国和法国开战。我说我非常迫切地想阻止这样一场战争，但是假如英国无路可退，那么也只能无畏地接受，无论是与其他国家结成同盟还是孤军奋战，这个国家必将奋起抗敌、万众一心，在一个法国人面前或许不该这么说，但是纵观历史，我无法否认，每次英国和法国在同等条件下交战，最后我们总能取得满意的结果。弗拉奥称他曾参加滑铁卢战役，知道英国军队的实力，但是现在的法国军队比起当时已经强大了许多。我说毫无疑问是的，英国军队也是如此；但是提到法国军队的卓越，我得提醒弗拉奥伯爵,塔拉尔(Tallard)元帅在布伦海姆(Blenheim)战役中被俘时和马尔伯勒(Marlborough)公爵之间的对话:'我的大人,您打败了欧洲最好的军队。'元帅道。'并非如此,'马尔伯勒回答道,'打败他们的才是欧洲最好的军队。''但是,'伯爵道,'我怕的是对这个国家的侵略,法国的怒火将一发不可收拾,对英国来说这将是巨大灾难。'我回答这个结果对双方都一样,尽管毫无疑问这只是暂时交恶,但是我们毫不担心它的结果;英国和法国之间的战争对双方来说无疑都是灾难,但是现在还没法确定哪一方受的损失更大。到达下议院,我们彼此道别,弗拉奥伯爵说他不会把火上浇油的话带给皇帝,而是会尽力运用自己的影响使他冷静。我说当然伯爵应该自己判断该说什么,但是伯爵一定已经了解这个国家的民众感情和意见。这场对话的方式十分友好。"

在巴麦尊勋爵的后一届任期中,政党正在发生变革。旧秩序正在变化,而且变革的速度超乎他所觉。在他去世后仅两年,政治制度发生了巨大变革,托利党政府通过一项改革法令,这在他看来很可能代表着政治泛滥。我们有许多理由注意到,巴麦尊勋爵完全不赞同布莱特和科布登这类领袖提倡的议会改革。欧洲大陆的政治形势也在改变。德国和法国之间无法调和的矛盾、法兰西第二帝国的倾覆、德意志帝国的巩固、意大利的统一,以及这些重大事件必然导致的后果影响深远,欧洲局势风起云涌。在他自己的内阁中,他的一位同僚已经明显地表示,下一届自由派的首相将与巴麦尊大相径庭,此人声称自己不具备派系斗争的动机,因此不适于担当反对派——这句话在某种程度上也证明了一种备受曲解的观点,认为巴麦尊没有值得热切支持的原则。因此,他的晚年从某种程度上来说是静止的季节。保守派害怕继任者带来的任何可能的发展,并不热衷于让人取代他。

自由党缓慢但是亦步亦趋地到达分岔路口，偏好理论，以牺牲经验为代价，分裂了这个代表进化和改革的党派。从某种程度上来说，巴麦尊勋爵意识到了这一点，他曾对沙夫茨伯里（Shaftesbury）勋爵评价道："格莱斯顿很快将自行其是；一旦他代替了我的位置，我们将面对一些奇怪的做法。"

然而，这个老政治家得以安度晚年。1861年，他成为五港总督（Warden of the Cinque Ports），当他在风景如画和老派的家园度过最后的岁月时，美国的南北战争正在拉开序幕。

当美国南方邦联与北方政府陷入胶着时，格莱斯顿先生宣称杰斐逊·戴维斯先生"创造了一个国家"，巴麦尊勋爵则持不同意见，他于1861年称："对于北美，我们最好也是最正确的政策是保持我们一贯的政策，即对北方和南方的矛盾置之不理。在一些欧洲事件中，结盟的大国确实选择了自己的立场，就像'评论家'中的人一样，'以女王之名，我命令你们放下手中的剑'；但是这种情况非常罕见，而且特殊；爱好争吵和战斗是人类的天性，而阻止人们享受这种爱好是束缚他们天赋的自由。一个国家可以约束自己的国民；但是限制其他国家则违背了国家独立性。唯一的例外是，矛盾继续可能威胁到干涉方的利益；但是在美国的例子中，欧洲各国实在无法以此为理由。需要棉花不能让这种行为正当化，除非这种需求造成的困境比事实上严重得多。我们唯一可行的策略似乎就是按兵不动，不要给华盛顿任何借口与我们起矛盾，与此同时，在另一方面，我们坚持维护自己和同胞们的利益。"

这些话是对的，同年美国军官在英国轮船"特伦特号"（Trent）上逮捕了几名南方邦联委员。维多利亚女王的丈夫阿尔伯特亲王去世前亲自把关在这一问题上对美国政府发表抗议声明的措辞，以免不必要的冒犯给美国北方人以口实,因为这是他们容易被激怒的时候。对于亲王的去世,巴麦尊在公开场合和私下都非常悲痛。近卫军和其他部队被派往加拿大,由于亲王的劝告,英国政府向美国人要求解释的公文措辞谨慎,双方达成了相互谅解,英国因此避免了与一海之隔的手足交战。

> 亲王与世长辞,
> 战争阴云与失去他的阴影交融,
> 遮蔽了太阳,使其黯然失色。

我们国家的上空阴云密布,对时事的焦虑加重了巴麦尊勋爵的痛风症状,此后他的字迹不再像前些年那样有力而雄浑。

阿什利先生曾引用过勋爵这一时期写给格莱斯顿的一封信,其中提到格莱斯顿先生为了促进经济发展而进行的一系列演说中提出的要求:

"增加贸易往来或许会加强我们和法国之间共同利益的联系;但是商业利益在民族激情的压力之下不堪一击。我们近来见证了美国北方诸州对英国肆意发泄的敌意,经过艰难努力虽已得到抑制,却仍令人忧惧,而我们与他们有着广泛的商业往来。好吧,那么,在这个想对英国进行报复打击的邻国,我们看到一个有能力的、积极的、谨慎的、听从劝告的,但是总是计划着的元首;我们看到这位元首组织了一支军队,包括他的储备力量,是我们两岛正规军总和的七倍;与此同时,他们在努力建立一支至少与我们不相上下的海军,甚至比我们更强大。如果我们给他们一个挑起争端的理由,任何外国势力都能随时发明或者创造一个理由,欲加之罪何患无辞,那么对方就能凭借海军强势地位获得海峡控制权。请您计算一下——如果您算得清（因为这超出了我的估计能力），一支一两百万人组成的军队登陆将对英国造成什么后果。当然，为陆军和海军拨出大笔军费开支是避免这种大灾难最划算的保障。"

保守派看到巴麦尊反对自己政党中的"进步派"，不禁感到特别有趣和愉快，尤其是当他们宣称新时代已经到来，号召国家把所有刀剑熔铸成铧头时。科布登在投票中反对增兵，宣称没有理由害怕法国侵略，"苏塞克斯农场上的劳动者只需一个星期就能造出充足的防御工事，抵挡法国军队"，巴麦尊勋爵站起来，旁征博引了一番，某种程度上来说有点混乱，但是他对这种场合下科布登建议的价值有着非常精准的估计，他说："这位诚实的绅士提到，苏塞克斯的农民能够仅凭一己之力建造足以阻挠法国军队的防御工事。这位诚实的绅士最好坚持自己的，自己的，嗯——'职责（crepidam）'。"下议院对于这个中肯建议的表达方式大笑不止，"鞋匠科布登，坚守到最后"。

普鲁士站在圣彼得堡政府一边，在支持波兰起义的事件中，法国皇帝提议我国政府与他合作，对于这一问题，巴麦尊勋爵于1863年写信给比利时国王利奥波德道："陛下将会知悉，我们拒绝了法国皇帝为我们设下的陷阱，他计划对普鲁士发出同样的严厉声明。很显然，假如声明中的要求被拒绝或者回避，法国就取得了占领普鲁士莱茵河诸省的借口，而这一计策的失败将让法国政府大为愤怒。但是对普鲁士和其他国家的威胁并未消失。假如波兰革命继续下去，普鲁士受到引导，以任何方式积极反对波兰，那么法国皇帝肯定或早或晚会以某种借口进入莱茵河诸省，作为威逼普鲁士保持中立的手段。假如陛下能够对普鲁士国王施加影响力，奉劝他不要在国境之外采取任何行动，那么您将对普鲁士和欧洲做出巨大贡献。"

罗伯克在下议院中总结了他与法国皇帝就法国航海法律和美国问题进行的沟通。巴麦尊勋爵于 1863 年 7 月表达了自己的愿望,他希望这是议会成员最后一次为外国元首往英国议会中带信,或者对议会复述他与任何外国元首的对话。

1863 年,丹麦人和德国人在石勒苏益格—荷尔斯泰因(Schleswig-Holstein)问题上再次发生分歧,这一事件终止了德国对整个国家的合并。我记得某次晚餐会上,一位喜欢"诘问"大臣政治问题的女士坐在我和巴麦尊勋爵中间。她就公爵领地问题向巴麦尊勋爵开火,我听见他回答道:"好吧,这件事对我来说不费吹灰之力,不过,我的确已经把具体细节忘得差不多了。"他从来不喜欢在私下社交场合对公共话题发表"长篇大论",尽管在与女士们的通信中,他对政治话题保持着十分开放的心态。

1864 年,他总结自己对当前局势的看法:"考虑占领哥本哈根问题,奥地利和普鲁士估计我们会采取消极态度,不无可能会模仿拿破仑一世在维也纳和柏林的所作所为,打算向丹麦首都提出他们自己的和平条件。假如我们袖手旁观,让这件事发生,必定会受人耻笑。"他在给约翰·罗素勋爵的信中写道:"我今天给阿波尼(Apponyi,奥地利大使)写信,让他来找我,抽半小时和我谈话。他来了。我说我希望和他进行一场友好而无拘无束的谈话,不是英国大臣和奥地利大使之间的谈话,而是巴麦尊和阿波尼之间;我将要说的话关系到重要的事务,但是我请他记住,我说的任何话都不应该被视为威胁,而只是朋友之间诚恳的解释,我提到的事可能会导致分歧,对于这些事,若是能及时解释可能的后果,可以避免事后谴责,因为及时解释说不定能改变令人不快的后果。我说我们一开始就希望支持丹麦,不是出于家族联系,这对英国政策的影响微乎其微,有时候还会起反作用,但是,首先,我们从一开始就认为丹麦受到了严酷和不公正的对待;其次,我们认为这个国家的完整和独立符合英国的利益,因为丹麦占据着巴罗地海的门户。我们之所以没有站在捍卫丹麦的立场,有很多原因——时节,我们军队规模太小,在陆地上与德国开战失败的风险太大等。而考虑到海上的军事行动,形势则完全相反:我们强大,德国弱小;德国位于波罗的海、北海和亚得里亚海的港口将在很大程度上被我们控制。仅就我个人而言,不涉及任何其他人,我必须坦率地告诉他,假如奥地利舰队通过我们的海岸和港口进入波罗的海,以任何方式帮助对抗丹麦,我将把它视为对英国的挑衅和侮辱。我无法,也不会容忍这样的事;在这种情况下,除非派出更强大的英国舰队,下令采取这种情况下必要的命令,否则我将从现在的职位上退下:这样的事情很可能会导致冲突——战争;在我看来,德国,尤其是奥地利,将是这样一场战争中损失最大的一方。我会对这样的结果深感遗憾,因为英国希望与奥地利交好;但是我有充分的信心,我的观点代表了民意。我再次请求他不要把这次谈话当作威胁,而只是善意提醒他可能的行动方针可能造成的后果。"

1865年再次举行大选,巴麦尊勋爵再次当选,这也是最后一次担任蒂弗顿首相;但是他的健康状况每况愈下,同年10月传来沉痛的消息,他在布洛奇特(Brocket)去世——鞠躬尽瘁到最后一刻。当时他的孙子乔斯林(Jocelyn)勋爵在剑桥三一学院,我清楚地记得他如何给我带来最早的消息。那天街上和大厅中所有的学生都在悲痛地谈论这一事件,我们都感到这个国家失去了英国男子气概最佳品质的典范。阿什利先生称他本人见证了巴麦尊勋爵人生中最后几个星期中发生的一件轶事,他认为这件事最能反映他的个性。"前门正对面有很高的栏杆,巴麦尊勋爵没有戴帽子,径直走到外面,来到跟前,私下里环顾了一圈,发现没人在看他。于是他小心翼翼地爬上去,越过最高的栏杆,翻过栏杆跳到地上,转过身,重复了一遍,然后回到屋子里。很显然他这么做是为了测试自己的体力,并且找到一个实用的办法测试自己进步或者退步多少。他对死亡并没有过度的恐惧,他曾以一种平淡的口吻要求医生老实告知他真实的健康状况,他说:'当一个人的时间快要用尽,抱怨是没有用的。'"

在这悲伤的日子,英国所有伟大卓越的人聚首于泰晤士河两岸著名的修道院,向这位与世长辞的政治家致以最后的敬意,在道德和现实的阴霾中,当他的遗体被安置在安息之地的那一刻,一缕阳光突然穿透阴云,瞬间云破天开,黑暗被阳光驱散。一位伟大而能言善辩的牧师以优美的言辞描绘了这一偶然的小巧合:"当杰出的人类灵魂离开这个世界,他们把光芒留给世人;此时此刻,我相信,我们中每一个人,无论力量大小,无论机会多寡,都将下定决心跟随光辉的榜样前行。"

第十二章 巴麦尊勋爵的个人特点

我们中有许多中年人或许还记得，1848年巴麦尊在"唐·帕西菲克(Don Pacifico)"辩论时发表那篇著名演说后，他的劲敌罗伯特·皮尔爵士所说的话："我们都为他骄傲。"时至今日，我们依然能回想起自由派因他"自行其是"的外交方式而焦头烂额，他们还担心他是个好战之人。我们也记得托利党的诧异，他可以和他们的对手同心协力，但是却与他们一样希望英国作为大国保留对世界的巨大影响力。我们听说他备受民众的爱戴，作为一个彻头彻尾的英国人，他热爱运动，言行直截了当，在辩论中以牙还牙，曾被誉为"长青首相"。

我们中有一些人拥有更为私人的回忆，有人曾目睹年近80的巴麦尊从下议院的座席上迅速而轻巧地站起身，清晰直率地发言，但是他从不把口若悬河当成自己的追求，他的发言常常带着一丝犹豫；他常常穿一身黑色长外套，里面是精细的针织衫，他身材中等，身姿挺拔。我们也记得他在下议院中铿锵的话语；他灰色的短发往前梳，灰色的胡须勾勒出脸部的轮廓，双肩端正而宽阔。还有人记得，他刮净的下颌下面系着松松的领结,干净利落,衬衣短立领微微敞开。或许有人曾看见这个人不知疲惫地站在议院御座前枢密院专属空间的低矮黄铜围栏旁,当这位经验丰富的政治领袖聆听"镀金之室"①的讨论,有些年轻人或许因为贵族身份得以进入,有幸站在他身边,他们或许还曾仰视他优雅而坚毅的脸庞,出于年轻人的无礼,他们或许还会注意到,他越靠近脸颊的胡子越花白,而更深的色调不是年老或者自然的缘故。有人或许曾出席过他在剑桥举办的接待会,那座优美的白色建筑矗立在皮卡迪利街对面,外表有些沧桑,它的庭院面朝大街,有两个宽阔的入口。在那里,他用旧式而真诚的礼节迎接他们,令人着迷。他们步入顶楼的中央大厅,那位身姿挺拔的老政治家身穿精工细作的晚礼服和擦得锃亮的皮靴,微笑着迎接他们,热情地与他们握手,接着他们接受巴麦尊夫人同样彬彬有礼的欢迎。但是那时候岁月已经在她丈夫身上留下了痕迹,他常常忘记自己已经接待过哪些人,于是反复亲切地与客人握手两次甚至三次。

在巴麦尊最后几场接待会中,有一场是为了纪念加里波第(Garibaldi)将军。对于大部分保守派来说,这都是个令人恼怒的主题,他们不能忍受这位穿红衬衣的爱国主义者和革命战士得到奉承和称颂。他,而不是其他人,使意大利成为一个君主统治的国家,并且表示自己支持萨沃伊王朝。但是他导致那不勒斯国王出逃,还攻击教皇是个俗世君主,这些足以让纯粹的托利党人摇头。他们问道,萨瑟兰(Sutherland)公爵夫人难道会在斯塔福德宅邸②接待他?将军走到门口,吵吵嚷嚷的伦敦民众将他簇拥在中间,马车周围人潮汹

---

① 指上议院。
② 斯塔福德宅邸(Stufford House):又称"兰开斯特宅邸",靠近英国王宫。

涌,他受到了别国君主从未享受过的热烈欢迎。据称在内阁中,加里波第访英对公众情感造成何种后果是存疑的,有一名成员称:"我们该拿加里波第怎么办?""怎么办?"巴麦尊勋爵道,"哦,我们让他娶富有的——小姐,接着我们就能让——(提到一位杰出的同僚)为她辩护了!"

这一时期,巴麦尊惊人的旺盛精力和充沛体力让每个人都大为震惊。他骑马前往哈罗参加演讲日活动,把这视为一桩小事,当时的"男孩们"还记得他如何轻快地翻身下马,走进大厅,同时用一把便携小梳子整理头发。接着,在演说结束后,有人要求休假,这位尽责而严格的领袖感到自己有义务宣称已经给了他们两天休假,拒绝再准第三天假。"哦,我记得,"首相道,"普莱斯(Price)在关于绘画的书中写道,绘画中有一个原则,在一幅画中必须安排三个重要的物体,而不仅是两个。你们难道觉得这个原则应该应用在这里吗?因为两天不足以构成完美的画面?"他把孩童时代的个性一直保留到生命的终点:体魄强健,头脑敏锐;用优秀的判断力而非夺目的天才指引行动。

巴麦尊勋爵对食物和工作都有着同样举世无双的渴望。据称他在用餐时常常会尝遍每一道菜。在"公务"中也是如此——这个词通常意味着作为公民的事务,而非私事。他从来不轻易放过任何公共事件,或者引发公共事件的导火索,他总是竭尽所能地仔细研究公众的感情以及身边的趋势。但是,和一些人不同,他无论何时都不会随波逐流,无论多么强势的潮流都无法将他推向与自己选择相背的方向。他形成自己的观点,并且坚持己见。他强势的个性令他无法向自己谴责的人屈服,不过他也不会固执己见、执迷不悟。他总是采取自认为对这个国家最好的方针,并且被这种坦诚的思想指引。假如他只是顺应大多数追随者的要求,让他们决定如何行事,那么他就不能被称作领袖。他永远无法屈服于专制的势力,无论是以宗教为幌子,还是通过曲解自由、民族或者正义达到目的。只要能看破虚伪的幌子,他便坚决将之扔到一边,他为了宪法自由而工作,尽管这么做并不会将他送上高位。"我不会同流合污,"他曾被要求默许他的良知反对的事情,他如此回答。

虽然他固守常识,但是对别人的困难并非漠不关心,他也不会因为"不能忍受无稽之谈"而削弱热爱和同情之心。他勤奋工作,不遗余力、不惜时间、不计代价地帮助他的爱尔兰佃农和农民,在他们困难的时候施以援手,他帮助去美国碰运气的人寻求相对较为富足的生活,他也慷慨地帮助那些选择留在家乡、千方百计改善生活的人。在他自己的家族中,哪怕是在最忙碌的时候,他也会事无巨细地关心家庭,直到去世,他和他的宅邸一直是大批亲朋好友钟爱的中心。

奥古斯都·克里福德爵士(Sir Augustus Clifford)说过,巴麦尊勋爵童年时曾被视为哈罗公学脾气最好,也最果决的学生,所有人都认为他是个有着远大前程的年轻人。"我记得坦普尔曾与一个名叫索尔兹伯里(Salisbury)的大个子男孩打架,那孩子的块头是他两倍,但是他不肯放弃,回家时眼圈乌黑,鼻子淌着血。"

1837年,有人这样形容他的外表:"巴麦尊勋爵长得高挑英俊。他的脸庞微圆,肤色黝黑。他的头发是黑色的,总是展现出美发师的技巧和一丝不苟。他的衣着极为时髦。他对个人外表非常在意。"

威廉·弗雷泽爵士(Sir William Fraser)描述了巴麦尊在年轻一代眼中的形象:"马背上的巴麦尊勋爵看起来人高马大,站在议院桌前的他看起来比例不错。每只脚,用数学语言描述,都是'不规则四边形'。他在《重击》杂志上的肖像和本人十分相像。嘴里衔着花或者稻草的那几幅最好。他长得很像马。"

通过《格雷维尔回忆录》,我们得以一窥巴麦尊在并不太友善的观察者眼中是何种形象:"巴麦尊在汉普郡被打败,每个人都欢欣鼓舞,因为他非常不受欢迎;他们恨不得在外交部办公室里点上灯。有一天我在外交部遇到几个官员,对他们来说巴麦尊这个名字是可恨的,但是我很惊讶地听到他们……对他的能力给出了足够的证明。他们说他文笔优美,能够完美地用法语表达自己的观点,意大利语也很不错,而且略通德语;他勤奋刻苦,有着不知疲惫的专注力——他什么都读,而且写下大量文字;外交大臣们(他们讨厌他)公允地评价他是个能力出众的人。他最大的问题在于不够守时,而且只要自己不乐意就不在乎约定的见面时间,因为自己乐意或者反复无常而让所有人等他几个小时。这些证言如假包换,而且得到了他同僚们的证实;但是可以肯定他在位时在议会中一直很不像样。"

以下事例或许能体现下级官员和下属们对于他们领导的看法。巴麦尊反对任何"潦草"的事物,无论是表达还是拼写。值得注意的是,他总是毫不犹豫地在一句话中把一个词重复一遍又一遍,只要能更清楚地说明含义。他的字异乎寻常得漂亮,而且难以忍受这项技能不佳的人。当他受到字迹潦草的公文,总是免不了苛责秘书。他常为了"肇事者"好而写下苛刻的备忘录,他的一名老下属称:"写在半张便条纸上,左下角标记着所指的那份公文,他把便条夹进文件中,送回原部门,然后由后者原样送到大使馆或者公使馆,与下一批文件一起。我记得1851年曾经收到过一份备忘录,部门里的其他人都不在。我不能保证这是原话,不过根据我的记忆,差不多是这个意思:'告诉那位抄写这份公文的先生,把字写得更大更圆润一些,单词里的字母要连笔,用更黑一些的墨水。'你应该记得,'更黑一点的墨水'在他大部分备忘录中反复出现,这让我们以为他要失明了。但是不仅仅是字迹,巴麦尊关注的还有拼写和意义。我记得曾在柏林看到过一张有趣的便条,是发给我们公使馆的。我们当时的代办员用了'battalions(营)'一词,但不慎拼错了,写成了一个't'和两个'l','batallions'而不是'battalions'。这导致了以下评论:'告诉 A. B. 誊写员,把他的营扎在英国,而不是法国。'那位誊写的随官感到愤愤不平,说巴麦尊勋爵自己用的表达'amanuensis(誊写员)'就是法语,而不是英语,不仅如此,他(随官)的职责只是誊写。另一次,写信的人认为为了表达得更清楚,要在插入句后加一个'that',但是插入句前已经有了一个。巴麦尊勋爵评价道:'让——把他多余的"that"删掉。'作者非常生气,称这是他的自由,但是后来我常常得向他抗议,因为他总是把为了清楚表达而必须的'that'删掉。"

前文中常常被征引的威廉·弗雷泽爵士留下了一些有趣的回忆,值得在此一提:"巴麦尊勋爵负责统筹皇家文艺基金会的年度晚宴。我问蒙克顿·米尔内斯(Monckton Milnes),也就是后来的霍顿(Houghton)勋爵,巴麦尊勋爵在晚宴上表现如何;他回答道,'对于一个一生中从来不读书的人,我觉得他做得非常好。'巴麦尊勋爵本来在 35 岁时就有机会成为下议院的领袖;但是他拒绝了:理由是'他的生活将会受到没完没了的细究',而他实在无法忍受。我并不知道这是否是真正的原因;他最后在议会中得到首相一职是因为他比其他人都年长 20 岁。他很了解这个国家,而且在一个重要问题上他非常得心应手,其他人则一无所知:外交。

"巴麦尊勋爵从来不是个优秀的演说家:他常常在最不合时宜的时候犹豫不决,他的嗓音很好,但是没有技巧;演说时他总是使用反高潮,比如,他会说,'这位可敬的绅士用的语言不同寻常,不符合议会规范,粗暴,不可信,而且啊嗨!'——停顿——'是应该反对的。'我从来没见过他真正地滔滔不绝,只有一次在演说中表现出优秀的能力,那场演说的主题是关于丹麦问题。每一个关心这些事务的人都被石勒苏益格—荷尔斯泰因的复杂问题完全搞糊涂了。最清晰的头脑也对此一筹莫展,下议院中的大部分人根本不想尝试。巴麦尊勋爵发表了一场清晰明了、值得赞许的演说。我原本不相信他有这样的能力,不相信他能解决困难,同时把这个问题中最关键的几点呈现在下议院众人面前,供其评定和理解。迪斯雷利看到这场演说产生的效果,在回应中称这场演说'明白易懂,但并不令人满意'。它的简明扼要是绝妙的。他发表那场著名的'帕西菲科演说'时我不在议会中,我读过演说辞,至今为止也不明白它产生了怎样的效果;但是我可以说,除了这两次,巴麦尊勋爵从未发表过伟大的演说。

"据说笑意味着个性和感情。我从来没听过比巴麦尊勋爵更亲切热忱的笑声:低沉,有着音乐般的旋律。他给你一种脾气非常好的印象。"

巴麦尊勋爵的反应非常敏捷,不时运用恰当又惊人的语言。"没有什么,"他曾评论道,"是比继承胜利的错误更可悲的事。"德比勋爵的《伊利亚特》译本第一次公布时,布罗德兰斯的一位客人对巴麦尊勋爵说,他一定要翻译《埃涅伊德》,以便不落后于他的劲敌。"等我卸任再说,然后我们的对比就完整了。"另一次他笑着引用了一位杰出医生的权威,称继续留任和工作重担是健康的食粮。"积极的反对是否也有同样效果?不,不;那会搅动胆汁,生成酸。去问问迪斯雷利是不是这么回事。"

没有什么能让他发酸;他从来不发表或认可对任何人的恶意评价。当他听说一位聪明的攻击者后悔对他进行个人攻击,他说:"告诉他我一点也不觉得受到冒犯,尤其是,我觉得自己才是从中受益最大的那个。"

巴麦尊担任内政大臣时,鲁吉利镇(Rugeley)的代表团前来请求改名。为什么会提出这样的请求?因为镇上有个名叫帕尔默(Palmer)的公民用马钱子碱毒杀了许多人后被判了死刑。"鲁吉利案"在说英语的地方传得人尽皆知。镇上的居民因此很不高兴,认为这个镇散发着毒药的味道。他们认为必须改名,并且请求巴麦尊勋爵的同意。他静静地听他们说完,接着用欢快欣然的语调说:"好吧,绅士们,我对你们的遭遇深表遗憾,但是我能做的唯一一件事就是建议你们把镇名改成'帕麦斯顿'"——下毒者的名字是帕尔默。

"他很喜欢玩台球,"海沃德写道,"在布罗奇特或布罗德兰斯,他每天晚上睡觉前都会玩三局(总是不多不少)。他的水平大概相当于顶尖的非专业选手。他总是能化险为夷,玩台球游戏的运气和他的政治运气一样好。三四次侥幸之后,他会说,'我觉得我最好别再试验我的运气了。'他虽然很喜欢赢,尤其是当巴麦尊夫人在一边看着时,但是输了也不会气急败坏。"

一位常常见到他的记者写道:"与他的交往在我脑海中留下简单的印象。他留在我记忆中的形象是一个拥有坚强个性和智慧的人,有时候这种智慧几乎接近野蛮的边缘,在公共和私人生活的直接问题以外的任何主题上,他的头脑几乎没受过训练,也没有经过多少文化熏陶,他的智慧不是从阅读中得来的,而是从和男性、女性长久而多样的交往中得来的。

"巴麦尊勋爵曾在某个公开场合提到一个著名教义,写到这里我突然想起一个事例,很能说明他这种思维习惯,他说'人性本善',完全没意识到存在一种广为流传的神学信条'原罪'。他这么说并不是为了引发争议,只是没想到这么说与所有教派相悖。在剑桥时,我对巴麦尊勋爵印象最深的画面是,我常常在他的办公室中看到他,站在自己的高桌前,四周的文件盒堆积成堡垒,几乎没法走到他身边。在布罗德兰斯,除了三餐时很少有人能看到他,在用餐时,根据我的记忆,他的话也不多。我不认为他很在乎对话,他也不擅长交谈,尽管时不时会讲个好故事。晚餐总是需要等很久,因为巴麦尊勋爵总是尽量拖到最后一刻才把送信者派出去。在我记忆中,只有我见证的情况下,最长也最生动的谈话是关于路易·菲利普和西班牙联姻问题,那次他变得非常激动。这场对话发生在巴麦尊勋爵和科林·厄德利爵士(Sir Culling Eardley)之间,当时两人在列车月台上,双方的鲜明对比非常有趣,尽管他们没说什么特别的内容。科林·厄德利爵士试图劝说巴麦尊勋爵为了无休无止的雨(或者干旱)定一个公共羞耻日,巴麦尊勋爵据理力争。'事情真的那么糟糕吗,科林爵士?''我的阁下,我刚从乡村来,庄稼都毁了。''那么已经太晚了,科林爵士——现在祈祷已经没用了。'大约也是在同一时期,在他最后一届议会结束时,我记得巴麦尊夫人告诉我,他在布罗奇特收到女王的来信,感到非常高兴,女王在信中感谢他每晚从下议院中写信给她,总结当天的辩论等。"

他坚持出席下议院会议的频率让更年轻好动的议员啧啧称奇。一个小时又一个小时,他坐在财政部的座席上,日光透过高高的窗户。黄昏来临时,煤气灯的灯光从大厅的穹顶上洒下来,落在他灰色的发卷上,他总是以一种老派的风格把头发精心往前梳。他似乎总是心不在焉地盯着大桌子下部的装饰,桌子上堆着无数文件和参考书,偶尔还有公文箱——三个官员坐在演说者椅子下方的桌子前——这是一件沉重的家具,装饰着镀金的权杖,见证新成员在它身旁宣誓，它放置的位置令它仿佛一张巨大的木头圣餐桌，英国议会中的"牧师们"坐在两边的座席上，如此一来，当有人向众人发表演说，为追随者的信仰"祷告"时，就能站在这张桌子前。议会中一排排长长的橡木长凳都熟悉这位坚毅果决、小心谨慎的人，尽管看起来昏昏沉沉，但这些长凳或是黑压压坐满了与会人员，或是充当旁听席，孤零零地露出绿色的皮质表面，它们全都是巴麦尊的见证者。在"重要之夜"，他在辩论的所有阶段都保持无动于衷和被动，着实令人诧异。他面容平静，双眼直视前方，常常半睁着，他的长外套整齐地扣着，他总是戴着手套，整洁的浅色裤子系在干净的靴子上。他留意辩论中的任何一个转折，然而，最后当他站起来总结辩论并回应时，他并不总是按顺序一五一十地回答。相反，他有时候会回避重要的问题，或者避重就轻，他非常擅长插科打诨、挖苦讽刺，他会"攻击"对手，给出醒目的事实以及行动的主要动机和理由，他的语言很平实，措辞强硬，但表达并不总是很流利，接着他会号召朋友们投票，部分高明的段落结合了英国式的常识和简洁措辞，这种措辞来自长久的知识储备、不容置疑的爱国主义和诚实坦率的信念，他的言辞对自己的党派产生巨大影响力，保证他期待的大多数票。

有件值得注意的事能够很好地体现他的刻苦勤奋。1855年，他下定决心了解下议院的各种形式。到那时为止，他主要是个部门大臣，一朝成为内阁和下议院领袖，他才发现即使他拥有长久积累的经验，但是对于政府中的许多运作机制并不熟悉。他常常通宵达旦地工作。

对他精确分析能力存疑的人们应该研究一下前文探讨过的国际事务相关演说。他在辩论中体现出对普遍原则的全局把握和敏锐的逻辑推理能力，就力量和恳切而言，这是下议院中最伟大的律师都嫉妒的能力，这种能力让他的观点具备了超越其他成员的价值。

有人说他倾向于以轻率的态度对待至关重要的事务。关于他的轶事被荒谬地用来佐证这一点。那些希望在克里米亚战争最后一年中毁谤他的人尤其喜欢这种论调，惯于用轻率指责他。然而，公众很快就发现这种指责极为不公正。批判者不能区分问题本身和看待问题的观点；他们也看不到，首相虽然满足于以诙谐的方式来反驳他认为不值一提的攻击，但是与此同时，他也对这些不值一提的话题进行了充分的深思熟虑。

在巴麦尊的观念中，他对女王和这个国家应尽的责任并没有一丝一毫的轻率之处。他基本上是一个拥有赤诚责任感的人；而且他给人一种无休无止、谨慎尽责的印象，对于他的工作有着深刻的责任感。他了解所有工作相关的事务。或许他比有史以来所有首相更熟悉政府各个部门相关的日常细节。

阿什利先生曾提到一件轶事，巴麦尊勋爵以80高龄骑马前往朴茨茅斯北部，登高眺望他在那儿兴建的要塞，并且引用了一篇庆祝新铁路开幕而发表的简短演说，称颂了蒸汽火车带来的快速交流，因为没有这种便利的日子他记得一清二楚。

"很久以前，一位绅士请他伦敦的朋友到他乡村的家中做客，那位朋友随身带着两三周的行李，在路上就花了整整一周。现在，一对朋友在圣詹姆斯大街上相遇，其中一位说：'下周我打算去打猎；你愿意到我家来玩几天吗？'那位朋友称：'我现在坐火车不是很方便；最近的火车站距离我家16英里，但是路挺好走；你可以很轻松地到达。'被邀请的客人回答道，'你是让我星期二过去吗？'"是的，"那位乡村的朋友说道，'我记得你告诉我那天你有空。'另一个人赶紧回答：'我的记性太差了，实话说，真抱歉，但是那天我约了人。下次有机会我再去拜访您。'（笑声。）接着他去另一个朋友家做客了，因为那位朋友家附近一两英里之内就有个火车站。(欢呼和笑声。)"

阿什利先生说巴麦尊勋爵从来不会因为年龄放弃任何事。"他过去常常去打鹧鸪,当他的视力变弱,再也没法瞄准后,他仍然坚持户外运动。他一年两次九点出门,不到两点不回家,骑马从布罗德兰斯前往位于利特尔顿的驯马场,看他的马在温切斯特(Winchester)赛马场中飞驰。6月,他骑马前去参加哈罗公学演讲,留出时间从位于皮卡迪里的住宅快步前往学校,两地相距近12英里,他计划在一个小时之内走完,并且顺利完成。"

在他去世前几天,脸色已经能看出病态,工作时病容更是明显。那天巴麦尊夫人在早餐时提到牛瘟疫,这一事件当时在英国引起了巨大混乱。他立即提到维吉尔描述的失调症状,并且向我列举了《农事诗》中描写的8条症状。接着他给我讲了他在哈罗公学扔石头惹出的麻烦,笑得前仰后合,这是他能对巴麦尊夫人透露的唯一症状,他总是想对她隐瞒自己的病情,隐瞒他有多虚弱。

"假如巴麦尊勋爵是一种典型的英国人,"一个熟识他的人在他去世不久后说道,"那么他是日常和公共生活中的模范,后者更为难能可贵。他有许多与生俱来的天赋,很少有人像他那样把坚强的意志、钢铁般的体格和翩翩风度带到公共服务中去,50多年来,他一以贯之。但是他还具有其他更平易近人的品质,的确是这样,而这些品质对于他的地位同样至关重要。有人说巴麦尊勋爵的成就不能归功于任何难以超越的能力,而是许多平常品质的稀有组合。然而,这种评价虽然从某方面来说不无道理,但仍旧流于表面。也许他最伟大的睿智之处是能力的平衡,这赋予它们一种协调的风度,并且从某种程度上阻碍了人们具体了解这些品质。他拥有许多同样卓越的人物身上罕见的品质。这个人既深沉又欢快,既慧黠又热忱,对于日常工作全情投入，热爱运动与社交——简而言之，这位政治家既快乐又明智——这让墨守成规的公众大为震惊；公众认为这种组合需要非比寻常的力量，这是对的；而巴麦尊勋爵拥有这样的力量。"

1876年7月22日，洛（Lowe）先生（现在的舍布鲁克子爵[Viscount Sherbrooke]）在拉姆西说道：

"虽然我们非常欣赏巴麦尊勋爵的智慧，但是他身上有一种我更欣赏的品质——对于责任不知疲倦和坚韧不屈的努力与坚持。虽然已经年逾80，但是巴麦尊勋爵至今为止仍是政府中最常出席下议院会议的人。他下午四点到达下议院，如果必要的话在那里一直待着，从来不离开自己的座位，除了偶尔去喝一杯茶。每个人都能在那里找到他，他总是对每个人都彬彬有礼，无论是朋友还是对手；没有反唇相讥，没有辱骂嘲笑，政治生活中充斥着的偶发事件、岁月的重量、他视之为责任的辛勤劳动——这一切都不会激起他的怒气或者干扰他的好脾气，在这样的高龄，他甚至不认为自己能够承担这些辛劳是值得称奇的。因此我说，他不仅是一位伟大的政治领袖，同时也是一位伟大的英国人。当他肩负一项责任时，他总是一丝不苟地完成。他从来不为自己开脱。他在欧洲有着唯他马首是瞻的社交圈，然而为了工作完全离开了他们。"

在关于巴麦尊勋爵性格、能力和影响力的私下和公开的证言中，他的朋友和同僚格兰维尔伯爵做了如下评论：

"政治竞争从来不会让他的心灵变得麻木，也无损于他温暖的仁慈。哪怕在最忙碌的时候，我们这些朋友都能从他那里收到关于我们个人和私事的及时而关切的建议。我记得很清楚，那时候他年近80，仍然对他的议会责任兢兢业业，让下议院众人非常高兴，这是任何领袖从未有过的。在他完成了一天所有的事务之后，他会抽出时间,连着几个星期,每天写下一页页社会和政治新闻,只是为了帮一位年轻患病的同僚缓解病中的痛苦,因为他在遥远的异乡遭受病痛折磨。要把这些私下的美德和个人品质与这位伟人的公开性格割裂是不可能的。我有幸在他手下管理外交部。巴麦尊勋爵对于公共部门的组织和纪律有着非常高的认识,无论是在外交部还是在战争部,他的名字起初总是引起畏惧多过敬爱。但是时间一长,官员们就能看出他坚定不移的公正;人们发现他严于律己,对自己的苛刻程度甚至数倍于部门中职位最低的人员;他事必躬亲,甚至到了过度的程度,因此他获得了一种独特能力,能够在处理每个部门问题时拥有一种独特的态度,无论是在议会中还是在与外国官员谈判时都是如此。他在有权保护自己下属时坚定不移地捍卫最低级下属的利益,表现出高尚的仁义,见证了这一切之后,下属们不仅因为这位领导出众的个人工作能力和责任心付出有所保留的敬爱,更对他付出一种更全心投入、更情真意切的喜爱之情,这是一支得胜的军队对自己将领的感情,是第十军团对恺撒的感情,是老近卫军对拿破仑的感情。"

提到他的政治生涯,格兰维尔伯爵继续道:

"假如巴麦尊勋爵有错误,这些错误来自于他宝贵品质的挥洒过度,来自影响他人生中每个行为的爱国主义精神。巴麦尊勋爵知道在变化的环境中如何做出妥协,就像所有睿智的人一样。他知道如何用成熟的精神行事;但是有一些重要原则是他终其一生从未抛却的——他对全世界公民和宗教自由的热情拥护;他对任何类似宗教迫害或不公的反对;他对压迫的恐惧以及对任何形式的奴隶制的坚决憎恶。他的一大动因是我指出过的爱国主义感情,他在这种感情之上又增添了对祖国命运的无穷信念,他怀有让英国人集体和个人登上荣誉和光辉顶峰的赤诚愿望。这些品质是上帝赋予他的天赋,此外还有孜孜不倦的勤奋以及更轻盈优雅,但是同样有用的天性,即使是不友好的批判者也不得不用赞赏的语言来形容他迷人的风度和快乐的性格,他富有英国特色的坚实可靠中混合着一些爱尔兰特有的活泼。他的敏捷、他的丰富经验、他自然的口才,同样备受赞誉。正是这些原因导致他的劲敌罗伯特·皮尔爵士进行政治攻击时也不得不承认,巴麦尊勋爵是一个让英国为之骄傲的官员,正是因为这些原因和许多其他原因,当他在这个可以算非常长寿的年龄与世长辞时,所有人都觉得出乎意料,无论属于哪个政治党派或是哪个社会阶层,因为他直到生命最后一刻仍旧完整地保有他的全副能力和智慧。"

这些文字出现在10月28日的《重击》杂志上,表达了许多人对他的看法:

> 他的心属于英国,她的荣耀是他的偶像,
> 他以英国之友为友,以英国之敌为敌;
> 当她的命令被轻忽,当她蒙受羞辱,
> 他反唇相讥,他以牙还牙!
>
> 她的军队悲伤,她的旗帜破碎,
> 她像中了魔咒一般失去力气,
> 而他挺身而出,他破除魔咒——
> 只需五体投地的敌人来述说。
>
> 他为我们的福祉兢兢业业,
> 进步向他走来,智慧是他的向导;
> 他为她扫除障碍,一视同仁地

让庸人和狂人靠边站。

巴麦尊勋爵个性中具有两大特点，这使他成为一位成功的伟大领袖。他无所畏惧，他从来不抛弃任何一位下属。他谨慎地下判断。平衡的思维和性格让他很少冲动行事。他总是心平气和地思考，一旦做出了判断，一旦下定决心，他从来不往回看。他在下决心之前或许会受到公众声音的影响，但是做出决定后却坚定不移。他对自己的职责怀抱强烈的责任心，对于所有不如自己的人怀有真诚的同情之心；困境中他的忠告从不缺席，非难中他的支持始终如一——这是获得真诚和热情回馈的唯一方式。

他以谨慎的思考和娴熟的政治技能行使自己的权力，不受冲动、情绪或踌躇影响。他的大脑宛如一个巨大的仓库，储存了无数历史、传记、叙事细节，对欧洲各国错综复杂的政治关系以及英国与它们的相对地位了如指掌；此外，他对人性和习俗，对左右人类判断的动机拥有最深刻最广泛的知识。没有人听说巴麦尊勋爵是个喜欢回忆往昔的人。他从不暗示或夸耀过去的成功，也从不洋洋得意地回忆曾经的伟大事迹。他拥有成熟的观点和坚定的结论，但是除此之外，没人能够看出他的经历比在座的听众更辉煌。他对眼前问题拥有清晰和简明的认识，显示出过人的思维，他常常把其他问题统统抛诸脑后，把所有知识资源用于他眼前的问题上。

愉悦的天性、亲切的性格、良好的教养和健康的体魄使巴麦尊勋爵在所到之处广受欢迎，但是这个国家赋予他的无限信心来自他冷静、理性的力量，正是这种力量令他的政治作为和观点脱颖而出。他热爱他的国家，他的国家也热爱他。他终其一生为了英国的荣耀奋斗，而英国也让他的珍贵回忆与世长存。

比利时君主制度的创始人——巴麦尊子爵

[比]泰奥多尔·朱斯特 著

费群蝶 译

目录

序言 / 193

第一章　1784—1830 / 197

巴麦尊子爵对比利时做出的贡献——青少年时代——政治生涯的开始——先任英国海军部委员,后任军务大臣——进入议会——拒绝牙买加政府和印度总政府的邀请——1828年,离开惠灵顿公爵内阁——巴黎之行,几封关于法国公共精神和对比利时及莱茵河沿岸省份战略部署的书信——波利尼亚克王子——1830年七月革命——就任英国外交大臣

第二章　1830—1831 / 205

1830年比利时革命——巴麦尊和塔列朗王子——法国觊觎卢森堡——巴麦尊反对法国的一切侵占行为——他并不是让萨克森-科堡的利奥波德王子成为反对比利时王位候选人的幕后推手——但他却坚决反对内穆尔公爵参加选举——巴黎王室内阁的诡计——内穆尔公爵被选为比利时国王——英国政府不惧战争威胁坚决反对内穆尔登基——法国国王路易·菲利普让步——巴麦尊子爵粉碎拉菲

特内阁的兼并主义计划——他对卡西米尔·佩里埃接掌法国内阁感到很满意,但是依然不信任外交部长塞巴斯蒂亚尼将军——巴麦尊给比利时摄政者的明智劝诫——英国的意图——苏尔特元帅让人提议把安特卫普和奥斯坦德给英国,条件是英国允许法国夺取比利时的其他土地——巴麦尊子爵傲慢地拒绝了这个诱惑——比利时军事要塞问题——巴麦尊子爵赞许利奥波德王子在当选前的得体表现——格雷子爵内阁和法国的政策——利奥波德王子的当选与《十八项条约》——荷兰人突袭比利时——法国派兵进驻比利时——荷兰撤军后,巴麦尊子爵始终坚持法国军队尽快撤离比利时——塔列朗王子提议瓜分比利时,巴麦尊依然坚持要求法国立即撤兵——几次重要的事件——法国军队撤离比利时——塔列朗王子的丑恶行径——塔列朗王子的耻辱

第三章　1831—1841 / 229

比利时人民反对《二十四项条约》——巴麦尊子爵劝告比利时妥协——巴麦尊子爵与利奥波德国王、罗伯特·亚岱尔爵士的书信——巴麦尊子爵与范德维尔爵士、戈布莱将军的交往——俄国政府批准《二十四项条约》,巴麦尊子爵赞许范德威尔爵士的表现——《巴麦尊子爵之议题》——包围安特卫普城堡——1833年5月21日停战协议——巴麦尊子爵于1834年11月15日离开外交部,1835年4月18日重返外交部——维多利亚女王的登基和利奥波德国王的建议——巴麦尊子爵在1838—1839年危机中依然想要保护比利时——1840年7月15日条约——梯也尔的威胁性政策和语言——巴麦尊子爵和英国驻巴黎外交官亨利·巴尔沃爵士的书信——法国国王路易·菲利普和梯也尔之间的矛盾——1840年10月29日基佐执掌法国外交部——英国政府对基佐毫不退让——巴麦尊子爵对法

国人的评论——墨尔本子爵内阁的解散——巴麦尊子爵在人民心中的威望丝毫未减——巴麦尊子爵最得意的作品

第四章　1841—1865 / 240

巴麦尊子爵和约翰·罗素伯爵一起进入内阁——法西联姻事件——事件在英国激起不满——英法两国友善互谅关系的中断——路易·菲利普和巴麦尊之间的个人仇恨——1848年2月24日法国革命——巴麦尊子爵和范德维尔先生就比利时问题进行谈话——利奥波德国王关于比利时人和荷兰人关系和解的书信——1851年12月2日法国政变——约翰·罗素伯爵和巴麦尊子爵之间的分歧——巴麦尊对路易·拿破仑大为赞许，并表示早就预料到法国即将和俄国、奥地利结盟——他的做法不被理解；1851年12月22日他被迫辞职——联合政府——克里米亚战争——巴麦尊子爵成为英国首相——意大利战争——德国和比利时的恐慌——利奥波德国王的一封要函——巴麦尊子爵并不打算把比利时交给法国来统治——去世——他获赐葬入威斯敏斯特修道院——结论

序言

不久前，英国失去了一位出色的外交官：亨利·李顿·巴尔沃（Henry Lytton Bulwer）。他出生于1804年，1872年5月27日在伦敦去世。就在他过世前的11个月，为了嘉奖他的杰出贡献，维多利亚女王让他以勋爵之名加入了上议院。

他毕业于哈罗公学，随后进入剑桥大学继续学习。毕业之初，他听从父命，成了一名像父亲一样出色的英军将领，在骑兵卫队里当了一段时间的军官。但是，很快他就放弃了这个职业，开始了他如鱼得水的外交官生涯。他先任职于英国驻海牙公使馆，后于1830年被派往布鲁塞尔完成秘密任务。那时，他作为下议院成员，强烈支持巴麦尊（Palmerston）子爵所奉行的对比（比利时）政策。他先后在布鲁塞尔、君士坦丁堡和巴黎担任英国公使馆的第一秘书。1845年，他成了马德里英使馆的全权秘书，其后因为他强烈反对路易·菲利普（Louis-Philippe）和他的大臣基佐（Guizot）所设想的"法西联姻"而遭到了法国政府的敌视、克里斯蒂娜（Christine）女王的仇恨、纳尔瓦埃斯（Narvaez）将军的不满。来自方方面面的敌意到了极其严重的地步，逼得西班牙政府不得不在1848年将他撤职。这一异常的举动被看作是对英国的侮辱，巴麦尊子爵迅速采取了外交防御手段，大胆地支持了他的政策。在接下来的两年里，英国都没有派遣驻马德里使馆代表。在巴尔沃离职之后，一直没有人接替他，直到西班牙政府通过某种方式公开致歉，情势才得以缓和。

从马德里到华盛顿，巴麦尊对巴尔沃始终鼎力相助。在华盛顿，巴尔沃签订了著名的克莱顿·巴尔沃（Bulwer-Clayton）条约。接着，在佛罗伦萨短暂停留后，他被任命为英国驻君士坦丁堡大使，在长达七年的时间里，他在万众瞩目下成功占据着英国最重量级外交官的地位。

后来，他回到英国，在时隔20年之后，以一名塔姆沃思（Tamworth）议员代表的身份重新进入了议会。在预示着普法战争即将爆发的几次辩论会中，他起到了很重要的作用。那以后没过多久，正如我们所知，他升格为国家重臣。

在上议院，巴尔沃的席位紧挨着他的弟弟、著名的小说家利顿（Lytton）勋爵。但实际上，他本人也很早就对文学产生了爱好。1822年，他发表了一部诗歌集。1826年，他将另一部作品——《希腊之秋》（*Un automne en Grèce*）题献给了他的弟弟。1834年，他的著作《社会的、文学的法国》（*La France sociale et littéraire*）问世，随后他又发表了《中产阶级的君主制度》（*La monarchie des classes moyennes*）。接下来的30年里，他在文学领域未有所出。1867年，他终于重新拾起了那似乎已被他丢弃的笔杆子，这在当时着实引起了一片轰动。那一年，他发表了《历史的精神》（*Caractères historiques*）。

这部著作包含了对威廉·科贝特（William Cobett）、乔治·坎宁（George Canning）、詹姆士·麦金托什（James Mackintosh）爵士和塔列朗（Talleyrand）王子的著名评论。这部作品获得了连出四版的殊荣，并被译为多种语言①。

但是，巴尔沃勋爵最重要的著作毫无疑问是1870年出版的《巴麦尊子爵传》（*Vie de lord Palmerston*）②。在这部作品中，他用非常娴熟的技巧讲述了这位国家重臣直到1840年为止的政治生涯。一些价值不可估量的政治文献更加凸显了这部作品的重要性。全书浓墨重彩地渲染了在比利时君主制度初建之时，巴麦尊子爵不顾一切阻力为支撑我们那尚不稳固的民族大厦所做的努力。

这些政治文献一发表，就立即引起了许多政治家的高度关注③。就连我们自己也曾在这些文献中寻找可用于巴麦尊子爵传记的主要

---

① 更多具体细节，请查阅刊登在以下报刊上的有关巴尔沃勋爵的文章：1872年5月28日的《每日电报》（*Daily Telegraph*）、同年6月1日的《星期六评论》（*Saturday Review*），还有《雅典娜》（*Athenaeum*）等。（如无特别说明，本部分的脚注皆为原书注）
② 即《巴麦尊勋爵的一生：他的日记和信件选编》（*The life of Henry John Temple, Viscount Palmerston：With Selections From His Diaries and Correspondence*）。著作权归属于亨利·利顿·巴尔沃（Henry Lytton Bulwer），版本信息：G. C. B，M. P.（伦敦，理查德·本特利出版社，1870年，2卷，大8开）
③ 在这些政治文献中，尤其要列出的有德语版的《巴麦尊子爵》（*Lord Palmerston*），作者西奥多·伯恩哈特（Theodor Bernhardt）博士（柏林，1870年，39页8开）；《巴麦尊子爵和比利时》（*Lord Palmerston et la Belgique*），作者F. 范·米嫩（F. Van Meenen），发表于1871年3—4月期的《讨论》（*Discussion*）；《巴麦尊子爵、法兰西和比利时》（*Lord Palmerston, la France et la Belgique*），作者L. 海曼斯（L. Hymans），发表于1871年2月的《议会之声》（*L'écho du Parlement*）；《巴麦尊子爵》（*Lord Palmerston*），作者德·雅纳克（de Jarnac）伯爵，发表于1873年4月1日的《两个世界》（*la Revue des Deux-Mondes*）杂志。

素材,并且努力通过其他文献来最大程度地还原巴尔沃爵士呈现给我们的历史观。

1873 年 5 月 1 日撰于布鲁塞尔

第一章
1784—1830

　　英国最有名的人物之一罗素伯爵曾说过:"在格雷(Grey)子爵和巴麦尊子爵的支持下,比利时成了一个自由和中立的国家。"①同样对巴麦尊子爵深感敬意的,还有保守党领袖,尊敬的迪斯雷利(d'Israëli)先生,他说:"一说到比利时独立,我就必然会回忆起巴麦尊子爵。"此外,巴麦尊子爵还得到了一份英国机关刊物的肯定,文章说道:"受助于范德维尔爵士那强大的毅力、洞察力和敏锐的外交触觉,巴麦尊子爵最终成功地彻底解放了比利时。"最后,让我们来听听格莱斯顿(Gladstone)先生如何评价巴麦尊子爵:"我相信,巴麦尊子爵将永远活在人们的心中,主要原因是从比利时王国于 1830 年的建立到 1839 年的巩固政权,他用恒心、毅力和超人的洞察力引领了英国的政治方向,并且对欧洲的政坛产生了巨大的影响。尽管有人认为巴麦尊子爵的干预政策可能会在某些方面遭到反对,但是我必须牢记,

---

① 《英格兰的对外政策》(*The Foreign Policy of England*),第 77 页。

在处理比利时事务的过程中,他是和平外交政策的重要推手,成功避免了欧洲陷入全面的血腥战争。"

就连比利时议会的那些最重要的开国大臣们,约瑟夫·勒博(Joseph Lebeau)、戈布莱将军、诺冬(Nothomb)男爵等,也对巴麦尊子爵表示了崇高的敬意。在他们的眼中,巴麦尊是一位保护者,更是一位朋友。他们还向自己的同胞们强调,巴麦尊是比利时独立运动中坚定不移的推动者和不可动摇的支持者。戈布莱将军曾说:"比利时人民始终认为他是最忠诚的捍卫者。以他所做的贡献,我们应该无限地感谢他。因为准确地讲,他一直把比利时这个新的王国当成自己的一个作品。"

在比利时君主制的创始人中,巴麦尊子爵无疑具有十分显著的地位。把他排除在外,无疑比忘恩负义更为过分。

然而,我并不打算在本书中讲述巴麦尊子爵漫长又光辉的政治生涯的每个阶段。只要我能够清晰忠实地还原巴麦尊子爵,这位格雷子爵的聪敏有力的好搭档为1830年建国的比利时所做出的伟大贡献,我写这本书的目的就算达到了。

亨利·坦普尔·帕麦斯顿子爵,也就是未来的英国首相,在1784年10月20日出生于南安普顿市(Southampton)的布罗德兰斯(Broadlands)。在他的直系尊亲属中,其曾祖父同样是一位出色的外交官,先是在1667年签订了三国协约,后又与威廉三世成了好友。他那同为巴麦尊子爵的父亲,因为在都柏林的一条街上遭遇了坠马事故,被送往一位德高望重的商人家中治疗。继而娶了这位商人的女儿米小姐(Miss Mee),她的兄长是英格兰银行的经理。

在意大利度过一段童年时光之后,亨利·坦普尔进入哈罗公学学习希腊文和拉丁文，毕业后进入了爱丁堡大学。在他的那些重要导师中，有一位著名的杜格尔德·斯图尔特(Dugald Stewart)教授。他在1804年这样评价亨利·坦普尔："这是个天赋出众、全力以赴在实践中追求完美的学生。无论是品性还是操行都是他的朋友们望尘莫及的。可以说，我从未见过品行如此无可挑剔、志向如此远大的与他同龄的年轻人。"1803年，他又进入了剑桥大学圣约翰(Saint-Jean)学院，并在1806年初获得了文学硕士学位。

1802年，他的父亲去世。亨利·坦普尔继承了父亲的爱尔兰贵族爵位，成为了第三代巴麦尊子爵。他大学尚未毕业就开始了踏上政治舞台的尝试。大皮特(Pitt)走后，剑桥大学的议员席位有了空缺，巴麦尊子爵曾想填补这个空缺，却以失败告终。[1] 没过几个月，他又参加霍舍姆市(Horsham)议员竞选，但同样未能如愿。不过，最初的这两次失败并没有对他之后的仕途造成什么影响。很快，著名的外交官马姆斯伯里(Malmesbury)勋爵发挥了作用。他曾经是巴麦尊的监护人，后来一直都给予他指导。正是在他的举荐下，1807年被任命为首相的波特兰(Portland)公爵，于同年8月3日指派巴麦尊出任英国海军部职员。两年后，1809年10月28日，巴麦尊被任命为英国战争大臣，随后担任英国内政大臣直至1828年5月28日[2]。

在长达18年的时间里，巴麦尊子爵始终是英国政府成员之一。

---

[1] 巴麦尊勋爵获得了128票的支持，而阿尔索普(Althorp)子爵获得了145票，从此成了新一代斯宾塞(Spencer)伯爵，亨利·佩蒂(H. Petty)勋爵获得了331票，从此成了兰斯唐(Lansdowne)侯爵。

[2] 那时，英国有两个负责战争的官员：一个负责具体军务，另一个负责管理财务和处理政府部门与下议院的各类关系。巴麦尊子爵就是后者。而掌管一切人事和军纪的，是总司令约克(York)公爵。参照德·雅纳克(de Jarnac)伯爵的序言。

1807年，他进入议会。刚开始，他作为怀特岛新港的议员进入下院。两年后，他成了剑桥大学选区议员。

担任英国战争大臣期间，他工作勤勉、脚踏实地、耐心而执着。因此，先后有波特兰公爵、帕西瓦尔（Perceval）、利物浦（Liverpool）勋爵、坎宁、戈德里奇（Goderich）子爵这样的政要想拉他入阁。最后，就连惠灵顿公爵都向他发出了邀请。这种情况一直持续到坎宁党人——也就是乔治·坎宁所有旧部的下台。①

坎宁当英国首相时曾表示让巴麦尊担任财政大臣。这一提议当事人并未拒绝，却遭到了国王乔治四世（Georges IV）的反对。这也许是因为国王并不喜欢巴麦尊，不喜欢他那独来独往和苛刻强硬的个性。他想要把巴麦尊驱逐出政府，甚至驱逐到远离英国之地。而巴麦尊那时预感到将来国家会对自己委以重任，不但拒绝了牙买加总督的邀请，就连印度总督的邀请也没有接受。②

离开惠灵顿公爵政府后，他没有去加尔各答（Calcutta），而是去了巴黎。通过探究法国的民众意愿，他仿佛下意识地在为未来的外交大臣职位做准备。在他的日记以及给时任英国驻圣彼得堡（Saint-Pétersbourg）使馆秘书的兄弟威廉·坦普尔（William Temple）的书信

---

① 1828年5月25日，巴麦尊子爵递交了辞呈。第二天，惠灵顿公爵同意了他的请辞，并为失去这个好助手表示惋惜。参见《陆军元帅阿瑟·韦尔斯利，即惠灵顿公爵的文件、书信和备忘录》(*Despatches, Correspondence and Memoranda of Field Marshal Arthur Duke of Wellington*)，伦敦，1874年，第四册，336页起。
② 德·雅纳克注意到，对于巴麦尊两次拒绝前往印度掌大权，毅然决定留下来，英国的下议院只有满满的感激。他还补充道，英国人民也同样向他们的同胞巴麦尊表达了感谢之情，感谢他真诚地支持他们的工作和消遣。"他交游广阔，从不拒绝参与任何一种休闲活动，甚至成为个中好手、受人崇拜。他虽然不常赌马，却一直都在饲养马匹，让它们参加比赛。在公众面前，他始终是一个声名赫赫的赛马场大老板。年轻的巴麦尊体能过人，能够在所有的角逐和各类体育项目中都表现不俗。"

中,他对客居法国的生活做了十分有趣的评价:①

> 1829年1月10日
>
> 我10日来到巴黎,见了德·弗拉奥(de Flahault)夫人、波佐·博尔戈(Pozzo di Borgo)和其他几位人物。目前的这位法国外交部长行事作风很亲俄。但是,在社会活动家身上,一种法兰西意识正在滋长。这种意识首先体现在收复法国北部和莱茵河流域(也就是比利时和一部分德国领土)交界处的省份上。极端自由党们表示,他们将支持任何一个下定决心收复法国领土的部长。我也听说,波佐·博尔戈已经秘密承诺,在爆发欧洲全面战争的假设下,如果法国愿意站在俄国这一边,俄国一定会帮法国达成所愿。可是,《辩论日报》(Journal des Débats)却否认法国打算派兵进驻阿尔及尔(Alger)或埃及。报上说:"法国需要保存力量,以便获取最眼前的利益。"如果让夏多布里昂(Chateaubriand)及其党派执政,政府很可能会考虑将法国领土向北和向南扩张。② 然而,在我和波佐·博尔戈长时间的面谈中,他却告诉我说,让夏多布里昂掌权会带来巨大的不幸,因为这个人极其善变,毫无政治头脑,又荒唐可笑,只会让法国陷入险境……
>
> 1月23日

---

① 参见《巴麦尊勋爵的一生》,第一册,313页起。
② 详见《墓畔回忆录》(*Mémoires d'outre-tombe*),第四册。1828年,时任法国驻罗马大使夏多布里昂在写给德·拉·费罗奈(de la Ferronnays)的陈情书中提议与俄国联盟,目的是"收复位于莱茵河左岸的法国旧土"。

……我昨天在德·弗拉奥家里用晚餐,结识了塞巴斯蒂亚尼(Sébastiani)和塔列朗(Talleyrand)。后者看上去意志消沉、萎靡不振,很少说话。相反,前者是个自命不凡的人。他大声宣告,对于法国来说,拥有一个强大的首都极为重要,因为这会制造社会舆论并推动这个国家的政治自由,然而巴黎还不够强大……晚饭后,我有幸听到了他的"坦诚"之词:英国各党派和政府之间在处理英法两国关系的原则上相互误解至深,实在令人遗憾。法国向莱茵河流域扩张领土势在必行,是眼下的主要任务,特别是兰道(Landau)和萨尔路易斯(Sarrelouis)两个小镇。只要英国政坛对两国结盟表示反对,英法之间就不可能坦诚地和平相处。这样一来,原本一心想要与英国结盟的法国只好转而结交俄国和普鲁士,或者任何一个愿意帮助它实现领土扩张计划的其他强国。尽管初看来普鲁士会阻止法国的计划,但如果我们用从奥地利或萨克森(Saxe)抢来的领地或者汉诺威(Hanovre)来交换,普鲁士人也可能会点头同意。我向他坦言:恐怕英国没有哪个政党能够立场鲜明地支持这一提议,而且说服英国人民同意这样的结盟也绝非易事……我所在的巴黎,目前正处于一个十分微妙的时期:德·拉·费罗奈(de la Ferronnays)卧病不起,有人处心积虑地想找人取代他①。依我看,极端保王党想要拥戴帕斯基耶尔(Pasquier),自由党想要推举夏多布里昂,而惠灵顿公爵则属意于波利尼亚克(Polignac)……包括塞巴斯蒂亚尼、罗雅-科拉尔(Royer-Collard)和德·布罗意(de Broglie)在内的所有自由党人都想让夏多布里昂上位。他们认

---

① 法国司法部长波塔利斯(Portalis)代行外交部长之职。

为,让他掌权一定会带来法国的辉煌。夏多布里昂对边界领土这一历史问题态度强硬,在他的统治下,法国会和任何一个愿意帮助它解决莱茵河左岸领土问题的国家结盟……

6月1日,巴麦尊子爵回到英国,发表了一则关于外交事务的演说,引起了社会各界的反响:当他讲话时,他俨然已经是一个雄辩有力的演说家。总的来说,他在人们心目中的地位甚至高过了罗伯特·皮尔(Robert Peel)。尽管他的身份不如福克斯(Fox)家族、皮特家族和伯克(Burke)家族那么高贵,但是,经过长时间的口才锻炼,再加上他始终自豪而爱国的语言,他终于成功地在下议院引起了巨大的轰动。

12月初,巴麦尊再度去往巴黎。那时,波利尼亚克王子已经在8月8日接受了法国外交部长的任命,(11月7日)刚刚荣升理事会主席。要知道,这位王子前不久还被巴麦尊说成是典型的极端主义分子呢!波利尼亚克为自己定下了两个目标:一是通过政变重振王权,二是通过吞并比利时来调整欧洲版图,从而使法国重现辉煌。[1]在与兄弟的书信往来中,巴麦尊生动地描述了这位正把法国推向深渊的外交部长。巴麦尊隐约预感到了即将来临的灾难:查理十世(Charles X)的倒台。

1830年9月底,面对重重的内忧外患,惠灵顿公爵提议将巴麦尊召入内阁。但在这之前,巴麦尊已经表示赞成改革选举制度,因而拒

---

[1] 也就是说,把比利时并入法国,把摩尔多瓦(Moldavie)和瓦拉几亚(Valachie)给俄国,把荷兰给普鲁士,让荷兰国王去统治一个东方的基督教帝国。显然,这个疯狂的计划只有脑子有病的人才想得出来。

绝了这个为他量身打造的提议。没过几个月,惠灵顿公爵让位于格雷子爵。后者同样提出让巴麦尊效命于他。这一次,巴麦尊毫不犹豫地答应了。于是,他正式成了英国的外交大臣。

比利时君主制度的创始人——巴麦尊子爵

第二章 1830—1831

巴麦尊掌管英国外交部以后的第三天,刚刚在布鲁塞尔成立的比利时国民大会宣布比利时独立,并于24日投票禁止了奥伦治-拿骚(Orange-Nassau)家族在新政府拥有任何权力。这样的选举结果是巴麦尊不愿意看到的,或者说应该不合巴麦尊之意。因为,尽管他认为1815年成立的荷兰王国已经彻底分裂,尽管他接受了南部和北部诸省已经不可挽回地分离出去这一事实,但他原本还是非常希望奥伦治王子能够自由地被布鲁塞尔国民议会选为比利时在独立初期的领袖。这也是格雷子爵所愿,结果却未能成真。此外,辉格党的真正目的并不是非要让拿骚家族传人统治比利时,相反,只要能阻止法国把领土从基耶夫拉那(Quiévrain)一直扩张到安特卫普(Anvers),不管谁来统治比利时他们都会支持。

1831年1月7日,巴麦尊子爵给英国驻巴黎大使格兰维尔(Granville)子爵写了一封信,在信中,他巧妙而有力地讲述了对比利时问题的真实感受,回忆了自己和塔列朗王子的几次奇怪的交谈。

那时,塔列朗王子正在伦敦会议中扮演劝诱者的角色。

不久前,我和塔列朗王子就比利时事务进行了一次面谈。我把自己的一个想法告诉了他,这个想法或许能稍稍缓解欧洲的困局:荷兰国王想让自己的儿子登上比利时的王位,而比利时人殷切期望得到卢森堡。难道,荷兰国王就不能把卢森堡让给儿子,好让他当上比利时的国王吗?难道,比利时人就不能以得到卢森堡为前提选择拥立奥伦治王子吗?塔列朗神情严肃地表达了他的想法:法国政府不会愿意看到卢森堡并入比利时。我问他为什么,并解释道:"比利时和卢森堡的合并计划都已经走到那一步了,对法国来说,与其让比利时和荷兰一起吞并卢森堡,不如让卢森堡和势单力孤的比利时合并来得好!"他说:"实际上,法国北部边境防御很弱,完全暴露在外,而卢森堡恰好毗邻这一部分防御不力的法国领土。"接着,他补充道:"或许我们能想出个别的办法解决问题,比如把卢森堡让给法国呢?他的这个提议令我大为吃惊,因为在此之前,他和他的政府一贯采用的是另一套完全相反的说辞。我回答他:这么做是绝对行不通的,没有人会同意。而且,英国对比利时问题的处理结果不感兴趣,我们只是想要比利时获得真正和永久的独立,并且非常希望和法国友好相处。但是,法国做出的一切以侵占领土为目的的行为(比如刚才他提出的那种要求),都将损害两国的关系,使英国无法继续对法国保持友好。这一次谈话之后,我才发现,他早已经向普鲁士提出过类似的建议,目标是莱茵河沿岸的省份。具体做法是,把萨克森给普鲁士,让萨克森国王转而登上比利时国王的宝座。而今天,他向我提议,把菲利普维尔(Philippeville)

比利时君主制度的创始人——巴麦尊子爵

和马里昂堡(Marienbourg)给法国,作为交换,法国会支持利奥波德(Léopold)王子在选举中获胜。我并不赞成这个想法。看起来,法国似乎不会改变侵占领土的初衷,这让我怀疑法国对解决比利时问题的诚意。的确,我们渴望以最融洽、最友好的方式和法国相处,但前提条件是,法国必须满足于它已经拥有的欧洲最美丽的领土,不再试图侵占其他土地。只要有合适的时机,我们都要强调这一个原则,相信会收到好的效果。

巴麦尊子爵并不是第一个提议支持萨克森-科堡(Saxe-Cobourg)的利奥波德王子当选的人。作为乔治四世的女婿,利奥波德王子的候选人资格最初是在布鲁塞尔的外交委员会提出的。1830年12月,范德维尔爵士向巴麦尊子爵提到了这件事。巴麦尊随即致信布鲁塞尔会议的委员庞森比(Ponsonby)子爵。在信中,他表示,利奥波德王子不一定会同意参选,而且他那叛逆个性也许还会成为一个障碍。但是,没过几天(12月20日),巴麦尊就变得更加有信心了。他在信中写道:"我更愿意相信,无论如何,与法国公主联姻的利奥波德①将是我们最好的选择,但我不确定事情的结果是否会如设想般……不过,眼下英国最好不要明确表态支持哪一方。我们只要让人知道,英国反对一切过于倾向法国或带有波拿巴主义色彩的方案。"这就相当于同时排除了内穆尔(Nemours)公爵和奥古斯塔·德·博阿尔内(Auguste de Beauharnais),即洛伊希滕贝(Leuchtenberg)公爵。

---

① 利奥波德的第一任妻子是英国国王乔治四世的女儿夏洛特,1817年,她因难产而逝世。1832年,利奥波德与法国国王路易·菲利普的长女路易·玛丽结婚。(编者注)

然而，塔列朗依然坚持他的领土扩张计划。在比利时国界议定①会议召开之时，他曾乘机强烈要求，比利时新政府对卢森堡大公国的归属问题保持中立，或者让法国拿到菲利普维尔和马里昂堡。巴麦尊回答："我们没有权力把本不属于英国，而属于比利时的领土让出去，而且也不能打着解决荷比冲突的幌子来放弃某块有争议的土地，以达到为某个调停者谋利的目的。如果法国这么做，其他强国也将有权效仿。"塔列朗退让了，或者假装让步了。巴麦尊在写给格兰维尔子爵的信中说："如果塔列朗抱怨我们对他的信任似乎大不如前，您可以告诉他，这是自然的，因为我们发现他一边宣称法国爱好和平，不会介入争端，一边却企图为法国谋取领土之利……"

其实，早在 1831 年 1 月 4 日，巴麦尊子爵就曾在一次与范德维尔爵士的会晤②中声明："如果内穆尔公爵被选为比利时国王，同盟国们绝对不会承认他。英国会劝告法国拒绝同意，如果到时法国选择走另外一派，它将会面临和欧洲其他国家的一场大战。"法国的王室内阁似乎已经顺从了这一项禁令。外交部长塞巴斯蒂亚尼甚至反复重申，到时候，如果比利时王权落在内穆尔公爵手里，路易·菲利普政府将会拒绝与比利时结盟，并且不再承认比利时王国。表面上看来，法国政府失去了内穆尔公爵这张牌，于是紧接着又推出了查尔斯·德·卡普埃（Charles de Capoue）王子，他是玛丽·艾米莉（Marie-Amélie）的侄子。在比利时一方，这位那不勒斯的候选人受到排挤：其中一派支持洛伊希滕贝公爵，另一派则支持内穆尔公爵。

---

① 指 1831 年 1 月 20 日议定书。
② 参见《比利时君主制的创始人西尔万·范德维尔》(*Les fondateurs de la monarchie belge. S. VAN DE WEYER*)，第一册，第 130 页。

而英国支持奥伦治家族的人,因为寄希望于庞森比子爵的支持,所以对拿骚家族继承人的获胜仍抱有希望。但是,1831年1月22日,巴麦尊写信给庞森比子爵,他说:"我们不愿意采取主动公开的措施来支持他。您只需要表明我们偏向于他,希望他能获选就可以了。至于不管是直接还是间接地压制政府和挑起内战,都是您和我们所不愿意看到的。如果我们还想始终不渝地坚持我们的原则,忠于我们的同盟国,我们就不能这么做。"

法国王室表示特别不愿意让比利时的王位落到一位与波拿巴家族沾亲带故的王子手中。由于中了法国王室内阁的诡计,2月3日,比利时国民大会最终以多数票选举内穆尔公爵为比利时国王。

不过,巴麦尊子爵在这之前已经果断地做出了判断,他始终留心着不上法国的当。2月1日,塔列朗来找他,预先告知他内穆尔公爵可能会当选。他回答:"如果内穆尔公爵当选,我会把这看成是比利时和法国的结盟,法国从此要考虑违背自己的诺言必然会产生的一切后果。而且,其他三个强国(奥地利、普鲁士和俄国)在这一点上也意见一致。我必须告诉您,如果内穆尔公爵当选并且法国国王欣然接受这样的结果,这就证明法国的政策就像垃圾堆发出的恶臭一般,吸附在墙上久久不散,给所有人都带来害处。"另一方面,正在伦敦执行一项特殊任务的弗拉奥伯爵给法国捎去了一个消息。消息称,圣·詹姆斯(Saint-James)内阁表示已经做好战争的准备,要反对内穆尔公爵登上比利时王位。

这一坚决的声明使得路易·菲利普内阁的决议和态度彻底发生了改变。让我们来听听格兰维尔子爵是如何在信中向巴麦尊子爵讲述这一次剧变的:"……今天(2月4日)的塞巴斯蒂亚尼不管是语气、情绪还是言辞都发生了从未有过的骤变。一点钟的时候,他还是那么的得意洋洋、傲慢自居。到了五点半,他来见我,捎来了关于内穆尔公爵获选的电报,却一改之前的态度,开始用非常恭敬友好的口吻向我保证法国国王会主动拒绝这一结果……他表示,法国真诚地希望和维也纳会议的其他欧洲强国采取一致行动。但是,他最强烈期望的还是法国和英国能继续保持高度互信。请转告巴麦尊子爵(这是他的原话):'我们绝不会向他隐藏我们的任何意图,相应地,我也希望他能以同样坦诚的态度对待我们。'"读到这里,巴麦尊毫不掩饰地露出了满意之色。他托格兰维尔子爵转告巴黎方面:"只要法国安分守己,不再蠢蠢欲动,意图重新用波拿巴主义那一套来侵占和扩张领土,英国还会是法国最亲密友好的伙伴。"

巴麦尊子爵不但让内穆尔公爵的当选变得无效,甚至连查尔斯·德·卡普埃的候选人资格都不承认,因为这位王子很可能被用来掩饰路易·菲利普幼子的失败。2月15日,他严厉地指责了七月王朝政府的一些所作所为。他写信告知格兰维尔:"我召集了内阁成员,商议和法国政府做一次正式沟通,来谈一谈他们那有威胁性的军备问题。我已经越来越不喜欢法国的做事方式了。他们一边不断向我们保证会遵守和平友好原则,一边却准备等到不受制于人的时候挑起战争。每一天,他们都愈发绞尽脑汁地掩饰自己对比利时的企图,掩饰他们在比利时这个国家使用的伎俩。事实上,每过一天,他们自以为隐秘的部署就越明显,他们无非想挑起国际争端,想用一种我们无法接受的方式来对待我们。在和塞巴斯蒂亚尼交谈的过程中,请您务必让他明白,我们英国虽然爱好和平,但也绝不会退让到任人侮辱的地步,不管是言语上还是行动上的侮辱都不允许。如果法国的本意是诚实的,那为什么就不能在行动上也保持诚实呢?为什么还会有这么多的阴谋诡计?为什么计划总是变来变去,目标却只有一个？他们的目标就是在比利时安排法国的势力，可他们明明已经在 1 月 20 日的议定书上同意放弃这一点了。如果那不勒斯王子通过自由选举当选为比利时国王，并且他本人也乐意，那很好。但是，假如他的获选是因为法国的设计操纵，假如他作为路易·菲利普的侄子还得成为他的女婿，那么，让他上台和让内穆尔公爵上台还有什么差别？"

2 月 17 日，也就是路易·菲利普正式拒绝同意内穆尔公爵当选为比利时国王的那一天，巴麦尊子爵照常通过法国大使馆再次给格兰维尔寄去了一封信，以便让法国大使馆拆封和阅读。在信中，他阐述了这样一个严酷的事实："……我个人非常敬重塞巴斯蒂亚尼，我也相信他希望法国和英国保持友好。但是，对于一个铁了心要要阴谋诡计的政府，比如整天打比利时主意的法国内阁，还有什么信任可谈？说一套做一套；明修栈道，暗度陈仓；前脚让布列松（Bresson）承诺同意内穆尔公爵当选，后脚又让塔列朗出来否认；只要稍稍看到一点法国有利可图的地方，就轻易改变立场、违背原则、出尔反尔。这样的政府还值得我们信任吗？"几天后，这位英国外相发表声明："只要法国真正守牢底线，英国会是它最忠诚最热情的朋友。"但是，3 月 9 日，巴麦尊再一次严正表达了他对法国的合理怀疑。在写给格兰维尔的信件中，他说："我希望法国政府能够真正下定决心，在对比利时事务上态度诚恳一些，这样我们就可以在三周之内处理好比利时问题。不过，法国的当权者到现在都还不能确定，到底该坚定地做个诚实的人还是伪君子。……透过塔列朗，我发现，法国政府表面上对布永（Bouillon）的归属问题持反对意见，实际上是在掩盖自己那不可告人的企图——将布永占为己有①。眼下,欧洲正面临一个严重的政治危机,摆在我们面前的是如此巨大的利益问题。实在令人不齿的是,一个大国的政府却在这种时候千方百计地想要谋取私利,甚至连布永小镇里那些沦为废墟的城堡和周围的一小块土地都不肯放过②。"

总而言之,巴麦尊子爵彻底粉碎了法国拉菲特(Laffitte)内阁的兼并主义计划,这也导致了拉菲特的下台。3月13日,卡西米尔·佩里埃(Casimir Périer)开始接掌内阁。他的上台让巴麦尊这个英国外相很满意,因为后者相信,法国王室内阁从此会放弃它那背信弃义、阴险可怕、危害世界和平的计划。3月15日,他致信格兰维尔,信中写道:"我们很高兴卡西米尔·佩里埃替下了拉菲特,希望这能给法国和其他国家带来和平。我请求您好好调教他,让他知道,英国政府很信任他,并且认为他的上台是对世界和平最好的保证。也许,让塞巴斯蒂亚尼仍然在任也是个不错的选择。很可能,有了佩里埃从旁指导,他的为人处世会比原先更加诚实正直。塔列朗今天跟我说:'您给格兰维尔子爵写信时,请告诉他,希望英国方面不要把法国在比利时问题上出的事情看得太严重,这不过是件小事,很快而且很容易就会解决好。'我觉得,他这样说对法国当然是再好不过了。但是我们呢?我们不能把它当成一件小事,相反,这是值得英国重视的头等大事。佩里埃应该明白,法国是不可能得到比利时的,除非它和其他四个强国开战,而它能不能打赢四国获得比利时,那就是另外一回

---

① 就像巴麦尊在给庞森比的信中写的那样,这是塔列朗在3月9日的一次谈话中不小心说漏嘴的。
② 巴麦尊在给庞森比的信中写道,就是这个令人不解的举动,让人对它的实施者彻底失去了信任。

事了。"3月18日,巴麦尊子爵再次强调,必须和卡西米尔·佩里埃就比利时问题达成一致意见。不过,前提条件是,这位新上任的内阁首脑必须真诚地和其他四个强国共同行动,不要沦为法国王室耍心机的工具。接着,他说:"除非法国掀起血腥的战争,而英国不幸战败,否则,英国绝不会同意将比利时变成法国的囊中之物,不管是直接地还是间接地。我们主要的困难来自于法国政府在外交政策、行为上的表里不一、举棋不定和缺乏原则。我不知道,将来法国人会不会重蹈覆辙,下次再犯的会是塞巴斯蒂亚尼、苏尔特(Soult)、拉菲特还是国王自己,抑或是他的那些男性和女性秘密顾问,对此我一无所知……"

巴麦尊子爵并不仅仅满足于让法国王室明白,英国对比利时问题的立场从未改变,他还通过写信给庞森比子爵向比利时的摄政者苏莱·德·绍基耶(Surlet de Chokier)男爵提出了明智的劝告。因为担心这位摄政者过度亲法,巴麦尊子爵想让他知道,比利时能够从法国那里得到什么,又应该对英国有什么样的期待。他委托庞森比子爵转告比利时摄政政府:对待比利时问题,英国的态度也和法国一样友好。唯一不同的是,英国希望比利时始终独立下去,而法国却想要让比利时依附于它,结果是,法国必然不会喜欢比利时保持独立。所以,英国的愿望是,比利时既不和法国结盟,也不成为法国的附属品。俄国、普鲁士和奥地利的主张也是一样的。所以四大强国已经一致决定,绝不允许出现类似的结盟或附属。要是法国敢动比利时一根指头,欧洲全面战争将立即爆发。巴麦尊子爵也毫不掩饰地表示,比利时如果能和荷兰重归于好,那将是圣·詹姆斯内阁最高兴看到的事。因为,尽管两国之间有过不快,语言、宗教和习俗也有差异,但是它们在商业往来和基本利益上必然有着相通之处。因此,假如利奥波德王子当选比利时新君,我们当然乐意,但其实我们英国更想借此看到,比利时和荷兰能和解甚至结盟。"只不过,即使两国最终不能和解,利奥波德王子也会是英国政府唯一支持的对象。我们认为,这位王子是让比利时幸福繁荣的最合适人选,不是因为他和英国王室有亲戚关系,而是因为他个人的性格和能力使然。"[1]

其实,早在奥地利镇压意大利革命运动之后,法国政府就曾以害怕国内好战派反对为由,而想要一些补偿。这一次,在比利时问题上,它又想要故技重施,而且还提出了新的条件——坚决要求得到布永。甚至有人在说,万一路易·菲利普提出的条件得不到满足,他很可能会承受不了压力,不得不把法国卷入一场战争。此外,自从3月底斯克日内茨基(Skrzynecki)将军战胜俄国军队以来,法国人激昂的好战情绪已经上升到了一个新的高度。在这样的形势下,苏尔特让人提议把安特卫普和奥斯坦德(Ostende)给英国,条件是英国愿意放弃和其他三个强国的联盟,允许法国夺取比利时的其他土地。当然,关于这一切卡西米尔·佩里埃并不知情。巴麦尊子爵傲慢地拒绝了这个诱惑,他在4月13日给格兰维尔子爵的信中写道:"法国人不断地向我们暗示:'想想我们所处的困境,看看我们已经被形势逼到何种地步。你们英国应该同意我们采取一些不公正、不合理、不诚实的行为,即使这些行为违反条约、违背原则,这样,人们会说我们至少做成了一点事。'我回答他:'那就想一个不违反条约、不违背诺言,正确的办法吧,那样的话,你们很可能会成功。能支持的我们一定会尽

---

[1] 参见《西尔万·范德维尔》(*Sylvain Van de Weyer*),第一册,第157页。这封又长又十分有趣的书信上署的日期是3月16日。在另一封4月5日来自布莱顿(Brighton)的信中,巴麦尊子爵委托庞森比子爵向勒博(Lebeau)转达类似的意见,表示英国保证真诚地支持比利时。

量支持,但是,你们所提的领土要求,我们是绝不可能答应的。因为,如果不是为了让你们遵守承诺,我们何必要帮助你们?如果我们的帮助只会让你们违背承诺,那就意味着我们将亲手导致比利时问题不得善终……'"

以上这番话或许可以用来评注巴麦尊书信中的一句话:"英国决不会向法国让出一草一木(一块菜地或一片葡萄园)。"①

4月18日,巴麦尊子爵委派格兰维尔子爵秘密通知卡西米尔·佩里埃,就在前一天,除法国全权代表之外的其他四国代表做出决议。他们一致认为,既然比利时的中立国地位已经确认,就有必要拆除比利时国内的若干个军事要塞。巴麦尊说:"要是法国提出参与决定拆除或保留哪些要塞,那是自然不能答应的。这些军事要塞是同盟国共同出资建造的,尽管其中也有向法国强制征缴的一部分,但这些钱本可以通过另一种同盟国们认为合适的途径来使用。当初建造这些军事要塞时,就没有征求过法国的意见。对于这种做法,有很多可能的解释,但最主要的是,同盟国要用这些工事来防御法国的各种进攻。"接着,他补充道:"让一个被推定为侵略者的国家参与会议,来讨论如何拆除最能防御这个国家侵略的军事要塞,这该是多么得滑稽可笑!同样地,正因为建造这些军事要塞是出于对法国的畏惧,而不是出于像塔列朗王子所说的什么敌意,所以,和法国来讨论该拆除

---

① 德·雅纳克伯爵在《巴麦尊勋爵》(*Lord Palmerston*)一书中,批评这位英国部长有时过分疑心、过分敏感了。他写道:"在那样的时代背景下,路易·菲利普和他的主要大臣们想用狂妄的野心和阴谋诡计来破坏欧洲和平,因而每天都受到人们的谴责——这在旁人看来更像是一个梦。"不过,想要证实巴麦尊子爵的猜疑,只要看看巴尔沃的书就够了,就连雅纳克伯爵本人都对这本书颇为看重、颇感兴趣。无论某些法国政论家怎么说,有一点是肯定的。那就是,巴尔沃搜集整理的巴麦尊子爵书信在历史上造成了广泛、深刻、持久的影响。

哪一部分就显得很荒唐。最终让同盟国们做出这个选择的真正原因是,如果法国代表在场,那么问题的处理过程势必会冒犯到法国代表,或者,会议结果会因此受到干扰。比如说,法国怎么可能真心赞同其他四国的决定,拆除那些可以抵御其军队进攻,但同样可以在战时第一时间为其所控的军事要塞呢?……这明显不符合逻辑……如果卡西米尔·佩里埃提出应该拆除所有的军事要塞,您可以用友好礼貌的方式让他明白我想表达的意思。然后,再加上一句,在评估拆除哪些军事要塞时,我们所依据的原则不会是,也不可能是让比利时失去一切防卫,或者让荷兰和普鲁士因此向法国敞开大门。我们的原则是,减少军事要塞的数量,让剩余的那一部分在必要时成为其他欧洲强国用来保卫比利时的阵地。我认为,让卡西米尔·佩里埃清楚明白地知道我的这个想法,百利而无一害。因为我们不可能放弃这个原则,法国知道得越早、越清楚,对双方越好。"

  法国王室内阁坚持实行一项或许应被称为"多愁善感者"的政策,因为人们想不出别的叫法:法国王室内阁不敢制造战争的威胁,却坚持让法兰西民族极不耐烦地忍受一个似乎在欧洲会议中没有发言权的政府。对此,巴麦尊子爵回应道:"……法国政府想在其他国家的会议说上什么话?达到什么目的?① 如果它希望有权促使这些国家与它合作或听任法国的侵略扩张计划,那不过是伪装之下的故伎重演罢了,换句话说,也就是用另一种形式掩盖同一个令人憎恶的侵略意图。法国渴望获得或者实现的东西可能正确,也可能不正确,可能是好事,也可能是坏事。如果它是正确的好事,我们有理由促成它;但如果它是不正确的坏事,我们就必须阻止。妥协于法国那不合

---

① 见 1831 年 4 月 22 日巴麦尊给格兰维尔的信件。

理的要求，妥协于不管是佩里埃还是塞巴斯蒂亚尼代表的法国政府，好让他们可以获得好战派甚至是素来倾向侵略的温和派的支持？不，我永远不会认为这是明智的选择。这样的妥协不可能给我们带来任何好处。法国不会因此满足，它的胃口只会变得更大。我们会暴露自己的弱点，让法国借机提出更多的要求。"怀着对法国人侵略传统的深恶痛绝，巴麦尊接着言辞激烈地说："佩里埃是诚实的，但人性使然，他有时也会被塞巴斯蒂亚尼的狡猾带偏方向①，而且，我恐怕还不得不考虑到，法国国王也可能缺乏固定的原则。得让他知道，一个有理智的政府决不会要求他国政府牺牲原则，放弃永久性的普遍利益，来向法国那些甚至还不是阁员的可怕的好战派示好。"

就在这时，比利时摄政者派出了一些官员来试探利奥波德王子的心意，因为他有可能被国民大会拥立为王。巴麦尊毫无保留地赞扬了这位乔治四世的女婿谨慎公正的处事方法，赞扬他不愿意提前做出任何表态，而是要等到布鲁塞尔国民议会认可伦敦会议制定的分离决议，同意将不久前还构成荷兰联合王国的两个民族分离开来。他在信中写道②："利奥波德做得很对，别人提供的条件，只要是他不知道企图的，他一概不接受……伦敦会议不可能改变关于荷兰国界的声明，尽管卢森堡可能成为后续谈判的焦点。"他刚刚就这个问题和一位比利时部长级官员进行了一次面谈，谈话中他表现得一如既往的坦率而犀利。对于德沃（Devaux）③先生阐述的反对意见，他回答："您说不能同意我们对两国分离提出的基本条件，因为如果同意

---

① 巴尔沃指出，巴麦尊想说的是，塞巴斯蒂亚尼那源自旧主拿破仑一世的扩张企图十分无耻。
② 写于5月13日。
③ 德沃先生当时正在伦敦执行一项特殊任务，他是比利时摄政王内阁的大臣。

这么做,您可能得放弃马斯特里赫特(Maestricht),这座您曾经宣称属于比利时的城市。我的回答是,直到现在,还没有任何一项权力可以允许您拥有某块领土,除非你们诉诸武力强行侵占。不过,对于通过征战得来的国土,若非其原隶属国的统治者正式让出,这样的侵占权也是不完整的。你们已经夺取了你们自己的国家比利时,你们赶走了荷兰国王的军队。这是你们事实上的国家,但是,只有等荷兰国王签署条约正式让出他对比利时的统治权,它才能成为你们名义上的合法领土。可是,目前马斯特里赫特仍在荷兰的手里,因此,这座城市无论是在事实上还是名义上都不属于你们。仅仅因为国民大会的决议就说马斯特里赫特已经成为你们的领土,这就跟出于类似的原因宣布比利时占有亚琛(Aix-la-Chapelle)一样荒谬。"

在这种形势下,卡西米尔·佩里埃在对英关系上又采取了进一步行动。他告诉格兰维尔子爵,他愿和圣·詹姆斯内阁建立真诚的伙伴关系。巴麦尊在信中回答[①]:"我和我的同僚们一样,深知英法两国真诚友好的邦交对保证世界和平与自由、增进各国人民的幸福具有多么重要的作用。但是,我也清楚地知道,真正的友谊必须建立在双方完全互信的基础上。任何一方都必须确信,另外一方没有不可告人的企图,也没有自私自利的计划要实施。因为,怀疑和猜忌是信任和友谊的致命天敌。"接着,巴麦尊在信中回顾了自己进入格雷子爵内阁以来和英国政府的关系。他表示,在英法关系问题上,自己与所有内阁同僚的观点并无二致,而且他是最强烈希望和法国友好共处的。英国没有自私自利的想法,也没有威胁他国或惹人猜忌的计划。他和其他内阁成员们都曾以为法国也同样如此:根据法国的反

---

① 写于5月31日。

复声明，它应该真的改掉了喜欢四处征战的毛病；法国乐意和邻国自由建交，也愿意尊重邻国的独立主权。只可惜，没过多久，法国又故态复萌了：侵略的思想和扩张的欲望再次暴露无遗；阴谋诡计和双重外交表明，法国之所以要争取和英国的联盟，其实是为了利用英国来达到自己的目的。巴麦尊说："就拿法国旧族首领波拿巴来说，他原来一直想让我们远离他有意攻打的那些国家，把我们当成一个工具来利用，然后再看形势来对付我们。"就这样，英国对法国有了猜忌，这种猜忌一直扩大，直到拉菲特执政时代结束。正是出于这种猜忌，英国意识到，为了自己和欧洲的利益，最好和另外三个欧洲强国拉近关系。这位英国外相接着写道："但是，自从卡西米尔·佩里埃上台，英国重新对法国有了信心。哪怕他的部下偶尔会拿出过去的那一套行事作风，我想，他作为内政部长也应该知道怎么整顿旧习。"

正是因为巴麦尊子爵坚持不懈的努力运作，原本反对利奥波德王子登基为比利时国王的声音陆续消失了。这位英国外相非常懂得如何挫败塔列朗的阴谋和苏尔特元帅的战争部署；他引导比利时国民大会做出了明智慎重的选择。而且，对于后来著名的《十八项条约》，这一象征着欧洲一方和利奥波德王子代表的比利时一方正式互让和解的条约，他就算不是起草者，也是最积极的主导者。

6月4日，利奥波德被选举为比利时国王。7月9日，国民大会不顾法国的反对通过了《十八项条约》。7月21日，比利时第一位国王在布鲁塞尔对宪法宣誓继位。

其实，法国王室内阁当初之所以同意让萨克森-科堡的候选人，也就是利奥波德王子参选，只不过是为了达到让奥伦治王子彻底死心的目的。但是他那时在巴黎并未得到热烈的支持。① 为了鼓动比利时人反对《十八项条约》，佩莱(Pellet)将军给住在里尔的一位朋友写了一封信。在信中，佩莱将军说出了大多数法国人的真实感受，甚至可以肯定地说是一部分内阁会议成员的真实想法。信中说道："如果比利时友人们想要冒犯法国一分，法国一定会拿出真刀真枪还他们三分。"利奥波德登基之后，格兰维尔子爵告诉塞巴斯蒂亚尼，这位新国王不是专门代表英国来竞争王位的，然后，巴麦尊充分肯定了这个说法，他在给格兰维尔子爵的信中写道："的的确确是这样。当初，是比利时人提出让他参选的，不是我们。"话虽如此，但法国的主战派即兼并主义派并没有停止对这位比利时新王的攻击，他们坚持认为利奥波德是英国派驻布鲁塞尔的行政长官。而路易·菲利普政府这边，则一边掩盖真实的想法，一边假意表示，利奥波德一世的登基是一次胜利，而法国是这次胜利唯一的功臣。路易·菲利普在议会开幕演说中宣布法国政府是第一个支持比利时独立的政府。接着，他还说："今天，欧洲相信我们维护和平的真心和诚意，但也同样相信我们的能力。因为欧洲知道，如果受到不公正的对待，我们会毫不犹豫地拿起武器，绝不畏战。"巴麦尊直言不讳地告诉塔列朗，他觉得这个演说傲慢无礼、狂妄自大，令全欧洲不快。塔列朗，这位拿破仑时期的前外交部长回答道："为了保住王室内阁在法国的权位，诸如此类的讲话很有必要，对我们来说，眼下能做的最好的事情是尽量让法国

---

① 在《论塔列朗》(Essai sur Talleyrand)一文中，亨利·巴尔沃先生曾说："……无论过去、现在还是将来，在法国都有一个庞大的派系强烈渴望扩张法国领土，把安特卫普吞入法国版图，对于这样一个无可争议的事实，实在无需讳莫如深。但是，英国从来没有，也永远不可能接受这种扩张，因为它的执政者们始终在为英国的强大做考虑……"

民众高兴,同时不过分惹恼其他国家。"①

塔列朗的回答也很狂妄,但他在其他场合的所作所为更是令人憎恨。让我们来看看,8月初,当比利时突然遭到来自埃斯考河(Escaut)和默兹(Meuse)的荷兰军队的袭击时,这位法国外交部长是如何对待比利时人民的。

这次突袭惹怒了巴麦尊子爵。因为,他发现,荷兰军队突袭的结果是荷兰海牙政府和法国王室内阁串通一气,于是他对法国政府再次产生了不信任。8月5日,他在信中写道:"巴盖特(Bagot)②早就料到法国和荷兰之间暗中勾结。不知道您还记不记得,不久前,塔列朗曾向我提议,煽动荷兰人破坏停战协议,好借机谴责荷兰人,火速救援比利时,打着抗荷援比的旗号驻军比利时,最后按照我们的意愿来处理一切事务。不知道这次荷军突袭会不会是他计划的第一步?法国一直对比利时军事要塞一事愤愤不平。法国是不是在盘算,借着怂恿荷兰人动武,它就可以顺理成章地以同盟国的身份派兵进入比利时,然后扑向这些军事要塞,好好保护它们或者拆毁它们?……"虽然,要证实巴麦尊所指出的秘密勾当并不容易,但可以肯定的是,他的猜测很大程度上是事实,法国很可能一直在等待一个向比利时派遣军队的好时机。事情的真相是,应利奥波德国王的求助,一支由杰拉尔(Gérard)元帅率领的军队的确跨过了国境线。法国军队几乎是一路小跑着赶到了比利时战场,驱逐了荷兰军队,也因此保住了比利时王权。毋庸置疑,法国军队给了利奥波德国王很大的帮助。但是,他们阻止了比利时独立复兴,这就等于在变相为法国谋取利益。

---

① 见7月25日巴麦尊致格兰维尔的信。
② 英国驻海牙大臣。

不过,好在巴麦尊和威廉四世、格雷子爵达成了一致意见,接下来只专注一件事,那就是尽量缩短法国占领比利时的时间。当荷兰军队被击退到北布拉邦省(Brabant septentrional)之后,巴麦尊提起了路易·菲利普政府许过的承诺,他强烈要求法国军队也撤回本国。8月11日,他写信说:"路易·菲利普的内阁成员们曾亲口做过保证。正是因为相信了他们的保证,同盟国会议才同意了让法国军队参与共同行动……"他的不耐烦可以在接下来的一份外交照会中得到证实,或者至少得到体现。首先,塞巴斯蒂亚尼通过官方信函宣布,法国军队进驻比利时,不仅是为了保持这个新王国的独立和中立,而且想要借此促进由欧洲强国商议,让荷兰和比利时国王都接受的协议尽快得到签署,以保证这两个国家的长期和平。但是,巴麦尊洞察到了最后这句话背后的意图。对此,他言辞激烈地做出了反击:

> 法国政府总是说自己是不得已才去做或不做某些事情,一切都是为了满足法国公众的意愿。但它必须知道,在英国也有公众意愿。就像法国民众一样,就算英国民众对一些小事不感兴趣,可总有一些事由(比如比利时问题)能让他们变得非常敏感,而且,一旦民愤被激起就很难平息。

这位英国外相做出了正确的判断,他摸清了某些法国官员的背后所图:塔列朗很快就会露出马脚,证明他其实并不关心比利时独不独立,他真正强烈希望的是,让法国占有比利时最美丽的那些省。8月12日,塔列朗第一个到达多国会议现场,然后,他把普鲁士的全权代表毕洛夫(Bülow)男爵叫到一边,先是语带轻蔑地和他嘲笑了一番比利时人和他们的国王,接着告诉他,如果法国军队撤退,佩里埃的时代就完了,但如果法国军队不撤退,英国的外交大臣就该下台了。紧接着,他说,要克服眼前这一切困难,只有一个办法,那就是,让法国、普鲁士和荷兰瓜分比利时,同时,不排除把安特卫普变成自由港,好让英国也分得一杯羹。坦诚的毕洛夫当天就把这些背信弃义的话转告了巴麦尊子爵①。

得知消息之后,巴麦尊再三要求法国立刻撤离比利时。8月13日,他在给格兰维尔子爵的信中传达了一项限令:"法国是不是已经准备好撤离比利时了?他们之前保证过,只要荷兰军一撤退,他们就马上撤军的。我请您告知塔列朗,一切取决于他的决定。格雷伯爵今天会给您写信。②事情已经是铁板钉钉了,而且,哪怕内阁有一点点退让之意——当然这是不可能的——英国的大众舆论也会出来阻止。所以,摆在我们面前的就是战争与和平之间的选择了。星期二,维维安(Vyvyan)③会更新她对比利时问题的提案。到那天,我必须明确回答一个问题:法国军队到底要不要马上撤离比利时?子爵先生,拜托您到时候一定要让我本人亲自来回答这个问题,让法国政府清醒地认识到这个答案的重要性。我说出的'要'或'不要'将会给这两个国家乃至整个欧洲造成前所未有的影响。"在写给罗伯特·亚岱尔(Robert Adair)先生的信中,他的意见同样很明确:"法国一旦拒绝,我们的政府将受到致命打击,欧洲和平也将岌岌可危:我们将不得不面临退让或挑起战争的两难抉择,根据内阁的部署,我相信英国

---

① 见1831年8月12日,巴麦尊写给格兰维尔子爵的信。次日,他给英国驻布鲁塞尔大臣罗伯特·亚岱尔写了同样的信。
② 参见《已故格雷伯爵的书信》(*Correspondence of the Late Earl Grey*)等,书中好几处均有所及。
③ 下议院成员之一。

会选择后者。"

路易·菲利普政府召回了驻比利时军队中的两名士兵,又命令剩余的军队后退到尼维尔(Nivelles)。但是塞巴斯蒂亚尼表示,法国军队是否完全撤离,要看比利时的军事要塞问题能不能解决。巴麦尊立刻宣布,只要法国军队不撤离,军事要塞问题就不会提上议程。"我们绝不会允许法国人来指使我们,不管他们拿出什么样的威胁条件。"法国王室内阁坚持占领比利时,直到军事要塞问题妥善解决。于是,巴麦尊在8月17日的信中对格兰维尔子爵说:"……有一件事是确定的,要么法国人离开比利时,要么欧洲战争在一定的时间内爆发。但是,法国人却说他们是打算离开的,只不过要选择合适的时间和合理的条件。他们已经同意让多国会议来决定这个时间了。因为一位同盟国君主(也就是比利时国王)的邀请,他们答应了参加多国会议,并保证这个国家的中立和独立。您瞧,为了完成五个大国都想实现的目标,他们已经走在了前头。那么,他们到底在会上有权提出什么样的条件呢?一样都不行。对于军事要塞问题,告诉他们,我们绝不会答应他们的要求。让他们占有这些要塞并按自己的意愿拆除它们,这对五个大国来说将是个耻辱。至于遂法国所愿,让它参与制定有关拆除军事要塞的条约,那也是不可能的。如果法国参与,那么,永远不会有任何理由让我在这样的条约上签字,而且我十分肯定,英国政府也绝不会认可这个条约……"巴麦尊子爵斩钉截铁的态度和骄傲的语言非但没有挑起战争,反而阻止了一场腥风血雨。这位杰出的外交官一直小心警惕地看护着比利时,使它免受战争之灾和被蚕食之辱。他在给罗伯特·亚岱尔的信中这样写道:"告诉利奥波德,如果他认为我们要把比利时让给荷兰,那么他就大错特错了。让他相信我们,不论是为了荣誉还是利益,我们都真心实意地想要支持他,保住他的王位。"

8月23日,巴麦尊致信格兰维尔子爵,他在信中说:"法国军队想要留在比利时。普鲁士人好像不太清楚自己在这件事情上该有的立场,因为他们总是暗暗谋划着,假如法国不撤离,随后战争爆发,瓜分比利时的时刻就会到来,到那时,他们是一定要参加瓜分大会的。奥地利人的想法是最接近我们的,他们并不企图通过这次事件牟取什么特别的好处。俄国呢?我是有点怀疑的。尽管它不愿意承认,但是我想,它应该比谁都清楚荷兰国王的侵略意图,它早就准备好了一套措辞生硬、态度傲慢的说辞,而且,它应该挺乐意看到我们之间争得面红耳赤。荷兰人至少表面上是希望法国军队留在比利时的。他们认为,比利时人非常渴望摆脱荷兰人,为了达到这个目的,应该会在法国军队问题上比较好说话。而比利时人则表示,他们还需要法国人的保护,因为比利时的国家军队还没有完全建立,而且荷兰人还不同意休战。"

就在前一日,巴麦尊和塔列朗进行了一番长谈。一开始,塔列朗表示他来是为了请巴麦尊帮一个小忙,一个朋友间的小忙,不会让巴麦尊有任何损失:说来说去,还是军事要塞的事情。他说:"只要您答应帮这个忙,您想做的就马上去做吧,这样,法国军队也会马上撤离。"巴麦尊回答:"我将很高兴能够帮到法国,但是有些事外交部无权决定。如果我没有理解错的话,法国这是要拿撤军来交换一个新的条件,准确地说,是一个与英国的尊严和利益息息相关的条件,说白了,就是拆除军事要塞这件事。不过,英国不能答应类似的条件,因为这实在是太丢面子了。明天的会议上,要是实在逼不得已,英国只能再次要求法国履行当初的承诺。"他接着说:"况且,这对您有什么好处?您会让我们这次的小动作成为秘密,还是打算将它公之于众？如果您决定悄悄行事，那您似乎在法国邀不到什么功。如果您有意轰轰烈烈大干一场，大张旗鼓地宣称'要不是事先知道欧洲强国确定拆除哪些军事要塞，法国军队才不会撤军'，这当然会对卡西米尔·佩里埃内阁大有好处，而且巴黎人民也会受到极大的鼓舞，但是，这将损害格雷内阁的利益，有损英国的合法尊严，还不算其他三个欧洲强国呢！"

就在当天，圣·詹姆斯政府决定，欧洲四强将和利奥波德国王进行一次谈判，目的是为了选择拆除哪些军事要塞。他们不可能接受法国作为当事人参加谈判。而且，法国军队撤不撤离比利时，和军事要塞怎么拆是互不相干的两码事。

巴麦尊曾经料想，普鲁士有一些背后的打算。那么，他的猜测对不对？一直以来，腓特烈·威廉三世（Frédéric-Guillaume III）政府也同样要求法国军队立即撤离比利时，并表示，如果法国人拒绝，普鲁士军队就会开始在莱茵河沿岸省份采取行动。最终，巴黎收到了撤军的最后通牒。在比利时国家军队重组完成之前，法国只能留一个步兵师、一小部分骑兵和炮兵在比利时。正是因为利奥波德国王在谈判会议时提出了这个要求，这些非正规部队才延长了在比利时的驻军时间。巴麦尊认为比利时国王的要求也算合理。但是，在他看来，一旦荷兰同意休战或者一旦比利时军队稍微建立成形，法国的余部就该离开比利时，而且越早越好。他说："如果利奥波德还打算留在布鲁塞尔，他的身边就应该只有比利时人民，不能留任何其他人在他身侧虎视眈眈。"在给罗伯特·亚岱尔的书信中，巴麦尊就曾经说过，"只要法国人留在比利时，利奥波德国王就会落到和罗马教皇一样的地步。因为后者虽身为罗马的教皇，却让围在他身边的那些奥地利人占领了罗马涅。"没过多久，他就让罗伯特·亚岱尔劝告利奥波德国王,叫他不要再让法国军队长期留驻了。因为,让法国人留在比利时,不但会降低比利时国王的威信,而且会让他真正该提防的那帮人得意,没错,他说的就是那些企图吞并比利时的人。由此看来,巴麦尊正为先前所做的让步懊悔不已。而事实也的确如此。在9月3日写给格兰维尔子爵的信中,他说:"只要法国军队一天不完全撤离比利时,我们就决不罢休。法国人留下来会后患无穷,他们的诡计会没完没了。某些人用所谓的'无政府主义'一说来断言利奥波德面临危险,可我是一点儿都不相信的。依我看,这不过是布鲁塞尔和巴黎想象出来的一个借口罢了。事实上,等到荷兰人撤离并且不再回来,利奥波德的政府军和国民卫队也还是必须继续维持比利时国内的秩序。哪怕万一他们既不愿意保卫国家,也不愿意支持他们的国王,我也找不到任何站得住脚的理由来允许我们这些外人插手这一切。这不过是一个托词,法国肯定是想借此为自己谋利益的……"

塔列朗的所作所为是多么的高明啊!也许,列文(Lieven)公主当初的判断是对的,她说:"塔列朗先生的正直诚实让我想起了波利尼亚克先生!"可天知道他实际上又是怎么样呢!正直?诚实?说的是这位法国国王的代表,是这条成天自诩第一个支持比利时独立的王室走狗,是这个堂而皇之密谋摧毁比利时王国的外交大臣?!他不配这样的评价!就是他,一天到晚费尽心机,企图哄骗普鲁士大使;①骗得人们失去了警惕,甚至煽动一个议会成员在下议院支持瓜分比利时的议题,还让利奥波德去统治卢森堡大公国以作为补偿。巴麦尊不失公允地说:"明知道法国有过那些众所周知的承诺,法国大使还是发表了一番番饱含算计的言论,这不是要引起大众舆论对路

---

① 出自斯托克马(Stockmar)男爵的手记。

易·菲利普内阁政策的不信任吗?"而且,他还认为,普鲁士也在觊觎卢森堡这个军事要塞,如果普鲁士人能获得一小块邻近的土地,他们就打算同意把菲利普维尔和马里昂堡给法国。所有的这些垂涎和觊觎彻底激怒了巴麦尊,他在信中说:"必须驱散这些肉食动物。一旦这些强国开始尝到血肉的味道,他们就不会再满足于只吃一小口,而是会大口吞噬他们的猎物。"

9月15日,塔列朗(谁知道他的内心在纠结什么!)终于到会议上宣布,路易·菲利普政府已经主动下令把最后一部分法国军队撤离比利时了。这次撤军应该是从9月23日开始,30日结束。从官方会议记录来看,四大强国的全权代表们对这位法国代表在会上的声明感到非常满意。

第三章 1831—1841

比利时不得不为战败国们买单。由于 8 月战争的失利和随之而来的华沙(Varsovie)沦陷，前不久才向布鲁塞尔国民大会和利奥波德王子提出《十八项条约》的欧洲强国们改变了主意：《十八项条约》在风暴中流产了。1831 年 10 月 15 日，列强会议强行要求比利时和荷兰签署一个所谓的《二十四项条约》。对比利时人来说，强国们所称的那些不可改变的最终决议是一个巨大的负担，需要他们付出难以承受的代价，因此在民间引起了普遍的反抗。

巴麦尊却认为，比利时人应该顺从，想要获得真正的独立，他们就应该答应欧洲强国提出的要求，做出牺牲。他极力劝说范德维尔爵士去一趟布鲁塞尔，阻止比利时做出一些可能会让这个国家陷入可怕的危难的决定。他在给范德维尔爵士的信中写道："……希望您务必记得说服您所在的比利时政府，说服当权者多考虑一下这个条约将给比利时带来的好处。同时，让他明白，即使在少数方面，我们不能替你们争取到所有我们原本期望的结果，但是我想，从古到今应该也没有任何一个其他国家,在这么短的时间内,以这么小的代价获得过能让周围的所有强国都承认并且保证的独立权。"

看起来,利奥波德国王并不是个轻易动摇的人。他亲自回信给巴麦尊子爵,说:"我之所以答应坐上比利时国王之位,是因为那时同盟国们信誓旦旦地向我许下了那些承诺。也正是由于这些条件,后来荷兰国王才无视同盟国的意愿举兵犯我。你们现在逼我答应的这些要求,要知道,如果当时就提出来,我是一定不会同意的。"在这之前,国王的亲信斯托克马(Stockmar)男爵也极其愤慨地反对了强国会议强加给比利时的条约。在他看来,这些条约已经违背了萨克森-科堡王子当初答应接受王位时的条件。他还补充说:"我宁可拒绝这些条件,也不会向这样一个极不公平公正的判决低头。"看过来信之后,巴麦尊心中有些吃惊,他在四天内连写了三封信给比利时国王,试图劝服他,让他明白欧洲强国们做出的决定是公平公正的。另外,他还致信委托罗伯特·亚岱尔先生明确地转告比利时的大臣们,欧洲强国们达成的协议应该发挥它的作用。他说:"如果比利时不同意我们的条件,法国和英国采取的第一个打击措施就是和比利时断交,然后就是攻占比利时应该割让给荷兰的那些县区。"此外,巴麦尊几乎可以肯定,利奥波德国王最终会承认,欧洲强国们商定的《二十四项条约》的确是为了保证比利时的独立和兴旺;如果他要性子想要放弃王位,又拿不出令人信服的理由,那么,在欧洲人的心目中,他将永远是一个失败者。巴麦尊还说,英国之所以做出这样的决定,正是出于某些考虑。这些考虑不仅会关系到争议双方,而且会影响到所有强国的利益。他表示,在参与荷兰北部和南部的分离事宜时,英国有责任也有义务把荷兰打造成一条第二防线,以防法国将来有一天打破比利时的中立地位。在信中,他还请求罗伯特·亚岱尔先生告诉利奥波德国王:"如果比利时反抗,它将难逃被瓜分的厄运。这可不是随便说说的,当然了,国王也不用把这事想得太过严重。"①

后来,巴麦尊的建议奏效了:比利时议会顺从了,利奥波德国王压制住了自己满腔正义的怒火,签署了表示正式同意《二十四项条约》的法令。② 就这样,巴麦尊子爵实现了一直以来的心愿:让五大强国都不可反悔地承认并保证比利时的独立。11月15日,欧洲五强和利奥波德国王的全权代表签订了一份条约,条约规定:即刻承认比利时及其国王的独立权。

也许,人们对巴麦尊的指责也不无道理。比如,说他在和塔列朗王子的交往中过于强硬。再比如,说他曾不止一次让路易·菲利普的大使在候见室里等他。反观他和利奥波德国王使臣的交往:他不断地向范德维尔爵士表示出一种亲密友好的态度,而且这态度中还夹带着最崇高的坦率之意。也是他,让比利时国王的另一位使臣在与英国外交往来之初就备受鼓舞。这位使臣就是戈布莱将军。那一次,他被派往伦敦,和四大强国商讨军事要塞问题。1831年4月17日,会议决定比利时的某些军事要塞将被拆除。戈布莱将军以认真本分的品性很快获得了巴麦尊子爵的信任,后者还赞誉他是一个明事理的聪明人。另一方面,戈布莱将军也很懂事地给了这位英国外交官应有的公正评价。他公开宣称巴麦尊子爵对比利时的关照之情无穷无尽。这句宣言后来被记入了这位将军的回忆录。利奥波德一

---

① 见1831年10月18日,巴麦尊代表外交部给罗伯特·亚岱尔的信。这封信是巴麦尊亲笔所写,4开大小的信纸共写了17页。
② 11月1日,巴麦尊子爵获得了大多数下议院代表投的赞成票。4日,他致信罗伯特·亚岱尔。在信中,他说:"我们很高兴得到了下议院的支持,我们已经等不及想要得到上议院的赞同了,当然,我们也非常迫切地盼望范德维尔先生返回。"

世登基30多年之后,在戈布莱将军著名的回忆录中,他追述了为达成1831年12月14日公约所参加过的那些谈判。①

1832年1月2日,利奥波德国王致信巴麦尊子爵。在信中,他也同样给予了巴麦尊子爵公正的评价:"尊敬的子爵先生,我和戈布莱将军一样,由衷地向您表示感谢。非常感谢您,在目前错综复杂的欧洲局势下,选择了一条正直有力的政治路线。"

另一方面,有时候,巴麦尊在让人转告给比利时国王的建议中还是会语带生硬。比如,1832年4月3日,他在给罗伯特·亚岱尔的信中这样写道:"请您叮嘱比利时国王,让他保持冷静和耐心,不要急着提什么共识。如果他想挑起和荷兰的战争,必然会遭到五大强国的反对,只消半个月,他就会被赶到克莱尔蒙特(Claremont)。"

但是,需要注意的是,实际上,那些北方强国并没有什么值得利奥波德国王期待之处。因为他们始终抱着扶持奥伦治家族的希望,所以其实根本不想那么快批准1831年11月15日的条约。尽管奥地利和普鲁士最终履行了曾经许下的承诺,但在德意志联邦的权利问题上他们仍然持保留意见。无独有偶,1832年5月4日,俄国也有条件地批准了条约,它甚至再次对关于比利时问题的承诺提出了保留意见。这时,在范德维尔面前出现了一次内阁危机,这次危机可能让比利时失去在英国的那些最热心的保护者,因此,他一刻都不敢犹豫。最后,他听从了巴麦尊的意见,同意俄国有条件地批准条约。在他心目中,当比利时议会控诉他越权,当比利时媒体对他提出强烈谴

---

① 见《论与比利时政治军事关系中的欧洲五强,记1831年出访伦敦之行》(*Des cinq grandes Puissances de l'Europe dans leurs rapports politiques et militaires avec la Belgique. Une mission à Londre en 1831*),作者戈布莱·阿尔维埃拉(Goblet d'Alviella)伯爵,是比利时中尉将军。

责时,巴麦尊子爵就是一个强有力的保护神。因为,这位英国外长对外宣称,要不是范德维尔同意了俄国有条件地批准条约,他早就成为不可原谅的罪人了:尽管俄国并未无条件批准条约,但这也就等于它和其他强国一样,承认比利时的独立和中立了。

荷兰国王威廉一世十分顽固,不肯同意履行条约。因此,比利时面临了两个选择:要么重新和荷兰开战,要么获得列强会议的支持,强制执行会议允诺过的条款。巴麦尊子爵建议,首先还是要尝试和荷兰进行一次谈判。在范德维尔和戈布莱的支持下,他起草了一份协议,也就是所谓的《巴麦尊子爵之议题》(Le Thème de lord Palmerston)。这份文件包括了一些提议,要是没有这些提议,布鲁塞尔政府也许就不会对它感兴趣了。在强国会议的要求下,荷兰代表留了下来,他只得承认自己从来没有充分的权力和比利时代表直接谈判。此外,人们还注意到,对于《二十四项条约》,海牙政府一直都全部拒绝接受。10月1日,强国会议允许了比利时提出的合理要求,并且一致认为,要让荷兰答应履行11月15日的条约,必须使用一些强制性手段。不过,北方列强的全权代表们赞同采取简单的金钱手段,而英法两国的代表们却宣称,光使用简单的金钱手段是不够的,所有决定权都在各自的政府手里。杜伊勒里宫(Tuileries)内阁和圣·詹姆斯内阁最终达成一致意见,派法国军队包围安特卫普城堡。

然而,这次外国力量的干预却连累了许多比利时人。此外,人们不禁怀疑攻占安特卫普城堡能不能让荷兰国王低头。因为,这位以顽固不化出名的国王的确还在继续反抗其他强国。比利时民情激愤,社会舆论中充满了好战的气息。1833年1月22日,比利时外交部长戈布莱将军致信范德维尔,告诉他:"现在,比利时再次陷入人心骚动的局面,就连我亲爱的同僚们都忍不住产生了打仗的念头。"昨天的内阁会议上还讨论了一件事,说是要攻占泽兰的弗朗勒德(Flandre zélandaise),作为对荷兰人封闭埃斯考河的报复。我必须向您坦白,不久后可能连我也抵挡不了这样的想法了……"得知比利时出现了这样的思想动向,巴麦尊子爵先是对此强烈批评了一番,然后指出了这种动向的危险性。他说:"比利时政府不应该这么做,它会违背你们正式做出过的承诺,而且会逼得英国不得不放弃支持比利时。如果比利时人攻打泽兰的弗朗勒德,那么荷兰人就会有权进军布鲁塞尔。"

1833年5月21日,比利时和荷兰终于签订了一项停战协议,巴麦尊子爵理所当然地在其中起到了重要的作用。这项协议规定比利时和荷兰暂时休战,但期限尚不明确。尽管,这项协议对比利时非常有利,但这位英国外长还是更希望他们能把休战的期限确定下来。就这个问题,他给利奥波德国王和罗伯特·亚岱尔写了好几封信。也正是在他的强烈要求下,范德维尔爵士和戈布莱将军才获得了布鲁塞尔政府的授权,因为只有这样,他们才有权签署这项期限明确的停战协议。但是很快,他们再次发现,荷兰国王还是没有放弃侵吞比利时的意图。①

1834年11月15日,罗伯特·皮尔爵士出任英国首相,巴麦尊子

---

① 我们并不打算重述比利时的对外关系史,我们希望读者们能去翻阅另外的几本书。在那些书里,我们试着回顾了西尔万·范德维尔(Sylvain Van de Weyer)先生和戈布莱将军的外交生涯。您在看这些书的时候,会发现许多特别之处,为了不超出事先规定好的界限,我们在本书中不得不略去了这些特别之处。戈布莱将军所著的《历史回忆》(Les Mémoires historiques)同样具有很高的参考价值。没有任何一本书能比它更好地让我们了解到,在最初损害到1815年条约的那几次谈判中,巴麦尊子爵为比利时做出了多么重大的贡献。

爵于是离开了外交部。① 但是并没有过多久,1835 年 4 月 18 日,当他的大舅子②墨尔本(Melbourne)子爵重新上台后,他就官复原职加入了这位首相第二次组建的内阁,并在这个重要的职位上一直待到了 1841 年 8 月 31 日。传闻,这期间也有人想方设法让他离开外交部,但这些诡计都被墨尔本子爵挫败了。

在墨尔本首相第二次执政期间,发生了许多重大的事件。这些事件先是动摇,后又巩固了比利时的独立地位。1837 年 6 月 20 日,维多利亚女王的即位也给比利时的命运带来了积极的影响。利奥波德国王不停地提出让法国和英国结盟,因为在他看来,两国结盟才是世界和平最好的保障。作为英国女王的叔叔和法国国王的女婿,他百般斡旋,想要促成这两个西方大国达成一致。当然,他的努力并没有白费,尽管我们一提再提的真诚友好关系在英法两国之间从来都不是很稳定。两者始终互相猜忌,甚至不止一次地因为信任危机差点公开对抗起来。

1838 年 3 月,荷兰国王威廉一世在三级会议的施压之下,突然批准了 1831 年 11 月 15 日的条约。但是,经过和林堡(Limbourg)与卢森堡人民长达七年的共同生活,早在 1831 年就已经妥协过的比利时这次说什么也不愿意让出这两个地区了。我们不必在此讲述比利时人艰难曲折的反抗经过,也不必再现那些为达成 1839 年 4 月 13 日的最终条约而有过的争论和谈判。我们只想说的是,巴麦尊子爵在这次危机中为我们比利时做出了很大的贡献,表现得非常沉稳有度。

---

① 英国国王威廉四世本人也记录了这次内阁的调整。这条记录载入了《斯托克马回忆录》(*Denkwürdigkeiten aus den papieren des freiherrn C. F. von Stockmar*)一书,从 275 页起。
② 巴麦尊子爵娶了考珀(Cowper)夫人为妻,他的妻子也正是墨尔本子爵的妹妹。

虽然他过去曾与西班牙的法国势力有过激烈的斗争,但现在,他却为了比利时人民的利益试着跟杜伊勒里宫内阁站在一起。① 此外,范德维尔先生也曾非常明确地描述了巴麦尊子爵在此事中的表现:"巴麦尊子爵急着想了结这件事。但是,他之所以那么着急,并不是因为对比利时漠不关心或者存有敌意,相反,他非常关心比利时的利益,他甚至希望自己可以帮助比利时实现保护领土完整的愿望。只可惜,在这个问题上我觉得希望很渺茫。"

在比利时君主制艰难地迈出第一步的过程中,巴麦尊子爵一刻不停地监视并摧毁了塔列朗王子奸诈的诡计。1834 年,利奥波德国王还写信谈到了这位法国外交官。他说:"塔列朗王子一定会让我们做出牺牲。"巴麦尊子爵不断利用各种场合表示出自己对比利时那无

---

① 这是一封未公开出版的信函,写于 1838 年 7 月 31 日。它的内容可以证明,巴麦尊那时正想方设法和路易·菲利普的外交使者、塔列朗的接班人,塞巴斯蒂亚尼保持良好的关系。正文如下:
尊敬的伯爵先生:
任何人都不能有让法国对荷—比谈判袖手旁观的想法,当然,英国也必然不会做这样的打算,原因有很多。
到目前为止,法国在这件事上参与的并不比奥地利和俄国少。那是因为,这头布洛(Bulow)和艾斯特哈兹(Esterhazy)暗中沟通时,那头我也在和您与范德维尔爵士私下交流。事实是,直到现在都未曾有过任何一次谈判能够约束任何一方。我们所做的,仅仅是试图通过几次特殊的谈话来达成一致意见,以便在条件进一步成熟的时候弄清楚,哪些问题有可能通过公开会谈得到解决。但是,这种类型的谈话参与者越多,就越具有官方会谈的性质。正是出于这一特殊的原因,本着解决问题的态度,布洛才来了我的办公室与我单独见面。
不过,如果您有更合适的办法可以让我们妥善解决问题,我将很乐意转告给他。
祝您一切都好!
巴麦尊
该手稿由 L. 维德特先生(L. Veydt)整理。

可争议的关怀。1838年,他依然保持对我们国家的这种偏爱。不过,因为担心连累到英国政府,他的同僚们逼迫他顺从了强国会议的决定。

1840年,在比利时问题之后,出现了东方国家的问题,又一次导致了英法之间的针锋相对。法国支持埃及省的帕夏反叛土耳其帝国的君王,而英国则想要维护土耳其帝国的领土完整。对法国来说,这实在是一次重振霸权的好机会。但是,7月15日,在法国代表不在场的情况下,欧洲四强和奥斯曼帝国政府签订了一项条约,彻底粉碎了法国的这个美梦。那个时期,法国的内阁首相是梯也尔(Thiers)。他认为7月15日条约是对他个人的侮辱,因而打算宣战。巴麦尊子爵确信,如果梯也尔继续掌权的话,战争一定会爆发。也许,只有通过巴麦尊子爵和当时英国驻巴黎的外交官亨利·巴尔沃之间的书信,我们才能了解到,他是如何巧妙又有力地与梯也尔那灵活又大胆的想法做斗争的:一开始,梯也尔和亨利·巴尔沃在奥特(Auteuil)会面,说了一些相当有威胁性的话。然后,得知消息后的巴麦尊于9月22日写信给巴尔沃说:"如果梯也尔下次还是做出这样的威胁,不管他说得多么含糊、多么迂回,请您用同样的方式反驳他。请用您擅长的灵活巧妙的语言,以最友好、最温和的方式告诉他,如果法国想挑战,我们一定会应战。然后,再加上几句。要是法国挑起战争,它必然会在战争结束之前失去它的船队、殖民地和生意。它的非洲雄师将和它没有任何关系,穆罕默德·阿里(Méhémet-Ali)将被扔进尼罗河。每当基佐(Guizot)和布尔克内(Bourqueney)开始大放厥词时,我都是这样原话反驳他们的,我发现这会让他们立刻安静下来……据推测,梯也尔可能打算攻打奥地利,把其他强国先放在一边不管。请您点醒他,让他明白,英国并没有放弃同盟国的习惯:如果法国以7

月15日条约为借口攻打奥地利,它要对付的除了奥地利,还有英国,并且,我毫不怀疑普鲁士和俄国也会站出来……"

巴麦尊子爵最终成功地解决了梯也尔。事实上,当梯也尔明确得知路易·菲利普不会同意他那些战争计划后,他辞去了内阁首相之职①,组建于3月1日的梯也尔内阁就此解散。尽管如此,巴麦尊依然没有改变态度。10月29日,路易·菲利普让基佐当上了外交部长,然后,他明确宣布,为了帮助法国国王镇压主战派,英国政府应该应国王的要求,同意当初因为梯也尔的战争威胁而拒绝的那些条件。可这并不是巴麦尊子爵本人的意愿。他说:"我们反抗梯也尔的战争威胁,那是因为如果答应他提出的条件,必然会大大损害全欧洲的利益。当初我们不能因为害怕梯也尔而牺牲这些利益,如今我们更不能因为要讨好路易·菲利普和基佐而这么做。"②接着,他在给格兰维尔子爵的一封十分重要的信件中又补充道:"我的意见是,虽然我们现在没在和法国打仗,但是我们必须为将来某一天真的爆发战争做好准备。所有法国人都或多或少地计划着不顾邻国的利益扩张自己国家的领土。正如《民族报》(National)所说的,他们都感到,和英国的联盟是挡在这些计划面前的障碍。如果说梯也尔内阁中的那些空论派就是其中主战意识最强的成员,我也不会感到吃惊,甚至可以说我早就料到了。法国人不喜欢我们,我不怪他们。虚荣自负的他们

---

① 路易·菲利普在给亨利·巴尔沃的信中写道:"梯也尔先生对我很生气,因为我没有同意他打仗。他说,我跟他谈过打仗的事情。但是,您知道,谈论打仗和真的打仗完全不是一回事啊,巴尔沃先生。"
② 巴尔沃勋爵在他的著作《巴麦尊勋爵传》的序言中非常清楚地写道:"比起法国的那些部长,这位政治家更憎恨法国国王本人。从那以后,这种对立一直存在,并且造成了非常严重的后果。"

坚信自己是世界上最伟大的民族。然而，每一次交手，他们都应该看到，其实我们和他们一样强大。不幸的是，一个处于欧洲中心的伟大强国却是这样的狂妄自大、咄咄逼人。这就要求其他国家睁大眼睛，时刻保持警惕，小心提防他们。"

后来，因为墨尔本子爵的软弱无能，他的内阁被迫解散，但巴麦尊子爵却依然受人尊敬、声名赫赫。他的政策到处都大获成功。俄国再也不是土耳其帝国的唯一保护国，而埃及也再不可能成为法国的附属地了。与此同时，英国军队在中国和阿富汗取得了胜利。但是毫无疑问，他最引以为傲、投入了最多激情和热爱的作品就是帮助比利时成了一个独立和中立的国家。

他始终坚持不懈地参与比利时王国的建立，始终把目光锁定在最终的目标上。根据著名的《巴麦尊勋爵传》，他一切行动的指导思想是，一定要把旧时荷兰联合王国的北部和南部按照他们自己的意愿来进行定位，等到南北双方你争我斗的那一代人去世之后，再把他们的子孙用共同的利益团结起来。亨利·巴尔沃还补充道：他的政策直到现在看来都是非常英明的。我们不妨想想，过去，他们是身份相同却各怀心思的两种荷兰人。比起过去，40年之后，假如荷兰和比利时第二天就要遭到一个军队的侵略，他们难道不会更愿意以两个独立国家的身份结盟起来，共同对抗敌人吗？

第四章
1841—1865

巴麦尊子爵将自己的政治命运和墨尔本子爵的连在一起。1841年8月31日,当后者的内阁被解散的时候,他也一道辞去了在内阁的职位。不过,没过多久,他又重新获得了权力。1846年7月3日,在新任英国首相约翰·罗素的邀请下,他再次进入了内阁,并且仍旧担任外交大臣,直至1851年12月22日。

在关于他的回忆录中,我们可以看到他在法西联姻事件中的能力。由于提出了一些狂妄的要求,暴露了他像路易十四(Louis XIV)般强大的野心,再加上模棱两可的政策,路易·菲利普不但遭到英国的反对,甚至可以说激起了巴麦尊子爵个人的仇恨。原先所谓的两国友善互谅从那以后变成了极大的不信任。从维多利亚女王到最底层的手工艺人,整个英国上下都感受到了来自法国政府的伤害。为此,路易·菲利普又是怎么做的?他感到非常焦虑不安,强烈希望和维多利亚女王达成和解,并且明目张胆地把责任推给巴麦尊子爵,责怪他犯糊涂,导致了英法友好关系被迫中止,这样一来,还不知道会产生什么严重的后果呢。他给比利时王后写了一封信,实际上是想借这封信告诉维多利亚女王:"英国女王眼下所见都是透过巴麦尊的眼镜看到的,这副眼镜太容易掩盖真相和歪曲事实。理由很简单。英国出色的前外交大臣阿伯丁伯爵和现任外交大臣之间有着很大的不同。这种不同来自于两者本质上的差别:'阿伯丁伯爵对自己的朋友很友善,而巴麦尊子爵恐怕更喜欢和他的朋友吵架。自从他重掌外交大权,法国和英国之间的友好关系就产生了裂缝,很难维系下去,这让我感到十分担忧。'"

这以后,没过几个月,1830 年 7 月才登上王位的路易·菲利普逊位了,他逃到了英国寻求庇护。

一得知 1848 年法国二月革命爆发的消息,巴麦尊子爵立刻差人请来了范德维尔先生,向他打听比利时国内的情况,语气中隐隐透出一丝不安。作为利奥波德国王的使臣,范德维尔先生回答:"我并不为此感到不安,布鲁塞尔人民也丝毫没有受到巴黎人民起义的煽动。比利时政府已经主动开始各项改革,始终想着造福人民,而全国上下都由衷地拥护独立,一定会击退所有的外部滋扰。"他还说:"我们国内的事情没什么好担心的。现在,一切问题都出在外面。国内的事,我们自己来解决。国外的事,我想,既是英国的事,也是比利时的事。"这位比利时君主制伟大的创始人如是说。这样看来,二月革命并没有动摇他对比利时人民爱国情操的信心。至于英国呢,英国不仅操心怎么保护好比利时的独立地位,还想着怎样维持它的宪政体制,因为它是比利时独立的基础,或者,用维多利亚女王那尊贵的评价来说,它是比利时人民自由幸福的守护神和保护伞。

就在 1848 年二月革命产生的巨大危机中,比利时和荷兰拉近了彼此的关系,这正是巴麦尊子爵从 1832 年就开始期盼和预想的局面。对此,利奥波德表示:"荷兰和比利时为了共同抵御外敌而结成友好同盟,和英国一起形成了一股相当强大的军事力量,我认为,这是英国必须在欧洲大陆上保护和维持的最重要的态势。"

1851年,约翰·罗素伯爵和巴麦尊子爵之间产生了深刻的分歧。路易·拿破仑(Louis Napoléon)完成政变之后,英国女王正式发布命令,要求英国驻巴黎的大使不要做出任何可能被当成干预法国内政的事来。但是作为外相的巴麦尊子爵却不像其他内阁成员那样时刻保持谨慎低调的态度。当巴黎的英国大使隐约透露出法国即将和俄国、奥地利建立亲切同盟的消息时,巴麦尊一刻都没有犹豫。他和瓦莱夫斯基(Walewski)进行了一次谈话,这次谈话很快被后者汇报给了巴黎政府。在谈话中,这位英国的外相对法国的政变表示了极大的赞许,并表示,他早就料到这位法兰西共和国总统不可能做出别的选择。他的这种有远见的行为起初并不被理解,甚至害得他被迫在1851年12月22日辞了职:接替他的是格兰维尔子爵。①

接着,英国首相之职交到了德比(Derby)伯爵手里。他一直执政到1852年末,阿伯丁伯爵、罗素伯爵和巴麦尊子爵组成联合政府为止。在接下来的三年时间里,巴麦尊子爵担任内务大臣。然后,克里米亚战争将他的权力推上了最高点。在英国大众心目中,他们的政府首脑需要有强大的毅力和崇高的威望才能应付当时的局面,于是他们选择了巴麦尊子爵。那一年,他71岁。从1855年2月20日被任命为

---

① 《斯托克马回忆录》一书自第64页起记录了以下文字:"公正地讲,我必须承认,那时候,我们只知道用道德批判的眼光来看待法国政变,可巴麦尊对将来的判断比我们所有人都更清晰。的确,俄国那些失去理智的计划迫使法英结盟成为政治上的必然,巴麦尊完全可以振振有词地说他早在我们之前就已经料准了这一必然。他确实更胜我们一筹。"

英国首相,他在这个最高执政者的位置上一直工作到1858年2月20日。

1858年2月21日,德比伯爵重任首相,但是,他在1859年6月13日就再次让位给了巴麦尊子爵,后者直到去世前都再没走下过最高权力的神坛。

那个时期,拿破仑三世(Napoléon III)在阿尔卑斯山脉东侧的意大利发动了战争,战争带来的恐慌一直蔓延到了德国和比利时。利奥波德国王从布鲁塞尔给巴麦尊子爵写了一封信。信中写道:"……就算法国同意让吕内维尔(Lunéville)恢复和平,它也不太可能忍受在巴黎的附近有这么一个令人不快的地方。普鲁士和德国现在还尚有一点底气来掌握欧洲的命运。但是,如果他们表现得很怯懦,那么我们比利时就得听任法国摆布了。"同时,利奥波德国王也把希望寄托在巴麦尊子爵的超高的手腕和警觉性上。他说:虽然巴麦尊曾经对法国的政变表示过赞许,但是他完全不打算把比利时,这个他最得意的作品交给法国来统治。在这一点上,他表现出像皮特和卡斯尔雷(Castlereagh)那样的坚定品质。为了不让人质疑他那不变的偏爱之情,他抓住一切机会公开指出比利时人民享有的自由权是多么的尊贵,赞扬比利时人民因此而得到的幸运,并反复强调,欧洲大陆上很少有国家能这样充满生机。

巴麦尊子爵直到生命尽头都是我们祖国忠贞不渝的好友和强劲有力的保护者。即使在他去世的前一天,也就是1865年10月16日,他还在心满意足地回忆自己为比利时建国所付出的努力。半睡半醒间,他还呢喃着:"和比利时签的条约!……对,就是它……第六条内容,再给我读一遍。"于是,他的孙子阿什利(Ashley)先生真的给他读了一遍这一项条文,里面规定了比利时是一个独立且中立的国家。听完之后,巴麦尊子爵想象着自己又回到了这次著名的伦敦会议,就是这次会议为建立比利时这个新国家奠定了基础。他边回忆边说:"法国承认……"说着,他的思路中断了,接下来的话都变得含糊不清。① 第二天,这位举世闻名的伟大首相平静地离开了人世。

为了感谢他为国家和民族做出的巨大贡献,英国政府立刻授予了他葬入威斯敏斯特修道院的荣誉。在那里,他与英国建国和强国史上的其他功臣们一起长眠。本来,他同样理应得到比利时人民的感谢,但是,令人不解的是,他的伟大形象居然没有被供奉在我国的任何一处公共场所!想想过去这么长时间以来我们受到的来自其他强国的严重歧视和刁难,难道比利时人民还不够明白自己究竟欠了英国多大的恩情吗?

亨利·巴尔沃爵士说过,巴麦尊子爵最伟大的功绩之一,就是几乎和他那个时代的精神融为了一体。也就是说,他和同时代的人共同进步,既不超前,也不落后。他一步步地登上了英国首相的位置,靠的是他的辛勤努力和真才实干,绝不是阴谋诡计。② 也许他也具有野心,但他从不自负。他把权力看得很简单,有时甚至显得有些诙

---

① 参见根据未发表的资料整理的《比利时国王利奥波德一世》(*Léopold Ier, roi des Belges*),第 11 册,第 222 页。
② 巴麦尊子爵对自己担任的每一个正式职位都表现得很称职,他善于用独特的方式巧妙地完成工作。以下是曾和他长期来往的德·雅纳克先生对他的评价:"外交场合中的语言往往暗含着无数的心机和圈套。无论是在散布心机还是揭露圈套的过程中,他用的语言在我们接触过的所有外交语言中都堪称最完美的典范。这一点毋庸置疑。通常,外交部的发言都是交给专业机构来起草的,但是,每当涉及这类重要讲话的时候,他总是当场亲自拟稿,并且乐此不疲。有一天晚上,当我亲眼看到他怀着愉快的心情以惊人的速度写完这样一篇真正的'文学大作'时,我忍不住惊呼:'您真是不知疲倦啊!'他微笑着回答:'我正在做的事情很少会让我感到疲累,反倒是那些我还没能做的事情……'这句话听起来有些奇怪,却恰恰证明他那无穷的活力、激情和无与伦比的恒心。后来,当他敏感地意识到自己漫长的政治生涯即将结束时,他对陪在周围的人说:'我觉得,我是至今为止整个欧洲政坛上干过的活最多的人。'"

谐。他最爱说的一句话是:"等一等,让我们静观其变吧。"他随遇而安,却凭借着超人的毅力不达目的誓不罢休。这位伟大的政治家有一种独特的力量。他是英国民族精神的典范,是大不列颠人的骄傲。他全心全意为英国人民谋福祉,他一生都在致力于让英国同胞,哪怕是最卑贱的底层人民得到全世界的尊重。因此,他获得了英国人民无与伦比的爱戴。但是,在英国之外,人们害怕他,甚至憎恨他。在嫉妒和仇恨他的外国人眼里,他浑身都是缺点,脾气还很古怪,甚至连一个优点都没有。然而,正是由于坚毅的品格和顽强的意志力,巴麦尊子爵才拥有了敏锐的洞察力和正确的判断力。所以,他才机智巧妙地带领我们跨越重重障碍,到达了胜利的彼岸,让我们在经历万般磨难之后过上了平安幸福的生活。

巴麦尊评《华盛顿条约》

[英]巴麦尊 著

刘 睿 译

在英国，《华盛顿条约》①（Treaty of Washington, 1842）及其附属协定一经发表，立即招致怨声无数。《伦敦晨报》就有人几番撰文指责，该条约的签署丢掉了英国人的权利和荣耀。

观其文风，以及文章中无处不流露出的才华，不难猜测其出自谁手——时任外交大臣、首相墨尔本的部下巴麦尊勋爵。现已证实，这些文章的作者确为巴麦尊。

从潜在的研究价值考虑，现将其中部分摘要和精华著述结集出版成册。

摘自《伦敦晨报》
1842 年 9 月 19 日

乍看之下，阿什伯顿勋爵②此番签署的条约，最令人大跌眼镜的当数其非常规的框架。该协定包含了风马牛不相及的三个议题：边界问题、奴隶贸易以及互遣逃犯。照理来讲，这当中每一个议题都可以自成一个协定。那么，这个不寻常，在研究协定的具体内容时就有必要特别

---

① 《华盛顿条约》：指签署于 1842 年 8 月 9 日的条约，又称为《韦伯斯特—阿什伯顿条约》，旨在解决美国和英属北美殖民地之间的边界纠纷。该条约由美国国务卿丹尼尔·韦伯斯特和英国外交大臣阿什伯顿勋爵签订。（如无特别说明，此部分的脚注皆为译者注）
② 阿什伯顿勋爵（Lord Ashburton, 1774—1848）：亚历山大·巴林（Alexander Baring），英国政治家。

留意了——因其会在很大程度上为评估谈判各方的不同动机提供佐证。

毋庸置疑,在《华盛顿条约》的谈判中,双方政府对这三个议题做了捆绑,要么一致通过,要么一齐否定。我们知道,美国方面的审议通过权在参议院,而参议院既不参与谈判,也不站在主导谈判的美国总统一边。有种看法认为(如果把这三个议题分别做独立的协定进行谈判的话),参议院有可能会否决三项当中的某项议案。如此,谈判双方属意的结果就有可能失败。如果现在就每一项议题分别进行磋商,哪一项最有可能被否决?要回答这个问题,我们先要了解这其中哪一项对美国最为不利;或者,哪一项最为有悖民意。我们有理由认为,将这三项议题放到一个议定书框架下来谈,美国参议院否决其中一项从而全盘否定的可能性微乎其微,那么这样设计的结果就只有一个——迷惑英方的谈判代表。将三项议题并到一个协定框架下来谈判这一招,果然蒙蔽了阿什伯顿勋爵,让他坚信总统先生和韦伯斯特①先生是真心考虑到了英国的利益——三个议题如果分别进行谈判,保不准哪一项会招致美国参议院的否决。

那我们首先来看看,美国参议院会不会否决边界问题的处理议案呢?其实,这项议案显然是对美国有利的,当然主要是那些有边界问题的州,因为对其他各州来讲,边界问题并不重要(这是考虑美国问题时的一个重要方法论)。

《根特条约》②中议定,1783 年《巴黎条约》③中一切关于边界问题

---

① 丹尼尔·韦伯斯特(Daniel Webster, 1782—1852):美国政治家,曾三次担任国务卿。
② 《根特条约》(Treaty of Ghent):1814 年 12 月 24 日,位于今比利时根特签署的要求终止美国与英国之间战争的和平条约。此条约将两个国家的关系大体推回到 1812 年战前状态,双方都没有领土损失。
③ 《巴黎条约》(Treaty of Paris):1783 年 9 月 3 日,美国与英国在巴黎签署的和平条约。

的未尽事宜,应由一位温和君主进行裁决。1828年,指定由荷兰国王来处理英美两国分别提交的关于边界问题的议案陈述。1831年1月,荷兰国王与双方就三项议案的决议进行了沟通。三个问题如下:一是1783年《巴黎条约》中就康涅狄格河上游归属的意向;二是北纬45度边界如何勘定,通过天文观测还是地理探测;三是《巴黎条约》中提及的新斯科舍西北角的确切位置是什么。荷兰国王从英国的视角"确定"了前两个问题的答案。至于第三个问题,他以应严格遵照当时条约文本规定及对该地地貌特征的理解为由没有做出具体裁决。荷兰国王认为这超出了他的权限,本着尊重《巴黎条约》条款的原则,他建议按照惯例划分,即将争议领土的三分之二划给美国,余下一段狭角地带划归英国。这样的好处是,加拿大到新斯科舍省的路程可以大大缩短。不然,假使全部争议领土划给美国的话,加拿大到新斯科舍将山高路远,困难重重。

当时,英国政府认为荷兰国王的建议不利于英国,转念一想,这样的利益兼顾和模棱两可,若放到另外一位主裁君主那里,也未必能有更令人满意的结果。全面考量之下,英国政府决定接受荷兰国王就前两个议题的解决方案,和就第三个无法裁决的议题给出的建议。然而,请大家注意,尽管荷兰国王声称无法裁决新斯科舍西北角的确切位置,他却对双方争议的基本点,关于河流的议题,给出了利于英国的裁定——注入芬迪湾的河流是否就等同于注入了大西洋?英国政府是持否定态度的,荷兰国王也持同样见解。事实上,全部的争议正是基于这一点。

美国参议院不同意采纳荷兰国王就新斯科舍边界线提出的按照惯例划分的这一建议。他们认为,在1783年条约中关于该边界线的文本规定得到确认以前,美国有权认为其对这一边界的认定是正确

摘自《伦敦晨报》

的。有鉴于此,争议领土的主权就在美国。如果这一论据成立,不经缅因州政府的授权,参议院是无权按照荷兰国王的建议将缅因州的部分领土拱手划出的。随之,参议院不认同将另外两项决议同这一尚待解决的议题捆绑签订,因为这样的条约是不完整的。

格雷①首相时期,政府花了近两年时间敦促美国同意荷兰国王提议的边界线,最终还是无奈宣布,按照惯例划分边界线的提案流产。英国政府自此放弃这个目标解决方案,也不再采纳任何不利于英国的该边界线提案。

接着,英国政府提出以圣约翰为界将该地区领土划成两部分。这项提议继续遭到美国人的否决。此后,英国政府又不得不派出调查专员到美国收集相关资料,因为美方坚持如若不然,一切免谈,那样的话,英国就只有全部放弃。实地调研的目的,是要通过实测和考察,证实我们提出的领土地貌等属性是与《巴黎条约》中的文本描述完全相符的,而美国人宣称的该地属性则与条约中的描述有出入。

实施了这些调研后,英国的处境就大不一样了。此前,有荷兰国王的裁决和建议作有力依据,我们又是赞同的。我们采集了足够的证据,用来向公正的裁决人证明,关于新斯科舍西北边界,荷兰国王称无法准确界定,而我们是可以证明的。这个界点的地理位置和我们之前的主张非常接近,借此,一位公正的裁决人的判决应该难出其右,换言之,一定是对我们有利的。

当然也会有人说,即便我们对此信心十足,又恰好遇到公正的裁决人,时间还是会消磨在参照来参照去上……其间,会出现新分歧、

---

① 查尔斯·格雷(Charles Grey, 1764—1845):英国政治家,1830—1834年间任英国首相。

新碰撞，裁决就又会被搁置。诚然，这样的担忧在情理之中，那么就不难得出这样一个结论：考虑用必要的权益让步来争取早日解决。

现在我们来看看，在这个问题上我们关注的焦点是什么？我们的疆域幅员辽阔，照理说这一点争议领土算不得什么；我们在新斯科舍甚至整个加拿大境内的国土，也足够接纳我们未来相当长一段时间将迁居过去的国民了。再说林木，这片土地上的林木是有些价值，但还有句俗话"省下了就是赚到了"——我们如果能省下争取该地的维护和平经费，表面上看是损失了那片林木，事实上从价值上看是对等的，并不会损失。此外，想必圣约翰以南的部分土地还可能蕴藏了矿产，现在看是归美国了，矿藏确实是政治和商业利益，然而同理，如果为了地下的矿藏，任争议发酵，令两国的敌对态度持续下去，也未尝划得来。当然，虑及我们在北美有必要保有的殖民地和相关备战经费，以下几方面对我们还是至关重要的。

首要的就是有一条连接新斯科舍和加拿大的通路，这条路要既便捷，又安全。鉴于目前的边界争议，我们对此并没有把握。在用的这条通路，大约自大瀑布起，至费舍河或圣弗朗西斯一带，是沿圣约翰河南岸修建的。南岸已经划归缅因州了，我们得另起炉灶，修一条新通路。问题又来了，从圣弗朗西斯到魁北克一段的狭窄地带，据条约划分，北段为圣劳伦斯地区，南段则为美国领土。从地图上可以很清楚地看到这块地区有多窄，而美国人随时可以在此设置军事站点。有了这样的军事点，他们可以根据自身需要或者视两国关系的变化即时切断我们的通路。事实上，划给我们的如此狭窄的通路在战时将会极为不利，甚至可以说根本就没有路了。而在和平时期，即便我们的通信兵踏上了别国腹地，也另当别论。我们对这条路的需求正是战时的保障，而目前的方案显然无法提供。

摘自《伦敦晨报》

其二,出于对英国各殖民地间往来安全的考虑,也为了防止美国人制造麻烦,我们需要在魁北克地区和圣劳伦斯地区有自己的领土,另外连接新斯科舍和加拿大的通路要足够开阔。圣约翰河一线不是不可以,只是要加上南岸的一部分土地才行,包括大瀑布和费什河口之间的马达瓦斯卡定居点。

然而,作为妥协,当前的解决方案是,英国保有圣约翰河谷及以北地区,而将阿利加什河谷让给美国,该地覆有大量已具经济价值的成年林木。而今,条约划定了这条边界,缅因州的居民得以扩散到圣劳伦斯地区和魁北克地区了。这样一来,这些美国人就可以中断我们的交通,把我们的军队赶到无人区,一旦爆发战争,他们还可以直接威胁到我国各殖民地的腹地。简而言之,用这样的安排解决边界争议,实在是百无一利。

恐怕有人要问了,有这个担心的必要吗?美国人会就这一问题向我们开战吗?或是我们可能会卷入欧洲战争——以至于有必要牺牲本土以外的某处的安宁,为战争做准备吗?完全不是这样。美国比任何其他国家都好战并时刻做着战备,而欧洲更像是个随时会爆的火药桶。看看美国对这个条约的接受度,那简直是欢欣鼓舞。什么意思?原因不外乎,要么是美国人觉得在外交上胜了我们一筹,要么就是他们感觉不战而捷,原本要用武力捍卫主张的风险被成功规避。这两种揣测均为我不利,为什么?拿后者来讲,我们可以想象美国人因为避开了两国间可能发生的龃龉而心生狂喜,意即他们自知本来在破产边缘硬要开战是自不量力的,所以现在可以不主动暴露弱点卷入战争,真是长长地松了一口气。这样的不平等主张如果遭到坚决抵制,他们恐怕不得不战。更令美国人自鸣得意的是,在解决争议中占得这样的上风,靠的只是外交手段。要知道,如果靠武力硬碰硬，美国可是摘不到这颗好果子的。

已经达成一致的边界划定，不消说对英国是极为不利的：包括放弃了故有的大片领土，以及广袤的经济林。这些土地和林木，本可以一直为我所用。如果我们坚决抵制，缅因州的美国人是夺不走的，他们甚至想都不敢想。而其他州自然也不会为了这点边界争议帮着缅因州向英国挑起战事，这也有悖于美国宪法，基本法禁止某一州以战争、征兵或其他事由联合其他州，影响国内关系，即便以和平为由也不行。我们当初只要稍加坚持，保住领土根本不成问题，因为还可以诉诸善意的仲裁。然而如果选择了放弃圣约翰河南岸除马达瓦斯卡定居点，或是选择将阿利加什河谷地带让给美国，那也只剩保有北岸了，再让出北岸的土地，就变成无意义又愚蠢的投降。这实在是令人心醉的行为，倒不是让出的土地有什么特别的价值，实为其向美英在该边界定居点间埋下了杀伤力无法估量的"雷"。

再者，一旦将圣约翰河南岸土地划让美国，就等于将南岸大瀑布到费什河口的马达瓦斯卡定居点的大片土地白白给了缅因州。这一带的居民多为法裔加拿大人，他们忠于英国的管辖，因其无论从出身、语言、生活习惯还是信仰，同美国人都是完全讲不到一处的。居民们多次上书，请求英国不要弃他们为美国接管。

然而看起来这样的诉求并没能阻止我们的政府将我们这片土地的近3/4让给美国，将圣约翰河到圣劳伦斯河及魁北克之间的土地给了频繁制造麻烦的邻居缅因州，这块土地对美国甚至没什么用处，而对我们，那就是今后的隐患。马达瓦斯卡的居民，这些忠心不二的英国公民，这些希冀着求得英王庇护的国民，并没能阻止国家将他们一并送给美国。不仅如此，我们还被迫自掏腰包保住剩下的¼，而这本来就是自家的土地——为什么是买？因为我们要许给缅因州人一

摘自《伦敦晨报》

项特权,允许他们像英国公民一样,在我们的领土上,沿圣约翰河通航入海。

一让再让,我们事实上就是接受了美国关于领土争议的全部主诉,而这一切都是在我们明摆着的在该地的领土主权这一事实面前。为此,《泰晤士报》发表了观察员文章——

"这样的让步(说起来是互惠协议,其实用让步更贴切)也许是有其必要性的,但不得不承认,我们是有质疑的。我们对向美国让出的在英国土地上的种种便利不无忧虑,但最不愿看到的,当属将'路权'拱手让给我们这位邻居。我们可以见面互致问候,乐意为他们效劳,恭迎礼送,但我们应该保有在紧要关头关上自家大门的权利吧。会有不下一万种可能,我们有必要关闭他们这条免费客货运通路。万一今后的某刻双方敌对升级,我们决不希望看到缅因人拿着权利的令牌沿圣约翰河一路理直气壮地扫入新不伦瑞克省①的几个大镇。财政政策上,对新不伦瑞克省政府制定相关海关法则也会造成困扰,要不要依照条约规定给予缅因州人在相关河流及其支流,河口到入海口的自由通行权?如若不给,是不是就属于违背条约?在此重申,我们并非意在向邻国农业经营户关闭这条贸易通路。我们恰恰是十分清楚,拥有这么一条具有通贸价值的河流的意义何等重大。唯望政府今时将这样的热土拱手相让,他日缅因邻人的作为不会让我们悔不当初。"

以上文章所言极是,而这一驳斥同样适用于划定边界的争议。该驳斥认为,向美国人开放圣约翰河的通航是有可能带来战祸的。因为,一旦两国交恶,即便是因为丁点大的事由起了争执,那么今日

---

① 加拿大东南沿海省份之一。

给到美国人手里的在我们这条大河的通航权,不日将为我们带来无法估量的隐患,到那时,可就只能看我们的缅因州邻人要不要挑起事端以及如何运用手中的权利了。相同的反对声音还有,决不可以再允许缅因州居民有权越至圣约翰河北岸了,从该河流域的任何一段以任何理由登北岸都不可以。不仅如此,我们本该保有该河河谷地带的全部区域的。给别国居民权利,使其有权在我国领土上从事经营等,这本来就是千不该万不该的啊。之前有过这方面的教训,因在1783年《巴黎条约》及之前的几项条约中将纽芬兰到拉布拉多沿海一带让给法国和美国,之后关于在该地捕鱼的权益和大鱼搁浅营救的义务等一直麻烦不断。没有什么比出让边界领土主权更容易导致两国居民权益纠纷的了。不难预见,如此这般解决边界问题,眼下貌似平息了争端,日后的麻烦很难讲。

1842年9月20日

基于我们对阿什伯顿勋爵签署的这项条约(《华盛顿条约》)第一部分的分析,如果关于边界争端的这部分被单独立约交由参议院审批的话,基本上没有通过的可能。

那么让我们来看看条约的第二部分。第二部分是关于压制奴隶贸易。美国参议院会对此实施否决吗?如果否决,原因何在?条约的这部分没有涉及搜查权①,这令美国无从驳斥。相反,这相当于正式认同了其他单立的反奴隶贸易法案中美国的诡辩。这第二部分条款,说白了就是个幌子。首先,英国等于就此放弃了说服美国同一众基督教国家立约废除奴隶贸易的努力,甚至今后的一切希望。来听

---

① 搜查权(right of search)源于国际法,指战争中交战国在公海上拦截和搜索中立国船只的临检及搜索权。

听这句,政府间同心协力——与其土地上仍开放着奴隶市场的政府"一同力促成为关闭奴隶市场的标杆和旗帜,立刻,永远"。这在我们废除奴隶贸易的长期进程中,实在是令人匪夷所思的倒退。以上"标杆"代表的是哪些政府?西班牙、巴西,没有其他。奴隶都是从古巴和巴西购得、进口。西班牙和巴西有现成的条约规定永久关闭奴隶市场,不得从事直接或间接的奴隶贸易。如果我们发现或者怀疑巴西和西班牙有违反相关条约规定的不法行为,我们可以直接向这两国宣战;除了战争以外,我们还可以选择其他强制手段敦促其履行条约规定。而现实是,在英国有条约、有权力,美国并无相关条约、没有权力的情况下,我们的阿什伯顿勋爵把美国拉进来并与之结合起来,指责西班牙和巴西两者无视英国,公然并且一再地违反条约顶风作案。可悲啊——谁会想到,我大不列颠竟会把自己降格到如此境地,要去求他国助其向第三方敦促自家主签的条约的"正当"执行。关键是,我们是完全有这个实力的,只要想,我们可以办到啊。如果西班牙和巴西没有履行他们的条约义务,我们为什么不像对付葡萄牙那样采取行动呢?为什么不诉诸法律宣称我们的条约权力呢?我们可以啊!退一步说,即便选择诉其违反条约的行为,我们也完全可以自己来啊,请美国来帮忙控诉,实在是失格。如果是美国主动来请求加入我们,共同力促西班牙和巴西终止奴隶贸易,那就是另外一回事了。然而并不是这样,要我们的美国老兄约翰总统[①]同意并加入,恐怕要派几批使团到华盛顿游说了。

　　写到这里,收到了法国的快件,上星期天巴黎的各大报纸纷纷就此发表了评论,声援了以上我们关于奴隶贸易所阐释的观点。

---

① 约翰·泰勒(John Tyler, 1790—1862):美国第十任总统,任期为1841—1845年。

《立宪主义者报》载文称,"《华盛顿条约》中关于奴隶贸易的条款,就我们观察,要么是'搜查权'被暗中承认,美国政府对海上的自由做了牺牲;要么,就是该条约中根本没包括'搜查权'这个字眼,英国就借阿什伯顿之手打了自己的脸——这相当于承认'搜查权'并非打击奴隶贸易的唯一手段,也由此令法国的各种反对声音甚嚣尘上。"

的确如此,"英国就借阿什伯顿之手打了自己的脸",也"由此令法国的各种反对声音甚嚣尘上"。

《法兰西邮报》报道称,"《华盛顿条约》中'搜查权'一词不如换作'谅解权'。对纸制品、货物等没有互检。海上搜查队规模对等,各自负责监察本国的奴隶交易。上层军官经协商,可以下令双方合作检查。这也许可行,不过真的不会不时出现分歧摩擦吗?万一哪位长官因为一时高兴或是私人利益对本国的奴隶贩子睁一眼闭一眼呢?"

《法兰西邮报》说得挺对的。阿什伯顿勋爵放弃了"搜查权"问题,我们就没机会像基佐先生那样,敢冒法国国内强烈反对之大不韪,签署1841年《伦敦协定》①。看看阿伯丁伯爵②是如何让法国做出让步的,我们的阿什伯顿勋爵怎么就被美国弹回来了呢?法国官方刊物《新闻报》已经发文质问,今天美国得到了《华盛顿条约》的优待,法国政府应该马上放声推翻1831年和1833年同英国签署的协

---

① 1841年7月13日英法普奥俄就战时关闭博斯普鲁斯海峡和达达尼尔海峡签署的协议,保障了英国的海上势力。
② 阿伯丁伯爵(Earl of Aberdeen, 1784—1860):英国政治家、外交家,曾任英国首相,在任期间改善了英法关系,同弗朗索瓦-基佐是朋友。

摘自《伦敦晨报》

定①。我们的政府啊,这样的懦弱和愚蠢带来的后果不堪设想!

如果没有任何理由担心美国国会对条约的第二部分提出反对,那么其对第三部分和其余的条款就更没有理由拒绝了。互遣逃犯本就是一项对双方互利的协议,而对美国比对我们要更实惠。美国犯人逃到英国各省要比英国犯人渡过大西洋登岸美国方便得多。此外,这样的议案本来就是美国主动提出的。

好,以上都分析清楚了,无论是三方面中的哪一个,边界争议、奴隶贸易、互遣逃犯,单独成协定上报美国国会都不会被否决——那么,这个整体提交的计划,说什么要批一起批,要否一起否,会不会就是总统先生和韦伯斯特先生精心设计的骗局,也是其二人在英国内阁和到华盛顿谈判的代表们面前装神弄鬼演的好戏。所有这些华丽的晚宴、庄严的会议、精妙的演讲,无不是在营造出现于美国各大报纸上的形象。人们憋着坏笑,待我们的阿什伯顿勋爵启程离开,便举国哗然,笑破肚子——因为英国已经在条约上签字了。约翰总统就喜欢看人上当,这回给他乐着了。

也许最终阿什伯顿勋爵不一定真的被愚弄了,只是通过这件事给人感觉他在与美国、加拿大的外交关系上太过儿戏了。如果说条约的后两个议题,阁下只是一心想为国民谋些福利的话,那么这边界问题,可就纯粹是他个人的主张了。"这根本就不可能",阿什伯顿勋爵在谈到威尔默·霍顿②先生于 1825 年提出的《加拿大荒地法案》时说:"加拿大委身于英国的殖民统治下不会太久的……所以呢,适时

---

① 指英法就废止奴隶贸易签署的协定。
② 威尔默·霍顿(Wilmot Horton, 1784—1841):英国政治家。1821—1828 年任战争和殖民地事务副部长。1831—1837 年任锡兰总督。

适度地放手要比在战场上付出代价来得体面。我建议政府亲自问问加拿大的立法机构,他们认为自己强大到可以脱离母国独立于世了吗?"阿什伯顿勋爵应该是那种可以把自己的预言兑现的预言大师——因为他的《华盛顿条约》就可以实现他的那句预言"加拿大委身于英国的殖民统治下不会太久的"。

1842 年 9 月 21 日

有人非要把我们的批评说成是针对阿什伯顿勋爵的《华盛顿条约》,他们当中的一些人坚持认为,无论代价如何,我们都应该为这一他们所谓的"解决了争议"之收获满足。罗伯特·皮尔爵士[1]显然是算上了部分自由党人的默许,如果是他本人去签《华盛顿条约》,说不定能答应更糟的条件呢。

一朝被蛇咬,十年怕井绳——被火舔过的孩子怕火;意大利人说,被开水烫过的猫见了冷水也逃——亲历了 1793—1815 年战后[2]债务重压的一批人听到战争就胆寒也是情有可原,他们会不惜一切代价"买"和平。但事实是,真正的、可持续的、永久的和平,可不是一厢情愿地想买就能买的。好比买东西,不顾性价比一味地让步,东西买到手不也是自欺欺人吗——要么粗制滥造,要么用不到几次就报废了,这种东西根本就不应该买。

众所周知,自由党内有些极端分子老是高举着要和平的旗帜,主张不惜一切代价换取和平。这些人出于不同的动机,甚至会完全置国家的外交利益于不顾。他们中的有些人热衷于国内的变革,就想

---

[1] 罗伯特·皮尔(Robert Peel,1788—1850),英国政治家,曾两度任英国首相(1834—1835、1841—1846)。
[2] 1793—1815 年,欧洲各国为对抗法国而结成反法同盟。

方设法把大众的眼球吸引到国内的问题上,视任何投向外事上的目光为从他们身上偷走的关注。他们认为政治问题和身体生病一样,不可能同时针对两处炎症治疗。他们还试图任炎症发作,同时不遗余力地促成机体生出抵抗力。这样看待国家大计,实在是目光短浅,万不可取。

还有观点认为,一国之外交关系的管理,其核心在于商业往来。但是大家想想,如果国家的形象和地位不保,商业本身是能救国,还是能自保?靠"不惜一切代价换取和平",国家的形象和地位怎么可能不弱化。看看其他大国是怎么做的?俄国人,波斯总督对某俄国商人实施了严格的海关法令,俄国驻德黑兰大使强令波斯总督带上了镣铐,把其扭送到俄国人跟前,极尽羞辱之能事,直到波斯总督低头服软,才轻蔑地挥挥手让他退下。法国人,丹吉尔(摩洛哥北部港口)总督稍有不乖,法国这边就派了艘战舰过去,舰长命令对六个摩尔人(非洲土著)首领施杖刑,就在他眼皮底下,一分钟也不能拖。怎么俄国和法国那么极端严厉的要求都能兑现?英国政府就做不出?为什么,很简单,该打就打;没什么"不惜一切代价换取和平"的绅士;不照着要求办,必须严惩。噢,但是要严惩就成了打仗——打仗太可怕了,要牺牲一切避免挑起战事。

像俄国和法国那样的强势外交,会对其商业利益造成不利影响吗?相反,人家强势无疑会形成极大的优势,而我大英帝国只会在一味退避中式微。

当然了,我们还是会将维护和平作为第一要务;只是不要忘记,维护和平,并不需要向全世界宣称,我们会为避免战争做出任何牺牲和退让。而且,将表达愿望和做出实际让步的危险相比,后者更严重。看看阿什伯顿勋爵做出的"让步"带来的影响吧,这些摘自法国报章的分析发表在另外一栏：你们讨好美国的结果，首先就是要向法国做出同样的让步。你们这是给法国使了个眼色，让法国也拒绝你们的条约条款，讨价还价只会让两国陷入战争的僵局。

1842 年 9 月 22 日

一些托利党人对我们就阿什伯顿勋爵所签条约（《华盛顿条约》）所做的分析提出不同意见，其驳斥有些好笑。还说其实那份文件"在我们发表意见三天之前已经出现在英国了"。晚三天——对于我们这种习惯了就某事当即口诛笔伐的笔者们就莫名其妙了。再来看他们是怎么为《华盛顿条约》进行辩护的吧，怎么读都感觉像是学了我们的样，只不过是立了他们的论而已。

"迄今，包括此番签署《华盛顿条约》，阿什伯顿勋爵的各种言论没有任何问题。"这是他们刊登在《泰晤士报》上的文章所述。同仁们啊，其实大家在批评阿什伯顿勋爵的判断力实在不高这点上还是相当一致的嘛。阿什伯顿勋爵作为一名英国使节，在公开场合竟然用了"神圣的地方""自由的摇篮"这样的字眼来抬举波士顿，而波士顿的名望恰恰来自于对我大英帝国的反抗，使我们丢掉了几个省。

是这样啊，如果我们不觉得阿什伯顿勋爵在外的言行是糟糕的，我们大可以少操这个心，就让我们的托利党仁兄们去批评好了，他们会足够严苛的。但是，从之前到这一次，我们仍觉得我们的使节阿什伯顿勋爵的一些言论确确实实造成了严重后果，比如他的个人倾向在此番《华盛顿条约》谈判和签订中的影响。他认定了"加拿大和英国的这种关系不会长久下去"，那还怎么会致力于保护我们在加拿大的领土边界呢？他明显是在像一个美国人那样热衷于美国的独立战争，那其在这一系列的公开场合忘记了自己是大英使节也就不难理解了，或者说我们的阿什伯顿勋爵当自己是美国的子民了。那些脱

摘自《伦敦晨报》

口而出"迄今,包括此番签署《华盛顿条约》,阿什伯顿勋爵所做的言论没有任何问题"的人,我看都还不够格对阿什伯顿勋爵的外交言行做出判断。

所有为阿什伯顿勋爵和《华盛顿条约》辩护的人无不承认,英国在此做出了很多"让步和牺牲"。尽管他们登在《泰晤士报》上的文章极尽粉饰,但在我们看来,就等于承认了。托利党人质疑,"如果不是这样的条款,美国人能善罢甘休吗?"这正是问题所在。如果不是我们急着做出让步,也许会是另一种局面:缅因州一意孤行不听话,联邦政府又不愿多插手,美国内部不能通力合作的情况下,条约的签署也许就没那么快。那样的话,我们多半不至于那么难堪。拖到以后的某个时机,对英国更为有利也未可知。"如果不是这样的条款,美国人能善罢甘休吗?"就这一句话的口气就足见我们的托利党人的外交原则了。其他国家也都明白了。人家只管按照自己的形势,怎么有利怎么来,然后告诉英国"别的免谈"就成。和我们的托利党政府使节谈判,也根本没什么后果可担心的。法国就已经把这个看得透透的!"英国啊,"法国一家十分有影响的报刊载文称,"英国不是一向一言不合就拔剑相向的吗,其实在近来与美国签署《华盛顿条约》的态度上,也证明了女王还是会适时做出让步的,也会自己不好意思地低下高贵的头。"这真的是个教训啊,也是一个好的暗示。长久以来,我们都努力在世人面前维持着大国尊容,别国觉得英国人就是软的欺负、硬的怕。好了,这下阿什伯顿勋爵和《华盛顿条约》着实应了人家这一说法。这下,英国向美国对手服了软,还觉得自己很有面子,其实任何人一看便穿。"如果不是这样的条款,美国人能善罢甘休吗?"——对于托利党人的外交原则,以上便是最好的评价。

然而,我们的谈判代表还没有机会给自己委曲求全的原则讨个公道。这么说是因为,自1783年(《巴黎条约》)以来,还没见识过基于如此原则的条约呢,这1842年的《华盛顿条约》才算"得偿一见"。不错,"这个问题困扰两国50年了";可惜的是,50年之后,英国在《华盛顿条约》的边界线条款问题上,突然发现政府是被这样一些人掌管着——他们只会问:"如果不是这样的条款,美国人能善罢甘休吗?"而不是想着"英国自己说了算"!

我们认为,给阿什伯顿勋爵的《华盛顿条约》撑腰的少数人忽视了非常重要的事实,那就是自1783年以来,这还是第一次,英国变成要去"争取"1783年《巴黎条约》中业已划定的领土边界——他们忘记了"天经地义"这四个字。怎么问题到了阿什伯顿勋爵那儿,就整个同1783年就立好的条约南辕北辙了呢,在《巴黎条约》中英国可是占尽优势的啊。依据《巴黎条约》中的约定,美国与英属北美地区间的边界,北边从圣克罗伊河源头①,直至高地,然后由这条北部边界线向西,经高地至康涅狄格河上游。两国间的争议在于,如何在自然地貌上划清界线。对这片领土了解太少,所以没办法落笔。抱着这样的想法,托利党政府把这个仲裁议案交给了荷兰国王。荷兰国王称印象中《华盛顿条约》所述边界与该片领土的自然地貌不一致。辉格党同意荷兰国王的"印象",于是提出把领土划出一部分给美国。然而,这两方的评判,加上新土地,美国政府一概不买账。于是,就只好诉诸其他有力参考了。为了准备参考数据,政府采取了历届政府想都没想过的举措——对争议领土做实地勘测。两年前,马奇上校和范

---

① 北美河流名,源于威斯康星州西北部,向南流形成明尼苏达州和威斯康星州的边界,后在双子城附近的密西西比河流域汇合。

德史敦豪先生①在仔细测算了英国提出的领土边界后提交了报告。该报告首次确认了英国提出的边界线,无论从在《巴黎条约》中的描述角度,还是从领土的地理特征上看,都是正确无误的。报告证实了北部边界线向西线折行的这一带的确是之前讲过的连绵高地,一直延伸至康涅狄格河上游。这样,《泰晤士报》文章中说我们的专家团并未证实《巴黎条约》中关于该边界线的描述和该地自然特征相符,就令人不解了。

光是证实了我们认定的领土边界与《巴黎条约》中关于该边界线的描述完全一致还不算,政府决定再验证一下《巴黎条约》中关于该边界线的描述与美国号称的领土边界是不是也能吻合。于是,又派出第二个专家团,对美国所主张的边界线进行实地勘测并提交报告。报告显示,美国政府所声称的相关边界线,并不符合《巴黎条约》的要求,与条约中的描述不一致,和那里的自然特征也不相符。其实,《泰晤士报》的文章承认"美国人宣称的边界线和《巴黎条约》中的描述是有出入的"。这就没有必要再就这个话题深入下去了。

我们也不要急着搞清楚如此复杂的问题吧,从《巴黎条约》签订到现在五十年来这个问题悬而未决,连阿什伯顿勋爵都为之头痛不已,不然也不会在《华盛顿条约》中替我们做出那么大的牺牲了。过去造成困扰的重重阻隔如今反而变得简单明了起来。让我们彻底从之前的一切应许和让步中解脱出来。美国的一再否决,无论是对荷兰国王的评价,还是对格雷政府开出的边界划分意向,这恰恰把这个

---

① 理查德·马奇(Richard Mudge)和詹姆斯·范德史敦豪(James Featherstonhaugh)于1839年被派往英美在北美东北部的争议边界实地勘查,争议由《巴黎条约》第二条引起。他们著有《北美边界:地图册》。

问题带回了原点;而我们的专家使团前后提交的两份报告,既证实了我们的边界主张与早在《巴黎条约》中提出的边界线描述完全一致,又发现了美国所指边界线同条约描述的不一致。这些都可以给阿什伯顿勋爵足够的理由,不至于做出对我们在北美殖民地如此危险的条款,也可以不令英国的形象遭受如此重创。

其实指责我们批评阿什伯顿勋爵和《华盛顿条约》的人,还意指我们热衷战争。对此,我们也有所预料。这简直就是幼稚、荒谬。就好比有人说英国拒绝向加洛林事件①中烧毁的海盗船赔款就是意图挑起战争。如果韦伯斯特先生会对阿什伯顿勋爵提出"你们不对烧毁加洛林号赔款,我们是不会善罢甘休的",那么英国人只要提出"烧了自家海盗船,为什么要赔款?"这些人就是"无战不欢"的吗?人家偏就这么做了,美其名曰为了正义与和平,美国提出的条款实则根本就是为两国间的和平埋下了颗炸弹,更令我们这样荣耀的国家蒙羞。而我们这位美国化了的英国谈判代表,大笔一挥就签了,眼睛都不眨一下。先不说个中显示出的愚蠢接下来带给我们和其他大国间外交上的麻烦,就说我们委曲求全接受了的这条边界线吧,边界这么划,要想保平安不打仗,其难度和成本比真刀真枪打一仗还要高啊。而一旦开战,敌人可就在眼皮底下,触手可及。

抛开被人欺负,退让到如此境地,与丢掉马达瓦斯卡定居点相比,这也许算不得什么。可这不应该只是一家之言,应该听取多方面的声音。《先驱晨报》载文称:

---

① 1837年加拿大的独立运动中,一批加拿大反抗者乘坐"加洛林号"(Caroline)逃往尼亚加拉河,获得了附近美国人的支持,途中被英国人拦截,他们杀了船员,烧毁了船只。

摘自《伦敦晨报》

"这要是放到1783年,做梦也想不到大英帝国会做出如此让步——连在殖民地独立叛乱中也不曾手软过的。到了1842年,英国主动向大国服软了,由其首相代表,在没有叛乱,没有敌对的情况下,也许只是企图得到支持和保护。英国人民,看看这样的事实吧。上下数百年,大家听说过英国历史上有这样的事吗?注意我们说的可不是在别国势力下苟活的小国,我们一向是大洋中的巨石,是为弱小邻国遮风避浪的坚实堤岸,除恶扬善,维护正义。这样的我们,而今却拱手将自己身上的肉割给别人。个别人的一时糊涂,成了不折不扣的国家行为。荣耀的英国人民,难道这样的事还不足令大家震惊和义愤吗?有气节,与国家共命运的英国人民,大家不感到悲凉吗?"

可是,"如果不是这样的条款,美国人能善罢甘休吗?"

1842年9月24日

昨天出版的《泰晤士报》上刊登了一篇文章,对前天出版的《伦敦晨报》上一篇关于阿什伯顿勋爵所签让步条款的文章进行刁难。说什么当初1783年《巴黎条约》中第二条关于英美间边界的一段特意写成"一些高地",成了今天的糊涂账。《泰晤士报》的文章认为,这为英国的谈判失利埋了祸根,"一些高地"到底能不能把"注入圣劳伦斯河的河和注入大西洋的河"在概念上分清楚?实际上,他们在质疑我们是不是故意逃避"河流问题"。

先别纠结于《泰晤士报》的文章中所谓的"确定性"和"模糊性"是近义词还是明显不同,我们就想解释一点,那就是《巴黎条约》要求北部边界线的末端到圣克罗伊河源头要连成一条线,不能断开,要很清楚地接到康涅狄格河西北源头。我们之前文章说到的,就是英国的边界主张完全符合这一条约要求,而美国声称的边界,并不符合这项条件。而这样看来,《泰晤士报》的文章,在这一点上恰恰和我们不谋而合地肯定了英国边界描述的正确性。

我们没有必要把这一争论扯到河流问题上；如果非要那样把不同问题搅在一起，不只会打乱我们的思路，更会乱了读者的视听，偏离我们讨论的核心问题和初衷。为此，为了不因一些河流而把对高地的描述变得冗长复杂，我们从简用了"一些"高地这样的字眼。我们也并不会因为别人质疑这个"一些"的使用精确与否跳起来反驳，只是觉得用"一些"来限定那些边界高地是符合条约要求的。我们觉得事实是明摆着的，那么用"一些"来对不够明确的高地做一限定是恰如其分的，一点也不模糊。

据勘测，这些高地由圣约翰河大瀑布南端一直到康涅狄格河上游形成了一条不间断的线路，有查迪尔河等数条小河流经，这些河流最终汇于圣劳伦斯河，同安德罗斯科金河、肯纳贝克河、佩诺布斯科特河一样，最终注入大西洋。这些高地本身是满足《巴黎条约》的条件的，至于其间河流的划分，也符合条约中关于北部边界端点到康涅狄格河源头必须是连续不断的一条线这一要求。然而《泰晤士报》的文章指出，美国关于高地边界的描述同样符合条约中关于河流的限定，这条线位于圣约翰河以北，尽管该文章不得不承认美国所述高地完全不能满足条约中关于"连续"的这一条件，因为该文表述道："高地既不与北部边界的端点接壤，另一头和康涅狄格河源头也够不到。"《泰晤士报》的文章作者认为，这些高地，或者照美国的说法叫做山脊，可以很好地满足条约中关于河流定性的条件，即注入圣劳伦斯河的小河和注入大西洋的河流有所区分；该文作者大肆渲染，人家美国把注入圣劳伦斯河的无名溪流都标得清清楚楚，而那些注入圣约翰河的水系是要注入芬迪湾的。该作者认为，芬迪湾就等于大西洋。

不错，我们得承认，《泰晤士报》的文章作者坚称的以上关于河流的分析有他的道理。美方提出的边界确实把连"注入圣劳伦斯河的不知名的溪流"都列清楚了,并将这些与向南注入芬迪湾的河流加以区分。但是请注意,《巴黎条约》中要求列明的是"河流",而非"不知名的溪流"啊。美国人划出的高地边界的确列出了一些流入圣劳伦斯河的不知名溪流,全不全不重要,但是他们可没有提到像查迪尔河这样的大河流域啊,要知道,查迪尔河算是圣劳伦斯河最重要的支流了——奔涌的查迪尔河发源于那些高地南部山脉脚下,而那里正是英国所主张的山地边界。

美国人提出的边界高地并不符合《巴黎条约》关于河流描述的要求。第一项条件是,应有发源于此山系的河流向北注入圣约翰河;第二条要求应有发源于此山系的河流向南注入大西洋。美国规划的高地边界,向南只有一条大河——圣约翰河,而圣约翰河并不注入大西洋,而是注入芬迪湾。我们的《泰晤士报》的文章作者说我们这是在鸡蛋里面挑骨头——当初签订《巴黎条约》时可没那么吹毛求疵,注入芬迪湾不就是注入大西洋吗。

注入芬迪湾就等于注入大西洋吗?《巴黎条约》当初关于河流的描述要求是怎么看的?等于?不等于?其实这个问题英美双方早前就有过大段辩论,各执一词。荷兰国王被拉进来主持仲裁时,两边也各自发表了长篇大论。荷兰国王在听取了双方的观点后经综合考虑审慎地给出了仲裁意见:就《巴黎条约》的签订目的而言,一条河流注入芬迪湾不能简单等同于注入了大西洋。普遍认同的说法是,这一阐述清晰、十分具有说服力和对英国非常有利的边界总结陈词,是由现任政府大使斯特拉福德·坎宁男爵和负责外交事务的副国务大臣爱丁顿先生在 1828 年的仲裁案中做出的。这就为外相阿伯丁伯爵代表英国提出相关的边界主张提供了足够和有力的支持。

看了上面的分析,大家就会明白,《泰晤士报》的文章作者这样的政府拥趸,明知我们有确凿到不能更确凿的有力论据,仍不遗余力地强词夺理为仲裁案的另一方寻找理由辩护。这显然是错误的,根本站不住脚。

我们也不想听外务部再就此添油加醋了,他们一定会马上派人出来附和《泰晤士报》的文章作者为美方观点所做的辩护。且不看过去的条约条文,也不去翻国会的会议纪要来做证,我们只想说,1783年《巴黎条约》第二条本身就明确对芬迪湾和大西洋做了区分。条约对美国边界的描述是这样的,边界南线的一部分是"从查特胡奇河①和弗林特河②的交汇处一直到圣玛丽河③源头,再延圣玛丽河中游至大西洋"。接着有,"东部边界应该延圣克罗伊河中游,从其位于芬迪湾的河口直到河源,再从源头到高地,分别有河流注入大西洋和圣劳伦斯河,包括了美国的海岸线20里格④范围内的海岛。位于前述边界线之间的河流,向东到底,一边是新斯科舍省,另一边是东佛罗里达,其分别注入芬迪湾和大西洋。"好了,《巴黎条约》中的边界条款本来就清清楚楚地对芬迪湾和大西洋的不同做了表述,而且还是在同一段落里。这个区分很能说明问题,因为我们知道之前的谈判过程中有人曾建议过,"大西洋""芬迪湾"都用"海"一个字代替。缔约人完全可以在每一处就这样用"海"字简单带过,然而并没有,每一处都费力写清楚。那么,条约显然是特意要明确区分"芬迪湾"和"大西洋"的。

---

① 美国佐治亚州北部河流,向南流入阿巴拉契亚河。
② 美国密歇根州萨基诺谷地区的河流。
③ 加拿大新斯科舍省河流。
④ 里格(leagve):长度单位,1里格约为3海里,约5556米。

摘自《伦敦晨报》

《泰晤士报》的文章警告说,像我们这样"荷枪实弹"的攻击,就没把他们当自己人,完全是当敌人在打。要谢谢对方肯定了我方的有力驳斥,我们自己也很清楚,所做的分析句句在理,命中要害。《泰晤士报》的文章作者也确实不走运,他们关于芬迪湾之类的立论算是放了空枪。真要是放空枪也好了,这一枪真真打向了外务部,打在了阿伯丁伯爵和爱丁顿先生的脸上。

然而《泰晤士报》的文章还提到,如果退回到格雷首相时期的政府,一样会放弃马达瓦斯卡定居点在圣约翰河南岸地区的部分。就算他们说得没错,和今时今日的政府做出如此让步又有何相干。格雷首相时期,政府是依据当时从《巴黎条约》中获取的有限的地理信息做出的反应。那时的政府并不是单纯放弃马达瓦斯卡定居点,人家还主张接受荷兰国王的建议,那样英国仍保有一小块地盘。可是我们的政府呢?连这一小块地盘都不敢说"本来就是英国的",还要用开放通往新布伦瑞克省的通路来换得。格雷首相时期到现在,局势完全不同了呀,我们有了专家团两次实地勘测的报告,证实了英国一向的边界主张是准确无误的;今天的政府,有着如此充实确凿的信息,却拿格雷政府说事,说人家也会做出同样的让步,这样的强词夺理,我们也只有一声叹息——十年前,格雷时期的政府手上可没有今天我们所掌握的如此翔实的信息力证啊。不管怎么说,格雷时期的政府可没有向缅因州开放通往新布伦瑞克省的路啊。我们现在和美国相安无事,但是将来在新布伦瑞克有麻烦的时候,这些满怀恻隐之心的家伙一定会跑到圣约翰河两岸胡说八道,煽动叛乱。如果地方长官请他们走人,这些人就会两手叉腰蔑视人家,宣称自己也是有权立足的,并拿出阿什伯顿勋爵签署的让步条款当令箭。

还要对《泰晤士报》的文章作者多说一句,文章中提到了"之前有提案",我们想请问,在阿什伯顿勋爵接受了这个不幸的特命之前,有哪一位新布伦瑞克省的官员会向英国政府提出如此大胆的设想——英美两国的边界可以是从大瀑布开始的一条线,穿过该省位于圣约翰河南部地区(其中马达瓦斯卡定居点还由英国保有)到圣约翰河和费什河河口交汇处,再向北直到圣约翰河源头。还说缅因州一定会在我们的循循善诱下同意。我们只听说过,在新布伦瑞克省有过这样的说法,并且说的是缅因州可能会赞同。我看,《泰晤士报》的文章作者有时间的话,应该在和外务部搞清楚"芬迪湾"的概念之后,也去同殖民地事务部门澄清一下所谓的"之前有提案"是否属实吧。

1842年9月26日

好了,这边《泰晤士报》对阿什伯顿勋爵和《华盛顿条约》的袒护刚有所消停,那边又出来一家《观察家周刊》接着为其进行辩护。

文章作者称,阿什伯顿勋爵谈判时根本就没有足够的材料和数据,能参考的只有1783年的《巴黎条约》,以及马奇上校和范德史敦豪先生提交的实地勘测报告。谈判代表手中的资料不足还能被派出去,这又是谁的错呢?显然,就是那些明知资料不翔实,硬要派人出去谈这么严肃的大事的人们喽。他们完全有理由拖一拖,等一切资料备齐了再派人出去谈嘛——要知道,这谈判非同小可,那可是关乎国家利益的啊。但以上理由经不起推敲,因为就这两样材料其实已经足够了。但凡没有偏向性的人,仔细读过《巴黎条约》第二条和两位专家的实地勘测报告,都能找到足够有力的证据来支持我们的观点。不只经不起推敲,这个理由在事实上也是谬误,在阿什伯顿勋爵开始谈判之前,甚至是他离开英国去往美国之前,第二批专家团已经结束了实地勘测,首相大人应该已经拿到了专家们关于该地自然地理特征的调研报告。就算可能没有具体到气压数据,但谈判根本用不到那样的细节。

如果阿什伯顿勋爵没有拿到第二批专家团提交的勘察报告，那就是政府的问题了，因为政府已经得到了该报告，其应该提供给阿什伯顿勋爵。第二批专家团所做的报告填补了第一批专家团勘测时由于时间不足等因素留白的细节，完整可靠地为我方的论点提供了支持。

《观察家周刊》指责《伦敦晨报》的文章中关于我方观点仅是基于第一批专家团的勘测报告这一说法是不正确的。《观察家周刊》甚至连对第一批专家团的勘测报告的理解都是有误的；该报告中并未提到，边界北缘从圣克罗伊河源头开始是与《巴黎条约》不相符的，"不相符"的说法是在1798年的条约①中提出来的。那份声明文件意图争辩的，是《巴黎条约》中定义的圣克罗伊河发源地本来不是今天说的地点。照1798年条约的说法，依据今天所谓的圣克罗伊河发源地划定向北的边界，无形中白给了美国一大片土地，而那一带本不该属于他们。如果严格遵照《巴黎条约》中定义的圣克罗伊河发源地执行，我们完全应该把这片领土还给新布伦瑞克省。马奇上校和范德史敦豪先生主张并证明了，即使用这个被1798年条约指为错误的所谓圣克罗伊河发源地作为向北边界的端点，与其交汇的高地，恰恰又应了《巴黎条约》中关于该山系的描述，描述中称该山系绵亘于夏洛尔湾②到康涅狄格州北部。报告中还有力地证明了，向北的边界与该山系第一个交汇点位于新斯科舍省西北角，这正好与《巴黎条约》中

---

① 这里指英美两国于1794年签订的《福特—施坦威条约》第五条，即关于圣克罗伊河实地探源的声明。
② 加拿大东部弗雷德里克顿东北偏北的海湾。

的描述吻合。不仅如此,报告中关于该山系的自然地貌特征描述,与《巴黎条约》中关于该高地的提法三百六十度一致。该山系从向北的边界线的端点处一直延伸到康涅狄格州北部,的确有河流分别注入大西洋和圣劳伦斯河。星期六的《伦敦晨报》用较长篇幅阐述了这个点,其实,在《巴黎条约》里面也可以找到,当时签约双方的确有意将芬迪湾和大西洋加以区分。因为《巴黎条约》中约定将圣克罗伊河作为边界的一部分,参照1783年以前的旧地图可以看到,叫圣克罗伊河的有好几条,其中两条明显不同,一条注入芬迪湾,就是今天的圣克罗伊河,另一条注入大西洋的,现在叫帕萨马科迪河。对美国来说,这两条过去都叫圣克罗伊河的河流,该用哪条来划边界线是不好含糊其词的,因为今天的帕萨马科迪河要比真正的圣克罗伊河靠西面很多,如果用这西面的一条"圣克罗伊河"作边界,那他们要丢掉一大片土地了。为了明确到底是"注入芬迪湾的圣克罗伊河"还是"注入大西洋的圣克罗伊河",美国特意把他们想要的圣克罗伊河写成"开口于芬迪湾的圣克罗伊河"。当然,美国为了自身利益在条约中这么咬文嚼字、费尽心机地要把芬迪湾和大西洋分清楚,英国也可以利用这个区别找到我们的优势。关于这点,毋庸置疑,即便在阿什伯顿勋爵的屈辱条约中,提到这条边界时,也是用的英国最初关于该边界的描述。

在描述加拿大与缅因州边界的西端时,谈判代表们不得不分别用美国和英国各自声称的对《巴黎条约》的理解来对那一带的高地进行表述。新边界的圣弗朗西斯到康涅狄格一段,先是沿美国表述的高地,再按照布劳顿和范德史敦豪两位专家的提法,到了25英里宽的低洼湿地,继而向南到英国主张的高地山系。一个那么重要的条约怎么会有两种不同的表述?为什么美国的说法是"该山系有河流

摘自《伦敦晨报》

分别注入圣劳伦斯河和圣约翰河"，而英国对该山系的描述则为"河流分别注入圣劳伦斯河和大西洋"呢？《巴黎条约》中关于该处高地的描述是英国的这种说法，而美国的描述在《巴黎条约》中是找不到的。而既和《巴黎条约》中的描述一致，又符合其中相关河流表述的高地山系，只有一条，圣克罗伊河与英国主张的新斯科舍省西北角交汇点就在这条山系之中，即向北的边界线端点。

《观察家周刊》又发文称，也许真正的边界很难说清楚（作者又错了），还说什么要有一条符合惯例的新界线，"既要真实反映自然地貌的表述，又要公平地划分争议部分的领土"；他认为阿什伯顿勋爵在《华盛顿条约》中的分界方式同时满足了两项条件，不可能有比其更合理的了！如此睿智的作者，但凡看过地图，指头沿着《巴黎条约》所描述的边界线划划，怎么也不会说"阿什伯顿勋爵在《华盛顿条约》中的分界方式同时满足了两项条件，再合理不过"啊。其一，说那条边界线"真实地反映了自然地貌的表述"——怎么会呢？完全没有啊。硬要说有，那也只有圣约翰河在向北的边界线和圣弗朗西斯河口之间那一小段能算。可圣弗朗西斯河本身不过是条小河，严格意义上不应作为两国之间自然边界，最多也就能算作两省间的边界划分吧。其二，从圣弗朗西斯河到康涅狄格州，所谓"离魁北克最近的地区"，界线的定义就更模糊了，根本没有关于自然地貌的描述（非要在那样大而空的说法中提炼出一段边界描述的话），都是些从一个谬以数英里的点到另一个尚不确定的点那样的空泛说法，随便给两个人看都难免有理解上的误差，除非我们的两位专家不得不对阿什伯顿勋爵言听计从，而我们的阿什伯顿勋爵俨然成了韦伯斯特先生一边的特命大使。如果边界是从圣约翰河河谷南面的高地开始划，或者是从大瀑布到阿利加什河口，再溯圣约翰河至其源头，哪怕是像英国主张的圣约翰河南岸,这些说法都可算作"真实地反映了自然地貌的表述",而照阿什伯顿勋爵在《华盛顿条约》中的分界方式,是完全没有反映自然地貌的。

再来看看有没有"公平地划分争议部分领土"呢?连那些对英国在《巴黎条约》中的边界主张最吹毛求疵的人都不得不承认我们的描述比起美国的主张,是更加清晰有据的。为了辩而辩,假设英国的描述不是百分之百有理有据好了,至少,这本来就是我们的国土啊,这总算是我们谈判的优势吧。按照"公平原则"分配,我们怎么说也应该拿大头。结果呢?拿到大头了吗?没有。平分?没有。分到了一小块?没有。什么也没分到——零。这个丧权辱国的条约把土地拱手送给了美国,然后以向美国开放圣约翰河全流域通航为代价换回其中一小块。《观察家周刊》的文章作者是怎么看出"公平地划分了争议部分领土"的呢?实在令人费解。

《观察家周刊》的文章继续放厥词称:"如果当初格雷政府一早放弃了圣约翰河,这条河就穿过整片今天的争议边界地带了,那么全流域通航就不是问题,连国际法也不能否认这一不争的事实了。"我们只能说,《观察家周刊》的文章作者既没搞清楚早年的相关谈判,也不懂国际法。该文作者如果花了心思查阅1830年来提交给国会的相关档案的话,就会明白,当初美国确有试图向英国争取圣约翰河的通航权,那可是作为友好基础上的恩惠,绝非以在争议领土上划给英国一小块这样的口气。而英国政府也是明确地拒绝了把这个诉求同边界问题混为一谈。如果是基于友好邻邦间的互利往来,美国提出希望得到圣约翰河通航权的请求,英国不会不考虑的。所以,《观察家周刊》的文章作者的说法和事实正好相反,如果圣约翰河真如作者所说,正好流经争议领土,那么其全流域通航权是断不会开放给美

摘自《伦敦晨报》

国的。

《观察家周刊》的文章坚持认为,依据国际法,不应拒绝对该流域自由通航的请求。这样的看法如果出自美国人还情有可原,让我大跌眼镜的是,这竟然是来自我们英国作者的声音。为什么?因为尽人皆知,这就是当初坎宁先生代表英国就圣劳伦斯河的通航问题同美国政府谈判的重点啊。美国不就是那样的吗,只要符合自身利益,总能搬出国际法中奇奇怪怪的条款强词夺理,为了将美国货从圣劳伦斯河运出到大西洋,称任一条可通航的河流,其流经国均默认享有全流域自由通航权,因河流本身的连续性,经过该流域所属的他国也没有任何问题。文件记载,当时坎宁先生毫不留情地将美国的一派胡言击碎,在国会文件中是很少用这么动情的字眼的。不消说,写《观察家周刊》的文章的高明作者但凡留意过这样的文件,花点儿时间读了,就不需要我如此劳神回复。

《观察家周刊》的文章中提到的美方观点,可不是单单英国不认同。欧洲国家,无论大小,都在1815年维也纳会议上就此达成了一致。欧洲各国希望,在和平时期,欧洲的各条有航运能力的河流可以对各国以商贸为目的的通航实行全流域开放。为此,欧洲各国还专门签署了一项和约,不过,特意声明了其前提是,各国应遵守一定的义务和相关法规制约。在1815年签署的《维也纳条约》的相关条款中,签约各国一致认同,像美国向英国提出,圣劳伦斯河流经国默认共享全流域通航权那样的天赋权利是不存在的。

《观察家周刊》的文章认为,《伦敦晨报》的文章对《华盛顿条约》的苛责忽略了我们的商业利益。事实正好相反。说到商业利益——请注意这里我们关心的是英国的商业利益,《华盛顿条约》中可是一点也没有照顾到。如果指的是美国或者其他国家的商业利益的话,没有理由一个英国人会为自己的国家牺牲政治利益而照顾到人家的商业利益感到欢欣鼓舞吧。好,我们倒来看看英国的商业利益在谈判中怎么被照顾到了吧——随着条约的签订,英国商品的关税税率上调算吗?到目前为止,我们看不到《华盛顿条约》对英国的商业利益有任何好处,给了美国这么有利的位置,得到这块土地,相当于在我们的腹地插入一个凸角,这无形中为我们在北美的殖民地今后的安全带来了威胁,美国轻易就可以切断我们在新斯科舍省到加拿大之间的陆路通道。而我们这位《观察家周刊》的仁兄,文中的语调似乎认为殖民地没什么价值,越早丢出去越好似的。而这也许正是我们在华盛顿的谈判代表之所想,只有这样理解,《华盛顿条约》才能说得通。

暂且抛开政治的和海陆军事上的考量,也不去想和我们有着千丝万缕的渊源的美国今后会给昔日强大的英国带来何等巨大的不同,这个今天叫做美国的合众国,其千家万户和英国有着亲缘纽带,无论在战时还是和平时期跟着英国发家致富,本来算得上自己身上的肉,如今却成了仇家。这一切先不论——当然,这一切其实关乎海陆军事和方方面面的巨额经费——就先说商业利益这一点,是不是明眼人都看得出,如果我们看中的是商业利益,那么应该和谁谈?和恶意提高我们的商品税的人谈吗?和战时会阻断我们的商业通道的人谈吗?那种人只会在和平时期用关税卡我们,到战时开着武装掠船抢我们的商船。而如果美国当真如此,英国就算实实在在沦为输家了,《巴黎条约》已经让那些殖民地的独立成了事实,考虑到商业利益,我们就更加没有理由不看好北美大陆仅余的几个子省和母国的紧密联系了。

本来,一个明智的、坚定的、自信的政策完全就可以建立并长久

摘自《伦敦晨报》

地维持双方共同利益，现在阿什伯顿勋爵的《华盛顿条约》做出了如此让步，今后的事就很难讲了。

1842 年 9 月 27 日

昨天发表在《伦敦晨报》上的观察文章中，我们在提到旧时地图上两条都名为圣克罗伊河的河流时，误将佩诺布斯科特河说成了帕萨马科迪河。帕萨马科迪河在当时名为圣克罗伊河，注入帕萨马科迪湾，即芬迪湾。佩诺布斯科特河注入更西面些的大西洋，是我们要提到的另外一条河。熟悉近来争议话题的作者和读者可能会注意到，我们特意来声明改正，以免再引起话题，搞出个什么关于这个让步条约完全没有必要的细节分析。

《观察家周刊》上有一篇竭力袒护《华盛顿条约》的文章，其论点倒是值得关注。文章说，当时的情况是，要么签约了事，要么就剩宣战了。不是这样的。我们根本没必要宣战啊。我们本来就拥有领土主权啊。我们满可以稳稳地保有这片领土，直到有好的解决——下一位主持仲裁的君主，或者直接谈判，所以对我们来说，完全没有开战的动机不是吗？这世界上没有一个国家会平白为自己的一块领土发动战争，除非是别国垂涎这片领土，并为了掠夺向土地所有国发动进攻，那么为了保有自己的领土这个国家才会宣战。

持这样论点的人们，其言下之意其实是，如果我们不乖乖（请允许我这样说）让出美国想要的土地，那人家就会发动战争了。照这些《华盛顿条约》拥趸的说法，我们的领土，美国想要，给掉是与人为善，如果不拱手相让，就要挨打。好，如果这样的条约算不得丧权辱国的话，那么"丧权辱国"四个字也就没有用武之地了。

只是，到底是什么让这些大臣和他们的谈判代表们闻风丧胆地签下了如此的屈辱条约呢？完全没有道理嘛。之前，我们已经详述了美国政府并不会挑起战事,因为美国众多的其他州对此毫无兴趣。就连吵吵嚷嚷的缅因州人,还有几家美国报纸,也不过是"咆哮体"而已,根本没有实质威胁。

昨天,关于纽约为阿什伯顿勋爵设晚宴的报道,基本上就是当年波士顿一幕的续篇。作为一个真正的英国人,没有什么比眼看着阿什伯顿勋爵签下那样的屈辱条约,令美国人难以自控地迸发出狂喜这一幕更痛心疾首了。即便前一天晚上,这位谈判代表先生对自己说,这个条约是双方利益均等的,吃好这顿晚宴,他内心也不得不承认,因为他的谈判,美国利益大获全胜,而英国一败涂地。任何一个真正的英国人,目睹这样一幕,都会彻夜难眠吧。而我们的阿什伯顿勋爵,他的梦无疑将会是他亲手为美国未来的繁荣昌盛做了如此有力的推进。

谈判代表先生并没有像波士顿那次一样,在讲话中夸夸其谈。但还是难以掩饰做了大事的得意,重提"自由的摇篮"波士顿。赞颂了杰伊先生①通过美英谈判保住了波士顿的独立后,阿什伯顿勋爵就差自豪地说自己"也为美国做了大贡献"。美国人民爆发出"响亮不息的欢呼",仿佛唐宁街都听到了"万岁,万岁"的呼声。

接着,是对韦伯斯特先生的颂扬,极尽华美之能事。赞其"没有辜负国家和人民的信任",在谈判中展现了"高度的才智和爱国精神",刚柔并济地争取到了"令举国拍掌称快的"成果。他以如此辉煌的姿态肩负着外交重担,取得了如此丰硕的成果,这足以令全美人民世世代代尊其为楷模。照美国报纸上的说法,所有这些赞美之词,无

---

① 约翰·杰伊(John Jay,1745—1829):美国政治家、革命家、外交家、法学家,美国开国元勋之一,第一任大法官。参与签署了 1783 年《巴黎条约》。

摘自《伦敦晨报》

不被报以"热烈的掌声""巨大的欢呼"。

美国举国上下对韦伯斯特先生外交胜利的赞誉此起彼伏,我们这位晕头转向的谈判代表大人听了会不舒服吧,他会不会想到,在大西洋的这一头,民众该会如何评价他在这场交易中的所作所为呢。阿什伯顿勋爵会为那天的"奉献"付出代价,还会被好好扣上几顶帽子。有人高调称赞他面对美国谈判代表一再地就争议和解议案提出反对,就"大事化小,小时化了","热切希望尽早消除障碍"。对这些溢美之词,我们的谈判代表大人十分受用,根本没听出其中的嘲讽意味。朋友们见他吃这一套,纷纷假意奉承,说他代表了英国的绅士风度和优雅气度,美国要什么给什么,从而避免了美国发动不必要的战争,保全了英美两国间的相安无事。他们还吹捧说,阿什伯顿勋爵签下的《华盛顿条约》,堪称"政治的新千年",促成了"整个地球村的大和平",必将造福全人类,成为世界和平的旗帜。其实,从人家好评韦伯斯特先生的热情,和赞扬阿什伯顿勋爵时的冰冷口吻就该听得出所以然了。为了让我们可怜的谈判代表听上去感觉公平,还用上了"投我以木桃,报之以琼瑶"的古谚。

为了套近乎,美国的发言人们纷纷亲切地称阿什伯顿勋爵为谈判中"和平的使者"。美国人不断地提醒阿什伯顿勋爵,不要忘记那些抵制英国商业的柏林法令、米兰法令之类,而美国,在海上,哪里有英国的旗帜飘扬,他们的胜利旗帜就会和英国的在一起。他们还说,别忘了,法国以前一直都是帮着美国赶超英国的。总而言之,美国就是警告英国,美英两国间仍有许多问题亟待解决,美国希望今后的问题都能"在此番签约的友好合作框架下解决"——言下之意就是要英国一直顺服下去呗。如此,照美国人的说法,两国间长久的和平才有指望。最后的一番"警告",其实出自一个叫帕尔默的发言人,此人自称是英国商人。如果他真的算是英国商人的话,那就证明英国政府此番谈判和签约中的不耻为在美国的英国人带来了多么不堪的打击。其实,不如说帕尔默先生就是个和英国做生意的美国公民更合适。纽约市长莫里斯先生没有接着帕尔默先生发言中的口吻,而是另辟蹊径地继续明嘲暗讽。

这场交易或谈判,从签约、晚宴到发言,从头到尾伤透了英国人民的心、英国人民心底里对祖国的爱与自豪感。同时,这件事也让全世界看清,英国政府向威吓屈服了,或许出自恐惧,或许图了一时省事,完全背弃了帝国所赋予的信任和使命。

1842 年 9 月 27 日

之前已经阐明了阿什伯顿勋爵签下的屈辱条约很大程度上是没有必要的,不应该牺牲英国的权益向美国服软。条约中让度了大约七千平方英里的土地给美国,那可是我们刚刚建立起来的殖民地,同时让出的,是到了战时美国可以拿来对付我们北美几省的新手段。就条约中的细节来看,无处不体现着纽约晚宴上说的"本着此番签约的一致精神",也就是英国无条件地屈服于美国的胆大妄为。因为不仅仅就 1783 年《巴黎条约》中有争议的几处完全服从了美国,更有甚者,连《巴黎条约》中清楚得不能再清楚的一点,竟然也可以让步。

《巴黎条约》中明确描述到,边界线的一段从圣克罗伊河源头向北延至直到该条约中规定的高地山系。1717 年到 1718 年间,两国各派了调研人员进行边界线的实地考察,当时双方对圣克罗伊河源头的理解基于政府间签订的 1798 年条约是一致的。然而,考察人员从未就已勘定的部分边界线发表过公开声明,两国政府至今也未正式承认过这一部分边界的具体描述,而总是用"一条勘定的向北边界线"来代过。穿过荒原和林地,清出一条路线,要待日后重新走过才

摘自《伦敦晨报》

能明确边界线。这部分边界线既然不是最终的勘定,于是英国的调研人员就草草走了个过场。美方则不然,一如人家的韦伯斯特先生胜过我们的阿什伯顿勋爵,美方调研人员比英国团队明智多了。沿着边界线,每前行一步,美方的勘测线路都会向东偏出一点,而不是径直向北。没多久,说是英方调研人员已经撤了,只留美方继续完成勘测工作。这样,沿着观测点一站一站向北,"一条勘定的向北边界线"越往北越偏东,到了和圣约翰河的交汇处,已经向东偏离圣克罗伊河源头的北向中心线很大距离了。英国政府和阿什伯顿勋爵一定是知情的——无论如何他们都是会掌握这一手材料的。而如今到了《华盛顿条约》里,阿什伯顿勋爵非但没有按照《巴黎条约》中的描述,坚决主张这段边界应该是沿圣克罗伊河源头向正北的,反而接受了1717年到1718年间美方给出的"一条勘定的向北边界线"的说法。有后续勘测证实,那条北偏东北的边界线是不公平的,根本就是对新布伦瑞克省领土的巧取豪夺。

  《巴黎条约》规定,沿高地划的边界线,所指的高地应为一路延伸至康涅狄格河最西北端点的山系。英美两国政府关于康涅狄格河源头的说法有分歧。英国政府主张,康涅狄格河的源头就是名叫"康涅狄格河"的那条河的源头,康涅狄格河穿过康涅狄格湖;而美国政府坚持认为康涅狄格河的源头,是一条名为霍尔斯溪的河,这条小支流与康涅狄格湖并无交汇,而且也从来没有被叫做过"康涅狄格河"。霍尔斯溪的源头不能称为康涅狄格河的源头,就好像不能把韦河和科恩河的源头指为泰晤士河的源头一样。在这点上,荷兰国王的裁决是支持英国的。第二支边界地理科考队的布劳顿和范德史敦豪二位专家也指出,霍尔斯溪流入康涅狄格河的交汇处,两条河的宽度和水流,很明显能区分出哪条是干流,哪条是支系。然而问题在于,如果以霍尔斯溪的源头定义康涅狄格河的源头的话,美国将由此划得15英里见方的大片土地;按照正确的康涅狄格河源头划界,这片土地可就不属于他们了。于是,我们的阿什伯顿勋爵的《华盛顿条约》顺理成章地接受了霍尔斯溪的源头的说法。

《巴黎条约》中还规定了,这部分边界应从康涅狄格河的源头顺流而下至其中游与北纬45度线的交汇点,从这点沿北纬45度线延伸至与圣劳伦斯河相交汇。在美国搅进来以前,这条纬度线过去是新英格兰省和加拿大的边界线,早前由于条件所限曾有勘测人员潦草地设置过边界线,不够专业。过了几年,为了搞清楚边界问题,英国和美国政府曾雇专业人员进行空中勘测,发现当年的边界线定义是非常不准确的,在一些地方,特别是尚普兰湖北缘一带,该界线明显有向英国领土的侵入。而真正的北纬45度线位于那条旧时划出的界限南面。这个新发现可以证实,尚普兰湖北端的劳斯要塞本来就应该在英国的土地上,劳斯要塞占据了黎塞留河通向尚普兰湖的入口,战略地位十分重要,它可不是美国的地盘。

既是英国的土地,我们来看看一旦英美之间起了战事,这个要塞对美国有怎样的重要性吧。

1840年5月15日,美国政府向国会提交了一份题为《国家安全防卫与边界》的官方报告。报告中指出:尚普兰湖和安大略湖、伊利湖、休伦湖及苏必利尔湖有所不同,其他四大湖在美国与英属各省间一字排开,属于边界;而尚普兰湖则与边界呈垂直关系,尚普兰湖可将美国境内的哈德逊河与英属省内的圣劳伦斯河连通。

"而这,"报告中说,"将无疑是英国入侵的入口,如果不加防范,一旦有战事,英国轻易就可以沿水路将弹药粮草运进美国。"

报告中接着分析了"军事占领尚普兰湖的出口"如何能实现对蒙

摘自《伦敦晨报》

特利尔和魁北克"这两个极好的打击目标"的有利进攻。报告也提到,"我们想到的这些,边境线另一边的邻居想必也是了如指掌的。"

到了《华盛顿条约》里,阿什伯顿勋爵接受了从前的两位勘测人员瓦伦丁和科林斯所划的北纬45度线。他应该清楚,这就意味着把劳斯要塞和"军事占领尚普兰湖的出口"拱手送给了美国。如今美国高调宣布军事占领尚普兰湖的出口,还能说英国政府和我们的谈判代表先生当初对这样的形势也是"了如指掌"的吗?

对《华盛顿条约》分析得越透彻,越是不明白我们的政府派出一支这样的代表团,去签订这么一个条约到底是图什么。我们的代表团只需要请埃弗里特先生①告知韦伯斯特先生,照总统先生的意思拟好他意在向英国开出的条件,双方分头在唐宁街和华盛顿悄悄把条约签掉不就好了,何必大费周章地派出使团。那样的话,我们的阿什伯顿勋爵也不至于这把年纪了还要在大西洋上往返折腾,在华盛顿闷热的夏天里受煎熬。

倒不如真用了这个方法来得划算些——如果让美国政府自拟条款,基于对与英国内阁的外交经验,美国恐怕还不敢奢望英国会那么没底线地退让呢,我们也不至于像现在这样,在一份对英国完全不利的条约上签字了。

1842年10月3日

对《观察家周刊》上袒护阿什伯顿勋爵和《华盛顿条约》的说辞,该讲的都已经讲清楚了,但是发现其周六的一篇载文中又有两点值得留意。

---

① 爱德华·埃弗里特(Edward Everett, 1794—1865):美国政治家,曾任马萨诸塞州州长,哈佛大学校长和美国国务卿。

该文作者否认了最近一次派出的专家团对争议边界进行了实地勘测后提交的报告的作用,称那两份报告既不会改变英美两国间的根本分歧,也无法扫清英国政府要严格按照《巴黎条约》执行边界划分会遇到的来自美国的阻碍。他们的消极认识基于以下两点:一是专家们在报告中称,如果按照1798年两国在关于圣克罗伊河源头的补充说明中一致同意的说法,那么向北的边界线起点实际上在真正的圣克罗伊河源头东面太多,如果不把这条线向西推进到真正的圣克罗伊河源头的话,说什么"照《巴黎条约》的边界描述执行",不过是一纸空谈。二是《观察家周刊》的文章称专家们说过他们并没有找到条约中描述的那一带高地山系。

就以上两点,《观察家周刊》的文章作者都错了。第一点是诡辩,基本上就是在玩文字游戏。专家们的报告中有理有据地说到,1798年条约中的提法并不是真正的圣克罗伊河源头。而按照《巴黎条约》的规定,向北的边界线起点应为"圣克罗伊河的源头",那么确如专家们所说,拿着1798年条约中的"圣克罗伊河源头",的确无法严格照《巴黎条约》描述的边界线执行。要执行《巴黎条约》,无疑要将向北的边界线推回到圣克罗伊河真正的源头,不是吗?《巴黎条约》的这一描述到了1798年条约中被篡改了,两国政府空口达成一致,不必对《巴黎条约》"咬文嚼字",实在不行,把界碑上的内容照着《巴黎条约》的描述改过来就好了。《观察家周刊》的文章说得有鼻子有眼,可人家专家报告中确实不是那样分析的。该文还就此延伸暗指,如果不能按照1798年条约的定义从所谓的圣克罗伊河源头算作向北边界线的起点,那么,《巴黎条约》中关于这条边界沿高地至康涅狄格河源头的提法也不能成立。专家勘测报告中既没有这样说过,也没有过任何相关暗示。恰恰相反,报告中明确证实,向北的边界线即便由

摘自《伦敦晨报》

1798年条约中所错指的所谓的圣克罗伊河源头作为起点,其同样会经过高地,而这正是与《巴黎条约》相符的。专家们指出,这段边界线是先经高地再遇圣约翰河的,这无形中又印证了最初的论点,边界线本应划在圣约翰河南面,也就是说,整个圣约翰河流域本来就是英国的国土。在这一点上,没有什么比马奇上校和范德史敦豪先生的报告更准确有力了。他们在报告的结论部分说道:

"报告,我们找到了《巴黎条约》第二条所表述的高地,该山系从康涅狄格河最西北端的源头绵亘至查迪尔河的源头,从那里再沿鲁斯代克(也就是圣约翰河南部)呈北偏西走向,抵沙勒尔湾。在这份报告的附件地图中有标注。"

这样一来,《观察家周刊》言之凿凿地指责我们的专家报告"不会改变英美两国间的根本分歧"是不是就成了空穴来风了呢?该文章同时忽略了专家们在勘测报告中对美方所持主张的驳斥,美方欲拿来作边界的几座小山,再怎么划和康涅狄格河也搭不上边,而《巴黎条约》可是有明确规定,边界线距离康涅狄格河要在20—30英里的范围内。

事实上,美国人对自己在这一点上的劣势一向心知肚明。比如1814年12月,加拉丁先生[①]就这片争议领土写给门罗先生[②]的信,那可是在近期的专家勘测项目之前就有了的。信中这样写道:

"北边的土地(意即缅因州以北的争议领土)其实对我们无关紧要,那是联邦政府的事,不是马萨诸塞州(缅因州当时是马萨诸塞州

---

① 亚伯拉罕·阿尔伯特·加拉丁(Abraham Albert Gallatin, 1761—1849):瑞士裔美国政治家、外交家,曾长期但任美国财务部长,时任马萨诸塞州领导人。
② 詹姆斯·门罗(James Monroe, 1758—1831):美国第五任总统。时任马萨诸塞州领导人。

的一部分)的。依据联邦政府宪章,佩诺布斯科特河以东45度角方向的土地都是他们的。"

然而说到《华盛顿条约》中将英国领土上的圣约翰河全流域通航权开放给了缅因州人,《观察家周刊》又不提什么美国会用国际法来辩护了。因为想找到可参照的法条比登天还难。文章作者又说,美国可以主张参照先例啊,这种两国间一国向另一国开放全流域通航权的条约先例还是找得出的。这个说法和之前的诡辩又自相矛盾了,国际法上的权益文法可不是由着某些历史上签定过的条约的性子随便闹着玩儿的。《伦敦晨报》上的文章不否认英美两国应该就向缅因州人开放圣约翰河通航权的问题进行严肃的磋商,如果美国为此开出条件意图平等交换,我们可以考虑向其让度这一权益;而事实是非但没见美国有平等交换的意思,阿什伯顿勋爵签下的《华盛顿条约》换来的,是美国允许英国保留自己那片领土的1/3。

不只是反对阿什伯顿勋爵和这一屈辱条约的人看到了这一让步的不良后果,就连美国当局也看到了这项条约会为英国带来什么。1815年2月,有一封美国驻巴黎外相罗塞尔先生写给亚当斯先生①的信颇能说明问题,信的内容是关于英国向美国提出要其向英国开放密西西比河全流域通航权,罗塞尔先生是这样写的:"密西西比河的自由通航可不只是一般意义上的合法使用那么简单的,我们(驻法使团)认为,如果不加限定,这样的开放无异于把该流域两岸的一切都交到了英国手上,包括与居民和印第安人的接触。绝对不行,那样的话我们的大片国土上将走私猖獗,恶贯满盈。"

还有一位权威"发言人",应该是到目前为止我们和《观察家周

---

① 约翰·亚当斯(John Adams, 1735—1826):美国第二任总统。

刊》的"法律专家"们中无人能敌的——那就是阿什伯顿勋爵本人了。情报机关昨晚从美国发回的档案中,有阿什伯顿勋爵和韦伯斯特先生的"沟通",扫了一眼(都这个时候了,能做的也只能是扫一眼罢了),倒是有几段值得注意:

"我们英国政府认为,开放圣约翰河的通航权是巨大的让步。""我能冒国之大不韪做出这样的让步,纯粹是为了我们两国的边界问题能够得到解决。""我之前的历任首相对此都是坚决否定的,英国此前也从没有过将这样的让步与解决边界问题放在一起。""两国一条重要河流及其口岸的共同利益一向是诸多不和谐音的根源。"知道为什么《观察家周刊》不顾一切地袒护阿什伯顿勋爵了吧?

《观察家周刊》是美国人民的朋友。我们也都是啊。问题在于,在威胁面前低头让步能不能带来两国和睦关系的长治久安?我们说,未见得。人天性不餍足,人类历史就是一部弱肉强食的历史沿革。有句谚语说得好:"人善被人欺,马善被人骑。"签下这样的屈辱条约,眼下看看是还没有被美国生吞活剥,但已是待宰的羔羊无疑。

图书在版编目(CIP)数据

巴麦尊传:外两种 /(英)约翰·坎贝尔,(比)泰奥多尔·朱斯特,(英)巴麦尊著;黄少婷,费群蝶,刘睿译.—上海:上海社会科学院出版社,2018
 ISBN 978-7-5520-2316-9

Ⅰ.①巴… Ⅱ.①约…②泰…③巴…④黄…⑤费…⑥刘… Ⅲ.①帕麦斯顿(Palmerston, Henry John Temple 1784-1865)—传记 Ⅳ.①K835.617=4

中国版本图书馆CIP数据核字(2018)第093314号

巴麦尊传(外两种)

著　　者：[英]约翰·坎贝尔　[比]泰奥多尔·朱斯特　[英]巴麦尊
责任编辑：王　勤　张　晶
封面设计：史彩鲆　申　琦
出版发行：上海社会科学院出版社
　　　　　上海顺昌路622号　邮编200025
　　　　　电话总机021-63315900　销售热线021-53063735
　　　　　http://www.sassp.org.cn　E-mail：sassp@sass.org.cn
照　　排：南京前锦排版服务有限公司
印　　刷：上海万卷印刷股份有限公司
开　　本：890×1240毫米　1/32开
印　　张：9.375
字　　数：214千字
版　　次：2018年7月第1版　2018年7月第1次印刷

ISBN 978-7-5520-2316-9/K·444　　　定价：39.80元

版权所有　翻印必究